U0053929

政治學與現代社會

李炳南◎主編

高永光等◎著

通識叢書總序

在萬物之中，人類是極爲獨特的一種存在，這是很多思想家一致的看法。這種看法並不是單純地出於人類中心的主觀角度，而是有許多客觀事實作爲根據的。例如，亞里斯多德認爲，人之異於其他動物在於具有理性。孟子主張，人之所以爲人在於具有四端之心。亦有其他說法指出，人之獨特處在於人有自覺心，人有反省力，人有創造力，人有超越的需求。凡此種種，皆屬客觀事實，而這些獨特的條件使人類社會得以創造出知識、科學、技術、藝術、道德、宗教等等文化現象。

在四十六億年的地球史上，從原初渾沌未分的物質作用環境，發展到人類這種生物的出現，極其難得。而人類之能發展出繽紛燦爛的文化，更是難得可貴。人類的遠祖或許可以追溯到五百萬年前的東非猿人，但人類之創造出文化，只有不到一萬年的歷史。有了文化，不僅使人類脫離野蠻、蒙昧，使人類享有豐富的生命內涵，也讓無聲無臭、無知無覺的宇宙擁有一位參贊天地化育的夥伴。對於這難得可貴的文化，人類不僅要傳承既有的成果，更要暢通創造的本源；而這就是教育的任務了。因此，簡單的說，教育的基本目的不僅在於傳承知識與技術，更在於提升人的品質與能力，使人能夠持續追求理想、開創價值。

由此看來，教育的重要性自然是不言可喻。但是，教育發展的實際情況仍然受到教育資源多寡和社會發展程度的影響。事實上，

無論中西，直到西元前六世紀，教育還是少數貴族的專利。即使到了廿世紀初期，世界上能夠接受學校教育的人口比例還是很低的。這種情況一直到了廿世紀後半葉，才大幅改變。在此階段，許多國家都在快速發展，因應各方需求，教育的發展也頗爲蓬勃，其中尤以大學教育爲甚。就台灣二〇〇五年的狀況來說，大學數量高達一百六十餘所，大學錄取率接近九成。

在以社會需求爲主導的潮流下，當代大學教育明顯朝向工具化的目標前進；大學科系的設立以實用性爲主，課程的規劃則以專門性爲主。然而，這種趨向固然能解決一時的需求，但是似乎忘了教育的本來目的，不只是爲了滿足社會需求，亦在提升人的品質。縱使我們由實用的目標來看，過度專門化的課程使得學生知識和視野狹窄，也未必有利於社會的長期需求和個人的未來發展。在這種背景之下，美國在一九七〇年代出現大量論述，主張加強大學的通識教育。台灣則在一九八〇年代興起熱烈的討論，教育部甚至於一九八四年通令全國大學必須開設通識課程。自此，通識教育在台灣成爲一個全國性的教育議題，也成爲大學教育的一個重要領域。

關於通識教育的理念，談的人很多。例如，哈佛大學通識教育的原始規劃人羅斯福斯基教授主張，通識教育在於使學生達到五項標準：(1)要有最起碼的溝通與說服力，即思慮清楚、文辭達意；(2)對宇宙、社會、人類要有基本的知識，培養獨立思考判斷能力；(3)在生活品質、閱歷上有較寬廣的視野；(4)遇到進退兩難時，要在道德選擇上有足夠的明辨力；(5)在主修科目上能掌握問題的理論、方法和數據，未來可在較深基礎上觸類旁通。中央研究院前院長吳大猷則表示，通識教育培養出來的人，要有廣闊的「知識」，要有哲學、文學、藝術的「修養」，還要有客觀分析的「習慣」和審辨的「能力」。

當代學者對於通識教育的期望很高，有人強調視野、格局、器識的培養，也有人強調天人物我的交融和諧。不過，對於在課堂上

授課的教師而言，這些目標實在很難企及。因此，有些人寧可專就知識層面來談通識教育，在此，範圍雖較確定，亦有如下之目標：(1)基礎之通，如語言表達和資訊運用的基礎能力；(2)橫向之通，如在自然學科、社會學科和人文學科等領域皆有所涉獵；(3)縱貫之通，如學會某種看問題之角度或掌握一門學問之方法。這些目標較易在課堂授課中達成，但其成敗亦有賴於優良的師資以及優良的教材。

回顧廿年來，在教育部的政策支持和熱心人士的鼓吹之下，通識教育成爲一個熱門的教育議題。然而，就具體落實的層面而言，通識教育仍有一些必須正視的問題。其中最常被提及的問題是，部分大學生不重視通識課程，甚至視之爲「營養學分」。要改善此一問題，不能只是訴求理念上的宣導，根本的對治之道其實就是要把通識課程教好，提高課程本身的「可尊敬性」。落實優質教學是教育的基礎，更是通識教育成功的關鍵。

台灣現有大學校院多非綜合大學，各校在某些通識領域固然有優良師資，但就課程設計的完整性而言，師資陣容在廣度和深度上多感不足。我在過去幾年，因主持教育部的教學改進計畫，有機會邀集全國各個學校的專家學者組成教學團隊，分別就文學、歷史、哲學、藝術、社會學、政治學、法律等領域，設計出十多門通識課程，並撰寫教材。威仕曼文化事業股份有限公司發願將其全套出版，以供教師和學生參考。這些教材撰寫者皆一時之選，願意在此計畫中共襄盛舉，殊爲難得，對國內通識教育的提升必有助益。值此系列叢書出版之際，除感謝威仕曼文化公司外，更要再度感謝各領域的召集人與教授們。

中央大學哲學研究所教授

朱建民　謹識

主編序

首先本人要感謝威仕曼文化，幫忙讓此專書順利地發行問世，讓十二位教授的心血與社會大眾來分享，希望本書能夠使對政治領域不熟悉或是熟悉的讀者都能有所收穫。另外還要謝謝中央大學的協助，才能使本書順利出版問世。

本書當中收錄了十二位教授的十二篇論文，每一篇的主題都不相同，論及很廣泛的政治學課題，如果能夠吸收這十二篇論文，必定對政治學可以有更上一層樓的瞭解。本專書的議題很多，從政治學的基本課題談起，接下來是基本公民權利，再談論到民主政治、政治文化及民主的價值，當然還包括憲政主義的價值：正義、安全、秩序、民主、效率、自由，又及於權力分立、法治的討論，以及代議民主、直接民主與公民投票，接下來談論到現代國家的統治機制、公共政策及其形成、新興國家與政治發展，最後是政治意識型態，民族主義、國家建構與全球化，及全球化下風險社會之政治實踐，以上十二個課題都與政治學的主要內容緊緊相扣，讀完這十二篇文章，對政治學諸領域必有通盤的認知與啓發。

本專書的作者有十二位教授，除了本人之外，還有葛永光教授、楊泰順教授、高永光教授、詹中原教授、邱榮舉教授、盧瑞鍾教授、曲兆祥教授、洪泉湖教授、周桂田教授、何輝慶教授、曾建元教授，以上教授都是在各大學非常傑出優秀的教授，對於自己的專業領域有非常卓越的研究成果，能夠讓這幾位老師一起出版一本

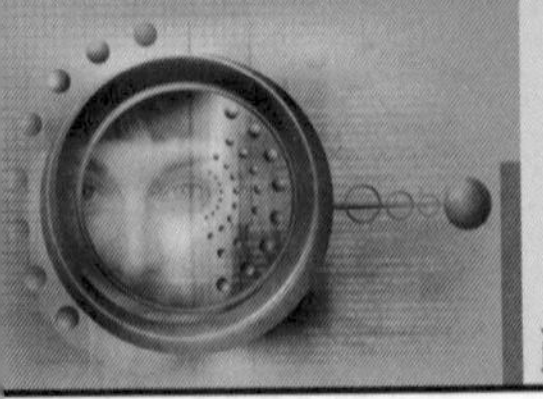

專書來討論政治，實在是讀者的福氣，也希望大家能夠獲得良善的收穫。若能夠啓發各位讀者對於政治學的興趣與共鳴，那就是我們出版這本書最大的收穫與價值了。茲作詩歌一首以誌之：

烈火中煅兮，薄冰上履；
心不顛倒兮，即得真理；
並非結束兮，而是開始；
化作喜悅兮，呈現給你。

李炳南　謹識

目　錄

政治學的基本課題
高永光
政治大學社會科學學院院長
政治大學國家發展研究所教授

作者簡介

國立政治大學社會科學院院長（2005/08/01-2007/07/31）；國立政治大學國家發展研究所教授，曾任政大國家發展研究所所長（2000/08/01-2002/07/31）

教學目標

政治學由於行為科學的興起，不論在研究範圍與研究方法上，都有很大的改變。本「政治學的基本課題」教材，目的是為介紹政治學學科的背景和基本概念，內容力求簡單，希望使同學能在具備基本的政治知識之外，對我國當前的政治制度與活動也能有所認知，並且培養出對政治學研究的興趣。

摘要

本「政治學的基本課題」教材，將政治學的講授內容分成：政治篇（Politics）、系統篇（Systems）、概念篇（Concepts）、意識形態篇（Ideologies）、過程篇（Processes）、國家篇（States）、民主篇（Democracy）和政策篇（Policies），是取自英國政治學者 Stephen D. Tansey 所撰《政治：基本課題》（*Politics: the Basics*）一書[1]的章節安排。

但內容上超出該書甚多，為了幫助讀者能較深入了解政治學的基本概念及其內容，本書在舉例部分，原則上都是筆者長期以來在漢聲廣播電台每週所撰的「學者短評」文字稿。該短評之主題多數為國內政治及公共政策議題，間或涉及大陸問題、兩岸關係及國際關係。但討論的主題概皆與台灣有關。因此，讀者在認識政治學的基本課題上，可以用自己比較熟悉的事物去體會，應該有助於比較深入地了解政治學的內容。

壹、政治篇

本篇討論的是政治學基本課題中最根本的問題，比方說：什麼是政治？什麼是政治學？政治學者研究的範圍是什麼？政治學研究的途徑是什麼？

台灣從民國76年7月15日解嚴之後，政治的自由和民主有很劇烈的變化。特別是政黨和政治人物之間吵來吵去，再加上媒體等言論自由的快速發展，報導政治的新聞五花八門，造成很多人以爲政治就是擾攘不安，陰謀鬥爭，爾虞我詐的權力或利益的遊戲。其實，現實政治的黑暗面或雜亂無章，和商業、企業內的競爭，或者做生意人之間的逐利遊戲，本質上並無不同。因此，政治的黑暗、骯髒，並不表示政治的研究不是一門學問，或者政治研究不是學術研究。不少人厭惡政治，連帶地討厭或排斥政治的研究，這是風馬牛不相干的問題。好像我們討厭生病，但是不會排斥醫學的研究，也不會認爲醫學的研究不是學問，或不能被納入學術殿堂中。

政治學研究是很嚴肅的課題，它有自己成爲學科的歷史，學科內專用的概念、理論、典範及方法。所以認識政治的第一步，就是端正心態，以研究學問的嚴肅態度去看待它。筆者曾遇到一位準備參加高考政治學這個科目的學生，問他怎麼準備政治學，他回答說每天看看報紙的第一版及第二版（重要黨政新聞版），就可以了。用這種方式去準備政治學，肯定拿不到好成績。

一、何謂政治？

究竟什麼是「政治」？也就是說「政治」的定義是什麼？和所有學科的專有名詞一樣，「政治」一詞，一定會有很多學者給他下

定義，每一個定義，多少都會引來一些批評。一般我們都是用列舉方式來讓讀者或研究者了解「政治」的定義是什麼。

國內政治學界用得最廣泛的政治學教科書是 Austin Ranney 所撰的《統治：政治學的介紹》（*Governing: An Introduction to Political Science*）乙書[2]。本書書名因國內習慣中山先生所說的政治的定義是「管理眾人之事」，因此，在 Ranney 該書的譯名上，習稱「眾人的管理」，台灣也有翻譯本印行。在 A. Ranney 的書中，他對政治下的定義是：

> "Politics is the process of making government policies."

此即政治所指的是「政府的決策過程」[3]。

Robert E. Goodin 和 Hans-Dieter Klingemann 兩位學者，在〈政治科學：學門〉（"Political Science: The Discipline"）乙文中[4]，對政治所下的定義是：

> "Politics might best be characterized as the constrained use of social power."

此即指政治的特徵是指在限制之下社會權力的使用[5]。

從以上的兩個定義，原則上可以看出，政治是和政府、決策、權力等有密切的關聯。

二、何謂政治學？

正是因為政治和政府的權力及決策有關，Michael Roskin 等四人所編寫的《政治學：一個介紹》（*Political Science: An Introduction*）[6]一書中把政治學定義為：

政治學是研究政府權力的鬥爭與競爭[7]。（Political science is

the study of these struggles and competitions for government power.)

因此，政治學的研究，集中在兩個相關的問題：

1.政治領導人物為何，以及如何決定他們要做些什麼？
2.為什麼人民大部分時候服從政治領袖們所做的決定，但是，有時候又不願意服從[8]？

Roskin 等人認為人民所以服從政府、政治領袖，是因為它們或他們的決定具有：(1)正當性（legitimacy）；(2)代表主權（sovereignty）；(3)權威性（authority）。以下分別加以解釋：

(一)正當性

正當性是指一種人民所具有的態度，此即在人民的心智中認為政府的統治是對的、正確的（rightful），所以，人民才願意服從；否則，人民就會反抗，不服從。

(二)主權性

主權的來源是指封建君主時代，國王或皇后統治他或她的領土及子民的不可侵犯性。到了現代國家，國家主權的維護乃是為了對外抵抗敵國的統治，維護領土的完整；對內則保障所有子弟的安全。因此，任何政府必須以捍衛國家主權為第一職志。政府能做到，民眾才願意接受它的統治。

(三)權威性

權威是指政治領袖贏得民眾服從的能力。統治者要取得人民願意服從的權威，除了其統治地位或職位，必須依賴正當性、主權性而建立之外，其決策的合理性、受支持程度，以及被尊敬的程度，都會影響其統治的權威地位的建立[9]。

三、政治學學門的建立

政治學和公眾事務有關。因此，如果把公眾事務的討論都看成是政治學的研究，那麼西方文明二千多年來的歷史發展，都有政治學的討論。

但如果把美國政治科學協會（American Political Science Association）成立的 1903 年當作分界點，那麼現代政治科學的出現可以說是二十世紀的事。因此，可以把二十世紀以前與政治有關的論述，都當作傳統政治學（traditional political science），或稱爲規範的政治學理論（normative political theory），討論的大多數是政治應該是什麼？國家或政府，或政治領袖應該做什麼？等等問題[10]。

西方許多有名的思想家，像 Plato、Cicero、St. Augustine、St. Francis、Machiavelli、Hobbes、Locke、Rousseau、Mill、Marx 等等，也都是政治思想家。

四、政治學研究什麼？

傳統政治學偏重研究國家、國君或人民應該做什麼，幾乎可以稱做是「國家之學」。現代政治學，以上述 Goodin 和 Klingemann 的書爲例，它的主要內容包括：(1)政治制度；(2)政治行爲；(3)比較政治；(4)國際關係；(5)政治理論；(6)公共政策和行政；(7)政治經濟學；(8)政治學方法論。

一般美國的大學在政治學主領域（major field）下，分成五個次領域（sub-field），它們是：

1.政治思想／理論與方法論。

2.比較政治。
3.公共政策／公共行政。
4.美國政府與政治。
5.國際關係。

國內政治學者陳義彥認爲政治學的範圍，包含以下九大領域：

1.政治理論：其中尙分成規範性理論和經驗性理論。
2.公法。
3.中央與地方政府。
4.公共行政。
5.公共政策。
6.政治行爲與民意。
7.比較政府與政治。
8.國際關係。
9.政治發展與變遷[11]。

五、政治學的研究途徑

究竟用怎麼樣的研究標準，去取捨或者安排研究政治的材料或資料呢？「研究途徑」在英文叫 research approach ， approach 是指路徑，也是指接近的意思。也就是說，我們採取什麼路徑去接近或了解研究對象。因此， research approach 包含蒐集與分析資料的方法，分析的單元，分析的層次，以及整個研究方法的型態，研究方法本身，研究的價値，所產生出來的研究屬於政治學中的哪些課題、範圍。當然，因爲不同的研究途徑，會產生政治學中不同的研究學派。

Tansey 把政治學的研究途徑分成三類[12]：

(一)傳統研究途徑

工作：片片斷斷的解釋。

方法：描述性、歷史、哲學的分析。

價值：追求自由民主。

分析的層次：政治的、哲學的、心理的。

範圍：個別的制度或國家。

內容：憲政共識（常受鉅變事件影響）。

學派：「自由－制度」學派、歷史學派、哲學學派。

典型概念：憲政傳統、偉人。

(二)社會科學研究途徑

工作：政治的科學研究。

方法：數量化的或理論化的解釋。

價值：傾向美式民主和「發展」。

分析的層次：政治的或社會的。

範圍：美國或區域研究。

內容：多元主義。

學派：功能主義學派、經濟學派、系統學派。

典型概念：政治文化、市場、系統回饋。

(三)激烈的研究途徑

工作：激烈的社會變革。

方法：意識形態批評主義。

價值：反既有的建構。

分析層次：多層次。

範圍：全球的、歷史的。

內容：階級、性別、族群衝突。

學派：馬克斯主義學派、女性主義學派、生態學派。

典型的概念：矛盾、家父長制

六、無人能逃避政治

除了原始社會或自然社會，人生下來就在國家當中，國家正是政治事務的核心；所以，人無法逃避國家，也無法逃避政治[13]。

以下三篇文章，原爲漢聲廣播電台本人所撰之學者評論稿，第一篇是〈公投是民主的遺憾〉，民國 92 年 5 月 27 日播出。此處供讀者參考的意義是，SARS 原本是人類未嘗遭遇的新病毒，在短短的幾個月期間，奪走了相當多的人命。對台灣而言，是一場對疾病或病毒的戰爭。但是，最後，卻因政治的因素，成爲執政的民主進步黨主張「公投」的一個主題。從這個例子，可以看出政治事務的變化，無遠弗屆。

〈公投是民主政治的遺憾〉，原文如下：

台灣在 SARS 疫情氾濫，大家心生恐慌時，因爲中共的阻撓，無法加入世界衛生組織，可謂雪上加霜，人們內心的憤怒，可想而知！此時此刻，執政黨主張就核四廠及台灣加入世界衛生組織兩個議題，伴隨著明年總統大選，舉行公民投票，此種宣示所依據的心理狀態，可以充分理解，坦白講，無可厚非。但是口頭宣示可以，若要付諸行動，恐怕需要三思。尤其，當公民投票再次成爲大家注目的焦點時，有人認爲乃是民主政治必然的制度，若沒有公民投票，民主政治就有缺憾。這種說法，並不合乎民主政治的原理，實有討論的必要。

民主政治的源頭來自於希臘城邦政治的公民大會。但是，古希臘城邦公民大會，人數較少，因爲城市居民多數是奴隸。所以，古希臘的城邦民主，直接民權，才可以運行。這也是爲什麼西方聖哲柏拉圖所主張的「理想國」，乃是小國寡民的原因。國家小，人民少，直接民主才有可能。稍有人口規模

的國家，直接民主，毫無可能。這是近代西方民主政治的演變，在實際上是代議政府的原因。

代議政府的意思，乃是由人民選出代議士，代替民眾來行使權力。民眾如果對代議士不滿，可以透過定期改選，選出別的代議士；或者，在還沒有到達改選日之前，實在對某個代議士，難以容忍，可以發動罷免，撤換不稱職的代議士。因此，民主政治，在代議制度之下，讓代議政府發揮立法、行政的功能，才是正常的現象。只有在代議政府中的立法機構立法怠惰，而對行政機關又監督無力，致任由行政機關因循苟且之下，才需要民眾直接行使創制權，主導立法。對立法工作而言，公民投票創制立法的舉動，就是對所有代議士，也就是所有民意代表，以及立法機關功能的否定。

因此，沒有公民投票創制立法，不能說是民主的缺憾；有了它，才眞是民主的遺憾。因爲，表示民主的制度運作在功能上，已經出了毛病。同樣的道理，立法機關草率立法，導致人民不滿，希望透過公民投票能否決一項立法，也正顯示出代議政府下立法的錯誤。因此，一旦出現公民投票複決制度，正顯示出立法功能的不當與錯誤。這幾年來，國人過分迷信民主，已經使台灣民主成爲民粹式的民主，對於民主的正常運作，已經產生傷害，這才是民主的缺憾！

第二篇廣播評論稿，題目是〈公投所引發的憲政問題〉，播於民國 92 年 7 月 1 日。所以選擇本篇評論，用意在告訴讀者，一旦一個重大議題在國家內部形成正反的爭議，有人主張用公民投票來解決。公民投票機制的建立，正足以顯示沒有人能逃離或逃避政治。

該篇評論原文是：

陳總統主張台灣進入 WHO，以及核四問題，要配合明年總統大選，進行公投。國民黨及親民黨，突然之間，改變想法，也主張公投；但是，國民黨和親民黨更主張把統獨問題，一起拿來公投。結果，民進黨是長期主張統獨公投，反而遲疑起來。台灣在瞬間，似乎國親聯盟和民進黨的政黨立場，

互相交換了位置。固然，國親政黨聯盟，在公投問題上，採逆向操作的方式去思考；而民進黨又何嘗不是如此，統獨公投對民進黨而言，原本也是只能喊不能做，這也是一種逆向運作。不過，不論國親兩黨和民進黨之間，在公投問題上有什麼立場的改變，公民投票所引發的憲政問題，卻不是能避而不談的。

首先，到底我們的憲法，有沒有賦予公民投票的法源基礎。長期以來，這是相當引起爭議的。憲法條文原有規定，人民有創制及複決權，但有關中央創複兩權的行使，明文規定賦予國民大會；至於地方自治事項的創制複決，也於地方自治專章中條文明列。可見，憲法原意，並不將中央全國事項的創制及複決兩權，讓人民來直接行使。如今，修憲結果，國民大會對創複兩權的行使被取消了，從人民的權利角度來看，全國事務的創制及複決兩權的行使，是否就自然而然，轉移到全國公民手上，恐怕是一個相當值得討論的憲政問題。

何況，一個民主憲政的國家，改變國名，變更國旗、國歌的重大事情，是否允許公民以創制方式，進行選擇，也是一個相當值得討論的問題；因此，公投統獨是否合憲，值得大家深入分析及思考。其次，核四是否允許人民以投票，再來決定其停建或續建？是一個更嚴重的憲政問題。核四因民進黨執政後，宣布停建，引發憲政危機。司法院做出解釋，認定必須尊重立法院。換句話說，司法院對核四的解釋，已經是終局裁判。就憲政爭議而言，任何立憲民主國家，一定要有一個終局裁判者。此乃立法、司法、行政，必須分立的原理，因爲當立法、司法與行政，彼此權限問題發生爭議時，則由司法院大法官做出終局裁判，以便定紛止爭，否則，豈不天下大亂。假定核四可以公投，豈不是公投才是最終的裁判者，那麼，大法官會議的權威何在？而最重要的是，以後台灣一切爭議問題，最終都要靠民粹來解決，那將不是民主鞏固的來臨，而是民主倒退的逆流。

第三篇〈西湖鄉公投有意義嗎？〉，播於民國 92 年 11 月 11 日。對西湖鄉民而言，原本只是一個進出家園的交流道設置問題，

結果卻要用到公民投票來表示立場。但是，絕大多數西湖鄉公民贊成的事，政府未必採納。此因政府必須從全國的角度來考慮。這也就是說西湖鄉民眾的事，可能也是全國民眾事務，政治的不可逃避性，模糊了一地和一國事務的界線。

該篇評論稿，原文如下：

苗栗西湖鄉在11月9日舉行了公民投票，主題是希望中部第二高速公路能在西湖鄉境內，增設一個交流道。公民投票的結果，當然是多數通過。這是因為西湖鄉民，絕大多數相信，在西湖鄉內有一處交流道，對西湖鄉民的對外交通，非常便利。

但是，我們想像另一個場景，假定西湖鄉地理形勢的關係，增設交流道結果，影響了西湖鄉的人工及天然的排水系統，導致了大雨來臨時，鄉內部分街道因而會淹水，或者有土石流的出現，到時候西湖鄉民，是不是又要經過公民投票，封閉交流道？以上的場景，純屬想像，所要表達的意思，並不是反對西湖鄉公民投票，或者公民投票結果，大家同意要增建一處交流道。但是，這個想像的場景，所要表示的意思是，像交流道這樣的工程，對地理環境的影響很大，西湖鄉是否需要一處交流道，應該由交通道路工程及地質、地理學專家，共同研究再來決定。如果專家們的意見，是西湖鄉境內不適合興建一處交流道，就算西湖鄉百分之百的公民，完全投票贊成興建，事實上，這種公民投票不具有任何意義。這也正是前環保署長郝龍斌所說的，民主不能凌駕專業的緣故。

其次，西湖鄉民希望增建一處中二高的交流道，建設的經費從何而來？當然是政府編列預算，政府的每一分錢，來自全國民眾，西湖鄉民為了自己的便利，希望政府多給他們一處交流道，但經費卻是全國民眾在負擔，這是公民投票的盲點所在。也就是說，雖然西湖鄉增設交流道一案，看起來只是和西湖鄉民有關，其實，卻和全國民眾有關；那麼，誰才有資格進行公民投票？是不是由全國公民來對此投票？假設由全國公民來投票，由於和一般人的利益，沒有直接和密切的相關，投票率不會高，這種低投票率的公民投

票，意義也不大。

低投票率，也是公民投票的另一個盲點，公民投票既然是針對爭議性很大的政策，是否僅僅可以用過半數以上的人去投票，有效票中的過半數通過，就算是通過呢？如果以爭議性問題要解決的原理來看，無爭議，沒有不同意見的共識決，根本不可能；比較能說服反對的人是用特別的多數來通過，即過半數以上的人去投票，五分之四，四分之三，或三分之二的有效票通過，才算通過。公民投票的盲點很多，草率施行，對民主政治的良性發展，不必然有利。

貳、系統篇

一、意義

從「系統」（system）的角度來看政治學或政治的研究，有以下兩層意義：

1. 管理眾人之事，或者說和政府、權力、政策有關的諸多事務，如何形成一個內在功能與邏輯一致的系統？此系統的演進為何？此即政治權力及公共決策的整個系統的演進或演變是如何進行的？也就是說人類社會從沒有國家的部落社會或氏族社會，到形成國家，以及不同類型國家如封建主義國家、王國、帝國、族國，到現代國家、現代國際社會、國際組織的形成，以及至今出現了所謂的地球村，就是政治系統的形成過程。
2. 以政治系統為研究途徑研究政治學。這是一九五〇年代政治學者 David Easton 借用生物系統的觀念及架構，對政治學進

行研究，和傳統研究國家、權力、政府等途徑截然不同的研究方式。

以下試分別加以說明：

(一)從自然社會（natural society）進入國家（state）

國家是如何產生的，至今有各種說法。但無論如何，在國家產生之前，人類有過部落社會和氏族社會；在部落和氏族社會之前，就是原始社會。

人類從原始社會要進入國家，有各種不同的說法，在政治思想中產生所謂的自然法學派，像英國的政治思想家 John Locke 就認爲人是因爲理性，彼此願意遵守自然法（就是理性法），才組織成國家。

自然社會就是指沒有層級組織、沒有分工的社會。英國政治思想家 Thomas Hobbes 認爲自然社會就是「叢林社會」，爲了求生存、求溫飽、求安全，只好人人爲戰，人人爲敵。

(二)部落社會（tribal society）、氏族社會（clan）

部落社會或氏族社會被認爲是進入國家前的較原始狀態（primitive state）。這種社會，以「血緣」爲基礎，已經形成較固定的組織，社會功能是以狩獵及漁耕爲主。部落社會常常是一個家族衍生出來的一群人，過著群眾生活，故也稱做氏族社會[14]。

(三)封建主義國家（feudal state）

封建主義國家是一種社會系統。領有封土、采邑或莊園的領主或公、侯、伯、子、男等家臣，爲了回報封建主對他們土地與財產的保護，可以爲封建領主征戰。所以封建主義國家是和封建主權威，以及財產權有關。一般指封建主義國家源於法國第九世紀到第

十三世紀的社會系統。另外，則指英國在 1066 年諾曼人（Norman）入侵之後的國家系統[15]。

(四)王國（kingdom）

王國是以一族或一姓爲主，在王國之內沒有別的族群能凸顯出自己的地位。在《韋柏新世界字典》（*Webster's New World Dictionary*）[16]中，對 kingdom 一詞的定義是，「一個國家或一個政府，由一個國王或王后，或君王來統治」。同時，王國也指的是「一個被統治的區域」。

(五)帝國（empire）

帝國是指由一個王國或部落，不斷進行征戰，導致版圖的擴張、藩屬的增加。歷史上有名的帝國如羅馬和中國。

(六)族國（nation-state）

一民族建立一個國家，當然可以稱之爲「族國」。不過，世界上多數國家是先建立「自己一族」（nation-building），從種族、文化和宗教上著手，建立族群認同，才有所謂的某某民族；所以，有時候是「民族發明」（nation-inventing）。

不過，多數國家是一個國家內含很多民族；或者是同一民族，但建立了一個以上的國家。這種國家建立的過程英文叫做 state-making 。像中華民族原以漢族爲主，後來主張漢滿蒙回藏苗傜等族都是中華民族；而現在的中華人民共和國，包含了五十多個少數民族[17]。

(七)國際政治（international politics）

國與國之間，政府的外交政策所引起的互動關係，就是國際政治。傳統國際政治以研究外交史、國際法、國際組織爲主。現代國

際社會已重視國際關係。國際關係的範圍比國際政治寬廣。當前國際關係是由國家、各種事企業、非政府組織，甚至於涉及個人，多方面所發生的複雜互動關係。

(八)國際組織（international organization）

早期的國際組織是以主權國家爲加入的單位，例如第一次世界大戰之後的國聯（League of Nations），以及二次大戰之後的聯合國（United Nations）。不過，二次世界大戰之後不僅有以主權國加入的國際組織，也有以區域代表加入的國際組織，例如原先爲關稅及貿易同盟的「世界貿易組織」（World Trade Organization, WTO）。

(九)全球化（globalization）

全球化的定義很多，但全球化意味著地球村（global village）的形成。整個地球因科技之進步，交通之發達，如同一個整體的村落。

以下所引的一段話，讀者可以了解全球化的意義：「從一九八〇年代末期開始，全球化逐漸變成社會科學界關注的重點，在解釋世界各地影響深遠的很多經濟、社會和文化變遷方面，全球化已成爲強而有力的指導觀念。有關全球化過程與影響的辯論，更在不同的學術領域中進行。然而大家普遍同意，經濟國際化的趨勢與大眾消費全球化的潮流更是顯而易見。」[18]

全球化趨勢下和國家比較有關的是，國家的至高無上的主權受到影響，每一個國家都不能單獨地決定自己的政治、經濟、社會及文化政策。

二、政治系統的研究

David Easton 提出政治系統的分析方法是在 1953 年他所撰寫

的 *The Political System* 乙書[19]，他認爲政治的行爲，構成一個類似像消化系統、神經系統等的系統。政治系統是由下列四個部分所構成：

(一)系統本身（political system）

政治生活構成一個政治行爲的系統，就是政治系統（the political system）。

(二)環境（environment）

系統本身可以和環境做出明顯區隔，系統存在在環境中，但也受環境影響。

(三)反應（response）

系統內的結構和過程（structures and processes），可以解釋爲系統內的成員，爲了應付或回應來自內、外環境的壓力和挑戰，所做的積極的、正面的努力。

(四)回饋（feedback）

系統在面對來自環境的壓力時，決策者或系統內的行動者，他們在回收這些壓力訊息時，能讓系統持續運作下去的能力[20]。

D. Easton 認爲一個政治系統的簡單模型如**圖 1** 。

三、政治系統有關的案例

以下兩篇文章，依舊是取材自筆者在漢聲廣播電台的學者短評文稿。第一篇論美伊大戰中我國的基本立場，所以引用主因在讓讀者了解，現在國際政治系統中國家與國家關係的新思維。第二篇文章則爲對政治系統內部不同族群關係的評論文。

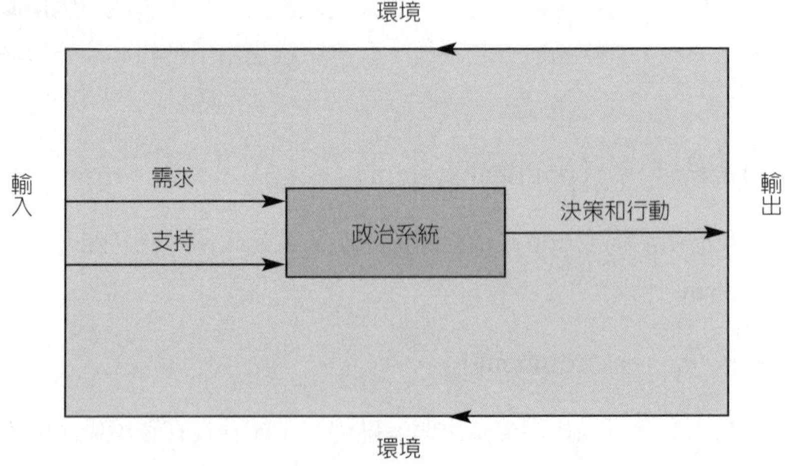

圖 1　D. Easton 的政治系統模型

資料來源： David Easton, A *Frame of Political Analysis*, 1965, p.112, figure 3.

第一篇〈論美伊大戰中我國的基本立場〉，於民國 92 年 3 月 25 日播出。原文如下：

美伊大戰在台北時間，民國 92 年 3 月 20 日上午 10 時，正式開打。這次英美聯軍攻打伊拉克，不同於 1991 年，美國打第一次波灣戰爭。當時以美國爲主的各國聯軍，可以稱爲「正義之師」。一方面，由於伊拉克佔領科威特，是百分百的侵略行爲；另外一方面，盟軍出動有聯合國的決議作後盾。因此，以美國爲首的盟軍，贏得普世的喝采。

不過，這次美伊大戰，長期以來就陷入爭議不休的困擾。美國強烈指控伊拉克擁有大規模的毀滅性武器，以及生化武器；此外，最重要的還是伊拉克也是從北韓、阿富汗、伊朗一路過來的「邪惡軸心」。所以，美國最後根本不管聯合國有沒有決議，對伊拉克提出最後通牒，要求海珊一家人出亡他國，否則，將以武力攻佔伊拉克，推翻海珊政權。從國際戰爭的舊思維來看，美國是標準的帝國主義，每一個國家都是主權獨立的國家，它的政權存在與否，豈容他國干涉。但是，從二十一世紀國際社會的新思維來看，每一

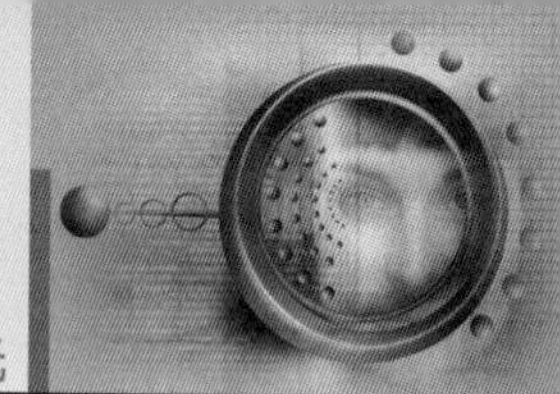

個國家的主權，都是相對獨立的。如果，一個國家並沒有直接使用軍事武力攻擊他國，但放手讓恐怖份子在自己國家內訓練恐怖份子，而這些恐怖份子雖不是該國國民，但一旦對他國發動攻擊，造成大量平民的死傷，這個國家是否意謂著是在向被恐怖份子攻擊的國家宣戰？九一一恐怖事件，紐約世貿大樓被炸，數以千計的平民死亡，改寫了國際社會中戰爭、主權的定義。美國因此重新釐定二十一世紀的全球戰略。

二十世紀末，冷戰結束，過去美國和蘇聯東西兩極對抗的局面不再，國際社會因為前蘇聯的瓦解，而形成一個超級強國，即美國，以及多個區域霸權的「一超多元」的體系。但是，這個體系在國家安全的全球戰略上，應該如何架構，曾引起各方討論。著名的美國政治學者杭廷頓先生，想把國際全球戰略架構在文明衝突上。但是，九一一事件，才眞正造成了二十一世紀全球戰略的思維。那就是國際安全不是建立在核子嚇阻或核子戰略均衡，或者區域權力平衡上，更不是以圍堵共產意識形態為主，而是以反對恐怖主義來佈局，不論是主權，還是其他國際問題，都必須以此戰略為最高指導原則。

美伊戰爭，我國軍方也是基於這種最新的戰略思維，即反恐，反毀滅性的核生化戰，而支持美國。這種思維應該是我國對美伊戰爭的基本立場！

第二篇題為〈族群平等與族群和平〉，於民國93年1月13日播出，原文如下：

台灣新電影運動的重要代表人物，電影導演侯孝賢，出面籌組族群平等行動聯盟。侯孝賢所以採取這個行動，主要是受不了政治人物利用選戰，激化族群對立，獲取個人利益，卻造成社會的不安。台灣地區的族群問題，一碰到政治，就被凸顯出來，已經有了褊狹的「種族主義」的味道在裡面，未來發展令人憂心。

一般而言，民族主義是國家發達、種族生存的寶貝。孫中山先生也把民族主義列為三大主義之一。民族主義是指因相同語言、共同文化，以及擁有共同的習慣和利益，而形成一種你我一族的認同。同一民族會有共同的生活記憶，以及長期以來彼此相互認同的單一政府或國家主權。因此，孫中山先

生才會說，民族是自然力促成的，而國家是武力造出來的。因此，如果民族主義，是因爲太多的強力而造成的，這個民族必然無法長期存在。由於強調自然演變的你我一族的觀念，民族主義當然重視民族內部不同種族之間的平等和和諧。中華民族多數是漢人，在過去朝代時期和今天中國大陸，所統治的疆域內，還有其他五十多個少數民族。其實，就中華民族而言，就只能算是一個民族；至於說漢、滿、蒙、回、藏、苗、傜等五十多個民族，事實上是五十多個種族。但因爲中華一統的關係，中華民族中的不同種族，都擁有你我都是華人一族的認同。

因此，就台灣所熟悉，以及口語上所常用的本省人、外省人字眼，連構成種族主義都不夠，更不必說是不同民族，本質上，是地域主義在作祟。就福建省人而言，台灣省人乃是外省人；同樣的，台灣省人看湖北省人，後者是外省人。這是標準的地域主義，雖然在每一省省的名稱之後，加一個「人」字，指的既不是種族，也不是民族。因此，台灣地區因爲政治而形成的「外省人」、「本省人」之爭，不僅不合事實，也不合邏輯。但是，如今卻成爲社會衝突及政治衝突的主要來源，令人不得不予以特別注意。而不同地域的人，擁有不同的認同，進而排斥、非難外地人，除了地域主義排他觀念外，也有種族主義的偏見在內。被稱爲種族主義，是因爲自認自己一族，優於他族。德國人對猶太人的屠殺，就是種族主義。外省人看不起本省人，本省人怒罵外省人，都有種族主義的味道，侯孝賢挺身而出，爲族群平等而呼籲，顯然是有太深的感觸吧！

參、概念篇

長期以來人們或政治思想家，以及研究政治的學者、專家，在談論政治時，有一些經常談論到的政治理念或政治觀念，就叫做political ideals或political concepts。政治理論若發展成一套自成邏輯的政治說法，或政治學說，甚至於政治教條，被拿來作爲追求執政的正當性，就稱做政治意識形態（political ideology）。政治意識形態筆者將另篇介紹，此處先介紹比較盛行的政治概念或政治理念。

一、自然權利（natural rights）

人生而有的權利，就叫自然權利（natural rights），一般指的自然權利是：財產權、工作權和生存權。人擁有自己的財產，才得以存活；但爲了擁有財產，人必須有其他二權，即有了財產權、工作權，生存權才較有意義[21]。

一般常以法國大革命時的人權宣言爲例，說明人的天生既有權利，另一個例子則是美國的獨立宣言，或憲法前言。美國憲法前言所揭示的六個目標是：

1.形成一個完美的聯邦。
2.建立公平正義（justice）。
3.確保國內的安全。
4.提供共同的保護。
5.促進普通的福利。
6.確保自由[22]。

從上述美國憲法前言所追求的六大目標，可以看出來正義、公平、安全、福利、自由等都是政治學中的很重要的概念。不過，主張人類生來就有自然權利的這些政治思想家，他們又被稱爲自然法學派（natural law school），政治學者耳熟能詳的包括：

(一)盧梭 Jean-Jacques Rousseau（1714-1778）

盧梭生於瑞士邦聯時代的日內瓦。盧梭早期的成名作是 1750 年的〈科學和藝術的討論〉（Discourse on the Sciences and Arts），

1755 年的〈論不平等〉(Discourse on Inequality)。而後來成爲傳世不朽的著作是同時完成於 1762 年的《愛彌爾》(*Emile*)和《社會契約論》(*The Social Contract*)。

(二)霍布斯 Thomas Hobbes(1588-1679)

霍布斯生於英國 Wiltshire 之 Malmesbury。他的第一本著作是譯作,*Thucydides' History of the Peloponnesian War*(1628),其後的作品有 1640 年寫就,1650 年出版的《法律的要素》(*The Elements of Law*)和 1642 年的「市民」(*De Cive*)。後來傳世不朽的巨著是《巨靈論》(*Leviathan*, 1651)。

(三)洛克 John Locke(1632-1704)

英國的偉大政治思想家,在自由主義的發展上,被認爲是關鍵性人物。傳世不朽的作品相當多,1689 年的 *Essay Concerning Human Understanding*,1690 年的 *Two Treatises of Government*,1693 年的 *Thoughts Concerning Education*,1693 年的 *Letter Concerning Toleration*。

二、公道/正義(justice)

公道或者正義,英文都用 justice 來稱呼它,不同的政治思想家賦予它不同的意思。不過,在 1971 年 John Rawls 所撰的 *The Theory of Justice*[23],Rawls 對公道或正義下的結論是:

1.每一個人都擁有相同的權利(right),可以去延伸含有基本公平自由的總系統,這個系統和爲全體人民追求自由的系統相類似,兩者之間可以並行不悖。

2.社會自由和經濟自由,可以經由安排,使之具有:

(1)從最小的利益到最大量的利益，使每個人都獲得利益。

(2)所有的地位或職位，都是基於機會平等的原則，使每個人都有爭取的機會[24]。

有人把公道或正義分成：社會上公共承認的社會公道、政府法庭中所執行的法律公道。

但是什麼是社會公道或社會正義，相當抽象。基本上，社會公道或正義是社會上流行的主流觀念或價值。例如不揭人隱私，乃過去社會相當流行的觀念；但是，現在一些八卦媒體，專門揭發個人隱私，使得隱私的觀念逐漸改變[25]。

國內資深政治學者認為粗略地分，公道有兩類，一是各盡所能，各取所值；而另一類則是各盡所能，各取所需。不過，究竟「所能」、「所值」、「所需」是什麼？爭議很多[26]。

至於法律上的正義，指的是：(1)依法而治的原則（the rule of law），以及(2)公平審判的過程。

所謂依法而治的原則，最早來自古希臘哲人亞里斯多德（Aristotle），其後雖有政治思想家及學者為此多所爭辯，但大體的意思是指政府的行動必須依據已有的法律規範，使人們可以清晰地預判政府的行動，而讓人們清楚地知道，在什麼情況下，人們怎麼做，政府會怎麼地反應[27]。

至於公平審判的過程，一般指司法正義。也就是說當人與人之間，甚至於人與政府之間，或政府與政府之間發生爭執，使權利義務關係有了衝突，存在著一個獨立的司法系統，可以公平地聆聽兩造的意見，最後做成裁判。

一般國家都採三級三審制，從地方法院、高等法院到最高法院，以求得公平正義的判決。不過，像美國這種聯邦制國家，則除了各州司法系統外，尚有聯邦的司法系統，可以用來追求法律公道。**圖 2** 即為美國司法系統[28]。

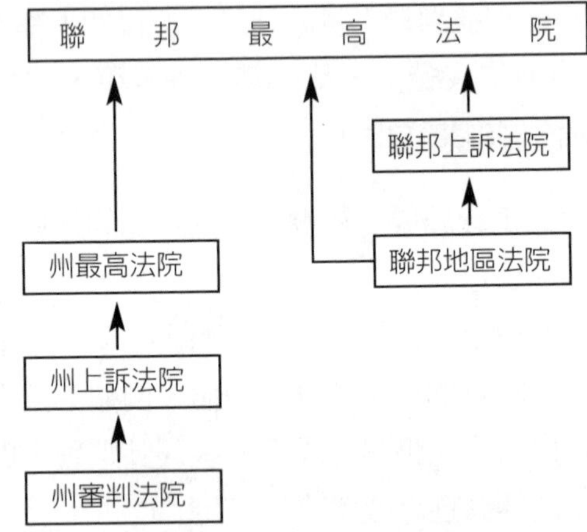

圖2 美國的司法系統

資料來源：參考 James W. Ceaser et. al., *American Government: Origins, Institutions, & Public Policy*, McGraw-Hill Book Company, 1984, chap.12, the Judiciary, 以及 p.405 Figure 12-1.

三、平等（equality）

平等指的是公平地、相同地對待每一個人，以及法律之前人人平等。至於政治平等，一般指每人一票，平等的投票權，而社會平等則是指減少不同社會團體的社會差距[29]。

不過，討論平等一般都從不平等的起源談起。正如西方 Ted Honderrich 所說的，討論平等可以從既存的不平等（the existing inequalities）來看[30]。

社會不平等主要來自：貧窮、階級或階層結構（hierarchy）、性別、種族等。

平等是很多政治思想家或實踐家喜歡高唱和訴求的政治目標，但是，大家又都不約而同的強調「沒有絕對的平等」，或者只能做到「相對的平等」。美國學者德沃金（Ronald Dworkin）就說：「平等是一個既受人喜愛又令人費解的政治理想。人們能夠在某方

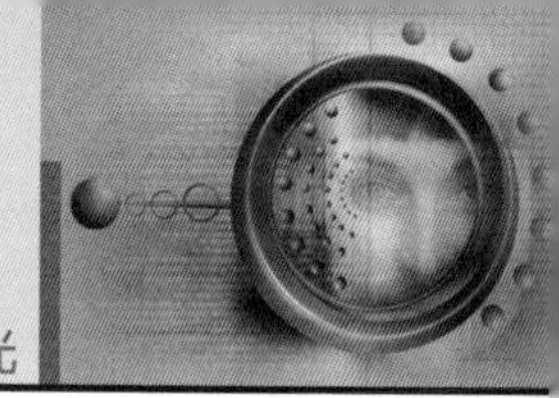

面變得平等（或至少是較爲平等），隨之而來的是在其他方面變得不平等（或更不平等）。比方說，假如人們的收入平等，那麼他們從自己生活中獲得的滿意度幾乎肯定有所不同。」[31]

德沃金將平等區分爲：福利平等、資源平等與政治平等。德沃金認爲福利平等是指轉移或分配資源的方案，再也沒有其他方案比這個方案，使人們在福利享有上會更平等，這種方案就是福利平等。至於分配平等，是指一種方案能使得人們所分配到的資源，佔總額資源的分量上，可以再分得到更多，那麼這種方案和結果，就是資源分配的平等[32]。

至於政治平等，一般是指民主政治中，平等分配決策權。但是德沃金則認爲這個問題很複雜，比方他認爲應該要問：哪一種民主制度才比較符合平等主義的原則[33]。

四、自由（freedom）

自由是民主社會裡常被人們掛在嘴邊的名詞。例如，「不自由，毋寧死」幾乎成了崇尚自由的人的口頭禪。

不過，自由的定義是什麼？一般都是說自由是指沒有約束，或沒有束縛。但是，在現今的社會中，不論是共產國家、威權國家或民主國家，都必須生活在法律與秩序中，因此，根本不可能有「沒有束縛的自由」。所以，自由不是「爲所欲爲」的自由。

因此，沒有束縛的自由指的是「消極的自由」（negative freedom）。而積極的自由（positive freedom），指的是「一個人可以有效決定他自己生活方式的程度」[34]。

對自由的理解不是很容易。不過，從歷史上來看自由觀念，比較容易理解。最古老的自由觀念指的是一種法令，而不是一種狀態，是指統治者釋放被統治者，讓後者擺脫奴隸的身分，所以，自由最古老的意思是被解放[35]。

但是，自由後來的演進是指，具有自由民身分的人，成爲一個「責任的承擔者」。當民眾獲得自由之後，此舉意味著自由民必須對其行爲負全部的責任。例如原先爲奴隸，但被解放爲自由民，它可以決定忠於其主人或者背叛他，他的選擇會相應地受到褒獎或懲罰[36]。

一般討論自由時，最常提到的問題是：

1.自由和能力有沒有關係？兩者之間是否成正比？
2.自由是指和別人相比較，自己比較自由，或比較不自由？還是說自由乃是自我內在的一種比較，我想怎樣而我能怎樣，是一種自由；而我想怎樣，但我不能這樣，就是不自由呢？
3.自由和資源有沒有關係？自由是指爲了某些特別的行動，能接近某些特定資源的程度嗎[37]？

此外，一般討論自由，有以下三大自由：

1.資訊自由（freedom of information）：是指大眾可以接觸到政府官方資料或紀錄的自由[38]。
2.宗教自由（freedom of religion）：人民有選擇宗教信仰，以及不相信任何宗教信仰的自由。
3.言論自由（freedom of speech）：表達意見，不必受到干擾與制止的自由[39]。

五、案例解釋：司法改革是一切改革的根本

〈司法改革是一切改革的根本〉原爲民國92年1月7日漢聲廣播電台播出之「學者短評」評論稿，原文如下：

不論是已開發的民主國家，或者是正在發展中的民主化國家，甚至於共黨國家，都把「改革」看成是最重要的工作。而改革的層面有行政革新、憲

政改革、經濟開放、司法革新、社會改革、文化革新等等，但是，一切的改革，最根本的還是司法改革。

現代國家的出現，有很多說法，但是，最流行的假說，是自然法學派的說法。自然法學派論述現代國家的產生，假定是從自然社會演進到國家社會。也就是說，沒有國家這個組織的時候，人類處於自然狀態，沒有法律，沒有管理，也沒有政府、軍隊、警察、官僚等機構。人類，肚子餓了，就採樹上的果子吃，吃飽了，跑累了，躺在地上就睡了。

但是，自然狀態有兩種情形。一種是人人爲戰，人人爲敵的叢林社會，是英國自然法學派思想家霍布斯所主張的；另一種則是由英國大思想家洛克所主張的，人依據理性這種自然法則，很和平的生活在一起。霍布斯的恐怖自然生活，因爲紛爭很多，所以最後人人願意放棄爲所欲爲的自由，接受一個可以維持秩序、安全、生存的國家出現。而洛克的理性自然社會，仍免不了會有一些爭執，也需要一個定紛止爭的國家出現。

因此，現代國家的出現，有一個非常重要的功能，就是要維持社會的公道和正義。而這種維持社會公道正義的功能，就是司法的功能。人類社會，人們生活在一起，必須遵守一定的規定，在有秩序中，才能相安無事。規則的訂定，是立法的功能。規則訂定後，要能執行，這是行政的功能。但是，規則的訂定與執行，如果也發生爭議，就需要有個機構，出來裁判，定是非，止紛爭，這就是司法的功能。因此，從功能上來看，司法的功能是行政和立法功能的基礎。沒有司法功能，就不會知道誰是誰非。但是，行政會腐化，必須靠立法來監督；不過，立法者也會濫權，必須靠民意，也就是人民來加以控制、監督，這是民主政治的基本原理。可是，司法如果腐化了，就很難加以矯正。

因此，自古以來，不論是傳統國家、君主國家、憲政民主國家，都對司法權的執行者，給予最高的道德、品格和專業的要求，如此才能維護司法的品質，社會公道、正義，才有可能存在。因此，一切改革，要從司法改革做起，從制度、功能、執行者的能力及操守，加強要求。

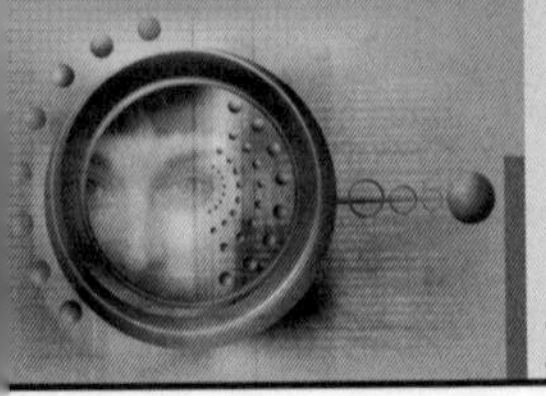

肆、意識形態篇

一、政治意識形態的意義

在政治學的辭典裡，一般就只是提到意識形態（ideology），因此，政治意識形態，在政治學中也可以簡稱爲意識形態。

意識形態一詞的出現，和十九世紀初法國的啓蒙運動有關（French Enlightenment），法國學者 Destutt de Tracy 在 1801 年至 1815 年之間，書寫了四卷的《意識形態的要素》（*Elements of Ideology*）。de Tracy 對意識形態做了不少的解釋，不過，到現在意識形態乙詞，至少有四種涵義：

它指的是法西斯主義及共產主義國家的體系。這時候，意識形態具有以下特徵：解釋人類狀態的普遍思想體系、確保未來會更好的歷史過程之理論、創造新秩序取代舊勢力或舊團體所掌控的不良舊秩序、以革命性手段推翻舊秩序，將所主張的意識形態付之實施[40]。

意識形態的另一種用法，指的是「意志組合」（minds-set），這是美國學者 Robert Lane 所撰的《政治意識形態》（*Political Ideology*）一書中所使用的定義。Lane 研究美國人意識形態的形成，他認爲美國民眾意識形態的形成，是受了在學校作學生時期，對憲法和獨立宣言等的學習所造成的[41]。

不過，意識形態比較流行的用法是來自 Karl Mannheim ，他認爲意識形態是指一些集團（groups）或者階級，或者任何歷史時代，具有特徵性的，並且也具有系統性和廣大包含性的一些觀念（ideas）。因此，統治者爲了自己的利益，會形塑他們所要的意識形

態，讓人們產生偏見或定見[42]。

不過，到了一九六〇年代，美國有些學者高唱意識形態的結束，像 Danil Bell 就寫了一本《意識形態的終結》（*The End of Ideology*）乙書[43]。但是，意識形態的影響並沒有眞正終結，到一九七〇年代，這種說法逐漸不被大家接受。

二、政治意識形態的分類

S. D. Tansey 把政治意識形態用三種不同的觀點來加以分類。第一種是傳統的觀點。此即在左邊的意識形態是比較傾向改變既有的政治、經濟、社會環境。而右邊的意識形態則恰恰相反，愈是右邊的政治意識形態愈傾向維持既有的政治、經濟及社會狀態。

而第二類是自由主義的觀點。此即左邊的意識形態是傾向緩慢地改變現況；而右邊的意識形態則傾向採取快速而激烈的改變。但關鍵在於左邊的政治意識形態是主張採憲政主義的方式去改變；而右邊的意識形態則主張採取革命的方式去改變。

最後一類是無政府主義的觀點。無政府主義的觀點是以意識形態是否主張使用「武力」（force）爲判定之標準。因此，左邊的無政府主義及右邊的馬克斯主義或法西斯主義，都是主張採取武力方式來改變現狀[44]。

以上三種政治意識形態的分類其圖如下：

1.傳統的觀點

左派　　右派

馬克斯主義　無政府主義　社會主義　自由主義　保守主義　君權主義　法西斯主義

2.自由主義的觀點

3.無政府主義的觀點

左派						右派
無政府主義	君權主義	自由主義	保守主義	社會主義	法西斯主義	馬克斯主義

以下再就幾種意識形態做比較詳細的說明：

(一)保守主義（conservatism）

保守主義一般被認爲是主張「延續過去」，以及保有「現在存在的東西」。因此，保守主義被認爲是介於自由主義和社會主義之間。因爲，社會主義基本上是要完全改變西方自十六、十七世紀工業革命之後的國家社會，改變它們的政治、經濟秩序或基本結構。相對之下，自由主義並不想全部改變產業革命之後，初期資本主義社會的政治、經濟及社會的結構與秩序[45]。

因此，保守主義並不是主張不去變革，John Morley 曾將保守主義的生活哲學比做：「認爲事情可能會好一些。」[46]

保守主義重視傳統準則和社會準則所體現出來的權威。但是，保守主義者並非主張國家權威的至高無上；相反的，保守主義者把自由放任和地方分權看做是至高無上的原則。幾乎所有保守主義者

都強調政治國家的本分是盡可能不去干涉經濟的、社會的和道德的事務；同時，國家應該盡可能去加強和擴大家庭、鄰里及自願的合作性團體。國家的權威是建立在協調、從屬、委派和參與這四項依次排列的基本原則上[47]。

政治意識形態可以隨著時代而變遷，早期保守主義常被認爲是「傳統主義」（traditionalism），不過，演變至今，已經和原先所說的保守主義有很多不同的主張[48]。

(二)法西斯主義（fascism）

法西斯主義也是一個現代史上相當爭議性的意識形態。在政治領域中，它也沒有普遍被接受的定義。一般認爲是指 1922 年到 1943 年義大利的墨索里尼政權。對主張共產主義的馬克斯而言，法西斯主義也是資本主義發展到最高階段的必然產物。同時，它不僅僅指的是義大利墨索里尼，也指的是德國的希特勒。而第一次大戰時之後，許多歐洲的軍事化政府所展現出來的威權政府，也都被稱爲法西斯政權。

法西斯主義大體有以下的特徵：(1)反共產主義；(2)極端的民族主義；(3)種族優越觀；(4)反猶太主義；(5)對外採侵略的外交政策[49]。

Roger Griffin 則綜整法西斯主義的特徵如下：

1.法西斯主義是反自由主義的。法西斯主義完全拒絕所謂的自然權利、人天生自由、平等的說法。
2.法西斯主義是反保守主義的。法西斯主張用暴力或革命手段改變現狀，或改變傳統。因此它是反保守主義的。
3.法西斯主義傾向操弄一種散發領袖魅力的政治統治，用之以吸引支持者或民眾，對領袖產生崇拜。
4.法西斯主義是反理性的。法西斯主義喜歡用一些符號、理念

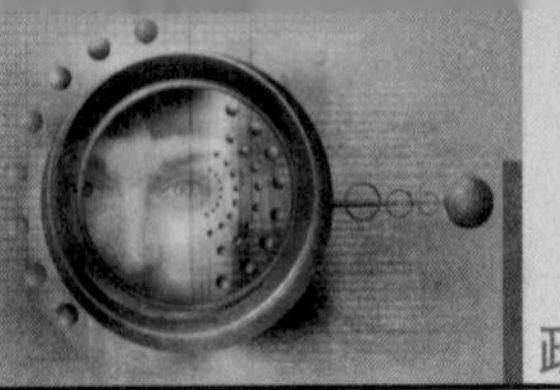

或信仰，讓人們對統治者產生迷思，而願意被驅使。因此，法西斯主義是不理性的。

5.法西斯主義對於初期資本主義下的自由競爭，所產生的不平等與剝削是反對的，但和馬克斯主義不同，法西斯主義也反馬克斯主義，雖然兩者都反對自由資本主義。法西斯主義主張計畫經濟，強調技術、科學與生產、國家企業，運用國家力量來統合分配物質。因此，法西斯主義常自詡爲「眞正的社會主義」。

6.法西斯主義和極權主義（totalitarianism）是緊密地連在一起。極權主義是國家運用一切力量來統治民眾，民眾幾乎沒有私密性的空間，每個人都暴露在國家的監控下。因此，法西斯主義和極權主義也非常類似，法西斯主義國家的統治黨，利用特務控制、監看每一個民眾的生活，剷除不服從者。

7.法西斯主義主張英雄崇拜、超人統治，甚至於主張男性沙文主義，法西斯主義的統治，不是以某一個階級爲基礎，它要求的社會支持是全民的，包含一切職業、階級的。

8.法西斯主義是種族主義者，它主張統治者的種族乃是最優秀的種族，因此，對於其他種族，採取排擠，甚至於屠殺式的種族主義論調及凶殘的方法。

9.法西斯主義的國際主義性質：法西斯主義也想把其意識形態擴張到全世界，因此，努力去促成各個國家的法西斯主義運動，在本質上，它是侵略性的。

10.法西斯主義在意識形態上，並非絕對排他，它也常常採折衷方式，與其他意識形態共存，以爭取支持；法西斯主義主張一種社會新秩序，以此來誘使別的意識形態主張者與之合作[50]。

(三)無政府主義（anarchism）

無政府主義盛行時期從一八六〇年代到一九三〇年代，主要是由工人階級所發起和推動的。追溯對於無政府主義之研究及其代表的理論家或思想家，當推一七九〇年代的 William Godwin 。

無政府主義在法國、義大利、西班牙、俄國，和美國的俄裔猶太移民和義大利移民等地區或社群，比較盛行。

無政府主義一方面從社會主義的觀點來拒絕資本主義；另外一方面，又從自由主義的觀點來拒絕國家。整體來說，無政府主義可以看作是極端自由主義式的社會主義（the most extreme form of libertarian socialism）。

不過，無論如何無政府主義乃是一個革命性的教條（revolutionary doctrine），在二十世紀至少有二次的歷史紀錄，證明它相當活躍。

1.1917 年的俄國大革命期間。當時烏克蘭地區曾經被無政府主義者 Nestor Makhno 所率領的革命農民和叛軍佔領相當多年。

2.一九三〇年代西班牙內戰時期，當時的西班牙無政府主義者，在 1936 年使內戰加劇，無政府主義者聯合工人、農民和社會主義份子，透過西班牙共和黨（Republican Spain）控制了國家一到二年的時間。後來受挫於史大林主義反革命份子的侵蝕，最後爲西班牙法朗哥將軍所敗。

無政府主義傳統上認爲社會、經濟及政治的主要問題是資本主義、不平等、性別歧視、軍事主義、戰爭、權威和國家。他們反對議會政治，此即反對自由主義、資產階級式的民主代議政府和政治參與。無政府主義者積極主張平均主義（equalitarianism）、相互幫忙式的合作、工人控制（自治管理）、個人主義、自由和完全的分

權（組織是由下而上）。因此，在手段上他們主張直接的行動、直接民主，委任代表而非法定代表[51]。

(四)恐怖主義（terrorism）

美國紐約市世界貿易大樓（the World Trade Center）在 2001 年 9 月 11 日爲恐怖主義份子劫持客機撞擊而毀，死亡人數約二千多人。此後使得美國的全球戰略佈局，以反對恐怖份子攻擊爲最優先之考慮。

什麼是恐怖主義？從歷史上來看，使用暴力來脅迫對方，就是恐怖主義。像羅馬人對付基督徒，或者民眾誅殺暴君，都是恐怖主義。不過，採取恐怖主義的人都聲稱他們是爲了自由、正義，他們是在進行反抗壓迫的「解放義舉」。

二次世界大戰前後，這種聲稱爲了自由而採行恐怖行爲的例子，比比皆是。因此，當時這種說法非常流行：「昨天的恐怖主義份子，是今天的自由鬥士，是明天的國家領導」。

不過，今天由於英美帶頭反對恐怖主義，使得恐怖主義份子的正當性備受質疑。基本上，使用令人恐怖的手段，遂行政治目的；或者說，把恐怖手段當作政治工具的人，就是恐怖主義份子，當前使用恐怖主義手段的國家，主要是阿拉伯世界的國家。 1973 年是個分界點， 1973 年爆發了中東危機，以色列和阿拉伯之間的戰爭，使阿拉伯人向支持以色列的西方國家，如英國、美國、法國、西德、義大利、日本，包括以色列本身，他們的人民都成爲阿拉伯恐怖主義下手的目標。 1973 年之後所發生的恐怖主義事件和以前的數目相比較，大約增加了十倍。

恐怖主義的特徵是讓人們心中感覺到受了威脅，因而沒有安全感、恐慌、害怕。因爲恐怖主義分子下手的目標包括平民、暗殺政治人物、在鬧區引爆炸彈、綁架人質、劫持交通工具、佔領媒體以及任何足以引起注意的私人或公共建築物。因此，恐怖主義的目的

是在恐嚇、威脅、癱瘓政府，以達成其政治目的[52]。

四、案例解釋

1.面對恐怖主義應該有所準備

（原爲 91 年 10 月 22 日漢聲廣播電台所播出，由筆者所撰之「學者短評」）

一年前，當恐怖份子駕著民航客機撞擊紐約世貿大樓時，台灣民眾和全世界人民一樣，必然是感同身受。但是，除了隨著美國的腳步，全力譴責恐怖主義外，台灣在世界反恐行動中，似乎並沒有著力點。當然，有一些政治人物認爲，台灣應該採取一些軍事的合作行動，支持美國在阿富汗的攻擊。但是，事實上，台灣在公元 2000 年政黨輪替後，國內政治、經濟、社會失序，自顧已經不暇了，又豈能如此多事？何況，恐怖主義也不好惹，台灣如果多事，爲自己惹麻煩，可能還要付出慘痛的代價。不過，從東南亞國家受到恐怖份子的攻擊，台灣也應該明白，反恐怖主義，也不是任何一個國家可以潔身自愛，而置身事外。因此，台灣對於恐怖主義，仍然必須有一些具體的做法。這是因爲，台灣是美國忠實的盟友，舉世皆知。因此，台灣即使不招惹恐怖主義，恐怖主義在台灣製造任何攻擊事件，對美國也一種重創。

近年來外電也一直傳聞，台灣也是恐怖份子想要有所行動的地區。基於這種情況，台灣政府能夠做的是：第一，加強國人對於恐怖主義的了解。恐怖主義所以不能讓人接受，就在於他們攻擊的對象，不分平民與軍人，不分男女老幼，不分政治軍事目標與一般社會的標的。因此，恐怖主義行動的結果，常常使一般民眾及社會受到重創。這和人類長期以來，軍事行動不以平民及非軍事對象爲目標的做法，背道而馳。因此，恐怖主義被認爲是不人道的，而不爲聯合國、一般國際社會所接受。讓民眾多了解恐怖主義的本質，自然有助於社會、民眾，提高警覺性。

第二，反恐與防颱及防震一樣，都需要有一些演習、演練。因此，政府

應該在現有能夠動支的預算當中，從事一些可能的反恐行動的準備。例如，強化機場、港口、車站等交通樞紐的安全檢查工作。但是，加強安檢，總有百密一疏。防恐，最萬不得已之計，還在於一旦恐怖攻擊行動發生後，事後的救災、救難和救人的工作。舉例來說，一旦人潮洶湧的百貨公司，發生不幸的大規模爆炸傷亡事件，我們的救護交通、人力，以及燒炸傷的醫療能力，是否足以負荷？上述這些防禦恐怖攻擊的準備、措施，甚至於在行政、立法上的預先作爲，可能都是作爲美國忠實盟友的台灣，必須審愼思考的重要課題！

2.改革與革命

（原爲91年11月26日漢聲廣播台所播出，由筆者所撰之「學者短評」）

改革與革命之間，常常是一線之隔。前蘇聯總書記戈巴契夫，倡導新思維，意圖進行政治及經濟改革，結果是前蘇聯帝國垮台，戈巴契夫最後也失去政治權力，只差一點，就成爲反改革勢力的階下囚。

著名政治學者杭亭頓，就曾經在《轉變中社會裡的政治秩序》一書中，嚴肅地提出，改革者一方面面臨來自主張激烈變革的進步勢力挑戰；另一方面，則面臨來自希望維持現狀人的反抗，因此，改革一定會處於進退失據的危險境地。

從上述這些角度來看，台灣當前的農漁會，農漁會信用部門的金融問題嚴不嚴重？相信很多人都可以強烈地予以抨擊。比方說不當放款、超貸等，這些毛病，俯拾即是，何況，農漁會還牽涉到複雜的政治派系問題，每次農漁會理監事及總幹事的改選、聘任，不僅地方派系介入，更是頻傳金錢與暴力的污染。而由於地方派系介入農漁會，使得相當多的地方農漁會信用部門，財政結構不健全，於是，一有風吹草動，如人謀不臧的情形出現，就發生擠兌風波，最後都由業務主管機關合作金庫加以接管。所以，農漁會信用部門的改革呼籲，已經是多年來各界的共識。只是，究竟著手進行的步驟爲何？各方面不見得有相同看法。所以，政府這次準備對農漁會信用部進行改

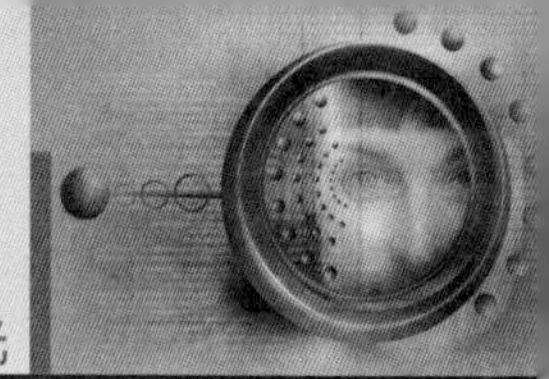

革，原本以爲會贏得各方面的喝采，但是，沒想到卻遭到有史以來台灣最大規模的農漁民大遊行，據估計有十二萬以上的人，在 11 月 23 日，參加台北市的大遊行。行政院因此受到震盪，改革似乎有轉變成革命的趨勢。

當前的農漁會問題，正是印證了前面所說的，改革與革命只有一線之隔。執政黨想要對積弊已深的農漁會信用問題，開始動刀子，原本是好事。但是，步驟沒有得到社會的普遍支持，自己反而挨了一刀，受傷不輕。平心而論，農漁會問題，正像台灣當前所有的政治、社會、經濟等問題一樣，所以會產生問題，非一朝一夕之間，也絕對不是受到某一個單一因素所形成，所謂「冰凍三尺，非一日之寒」。

因此，「改革」絕對不能像「快刀斬亂麻」般，用一刀切的方式。「改革」所以不同於革命，正因爲改革需要時間，「革命」則常常在瞬間，各種機會之下，偶然發生。改革則需要循序漸進。農漁會問題譜出了台灣要進行改革應有的節拍，主政者應記取教訓。

3.理性、秩序與民主鞏固

（原爲 91 年 12 月 8 日漢聲廣播台所播出，由筆者所撰之「學者短評」）

12 月 7 日是北高兩市市長及市議員的改選。很高興的是，過去這一個禮拜，由於政治天王站台、遊行，把選舉氣氛，拉抬得很熱烈。不過，在選舉激情的刺激下，不禁令人擔心，會不會有不理性及失序的情形出現，使台灣的民主政治產生倒退。值得大家欣慰的是，民眾雖然很熱情的參與，但是，台北市和高雄市的選舉，乃是在理性、有秩序及有法治的狀態下完成的。

一方面，除了台聯的造勢晚會，在 12 月 6 日逾越選委會規定的時間約二十多分鐘外，其他候選人在選舉前最後一次的造勢晚會，基本上都準時結束。另外一方面，12 月 7 日投票日全天，除了少數意外的小事件之外，絕大多數的投票在理性及秩序之下完成。而且，最重要的還有一點，那就是台灣長期以來，選舉風氣一直爲大家所詬病，尤其是賄選傳聞不斷，也確實有不少賄選事件發生。但是，這次北高兩市的選舉，賄選的傳聞大幅度減少，這

代表著台灣民主的進步及鞏固。

在政黨輪替之後，國人對於台灣民主能否鞏固，仍有保留。從這次的選舉來看，應該是爲民主鞏固奠下了堅實的基礎，希望朝野都能珍惜此點，彼此有共識，未來不要輕易地破壞這個得來不易的基礎。

當然，從表面上來看，台北市仍是國民黨的馬英九連任，而高雄市也仍然由民進黨的謝長廷當選，維持原先的政治局面，朝野似乎誰也沒有輸贏，應該是皆大歡喜才是。但是，從市議員的選舉來看，當然，起起落落，有些很具知名度的市議員落選，而有些政黨也初步有不少斬獲。從選舉結果來看選票的變化，各政黨都應該從正面加以解讀。得到選民的支持而當選，固然應該高興；若是不能得到選民的支持而落敗，應該思索的是，如何再度得到選民的擁抱，這就是正面解讀的方式，即心胸坦蕩的面對選舉結果。

過去，台灣民主不甚進步時，候選人落敗之後，大多質疑對手做票，或者是質疑選務單位不公平，有的甚至於要包圍票箱，進行重新驗票等等抗議事件，層出不窮，多少有些輸不起的心態。

這次選舉是在理性、平和以及有秩序之下完成的，民主鞏固的成果，得來不易。所以，希望勝選者，能思考往後如何爲民服務；敗選者，檢討自己，重新出發，下次再來，而不要在沒有具體證據下，仍然要鬧場，民主才會進步！

4.中華民國有問題嗎？

（原爲 92 年 3 月 18 日漢聲廣播台所播出，由筆者所撰之「學者短評」）

前總統李登輝在世界台灣人同鄉會，公開主張應拋棄中華民國之國名，同時制定新憲法，更名爲台灣國。姑且不論此舉是否有可能，也不去談論李前總統過去是國民黨主席的身分，以及他自己在任內也說過，他從來沒有主張台獨過。只是，李前總統的思維，代表著一種不合邏輯的思維方式。不合理的邏輯就是，中華民國只要改名爲台灣國，大家就會知道中華民國是一個主權獨立的國家。事實上，對台灣內部來說，有誰不知道台灣是一個主權獨

立的國家呢？而她的國名叫中華民國。所以，改名爲台灣國，不是爲了讓台灣內部民眾知道台灣是一個主權獨立的國家，因爲，大家早就知道我們是一個主權獨立的國家。

那麼，改名字是爲了讓中共知道台灣的中華民國是一個主權獨立的國家嗎？事實上，中共也知道。中國大陸除了極少數昧於事實者，否定中華民國事實存在的人外，也知道中華民國作爲一個「國家」主體的事實。這個事實，當然造成統一的困難。也正因如此，中共才會不斷地釋出，兩岸只要統一，未來統一的國家的國名、國旗、國歌等都可以談。

當然，中共的這種說法，有多少眞誠，各方看法不一。不過，改國名爲台灣國，似乎也不是眞的想讓中國大陸官方或人民，知道在台灣有一個叫「中華民國」的國家主體存在，因爲，他們也都已經知道。

那麼，改台灣國是爲了讓全世界的人知道台灣是一個主權獨立的國家嗎？事實上，各國主持國際事務的官員，沒有人不知道台灣是一個主權獨立的國家。因爲，只要他們和中共來往，中共會不斷地提醒他們，注意中共所堅持的「一個中國」的原則，不要自找麻煩。那麼，改名爲「台灣國」，並不會讓各國主持外交事務的人才知道中華民國是一個主權獨立的國家。因爲，他們早已經知道了！所以，改國號是爲了讓台灣在國際社會走出去，是根本說不通的邏輯。

台灣能不能在國際社會昂首闊步，美國和中共是最主要的兩大因素，美國不改變對華政策中「一中」原則；中共不放棄統一台灣的宣示，台灣即使改名字叫登輝國，尊李登輝先生爲國父，台灣仍然走不出去。台灣要走出去，不是靠耍嘴皮子，而是靠實力，只有持續經濟成長，成爲各國相互爭取的對象，台灣才可能眞正走入國際社會，扮演重要的角色。

伍、政治過程篇

本講次所說的政治過程，指的是認同的過程（process of identi-

fication)。認同是指認同特定政治團體，或認同某一政治意識形態，或認同某特定政治人物的過程[53]。對於政治團體及政治意識形態的認同，稱做政治認同（political identification）。獲得政治認同的過程，被認爲是政治社會化過程的後果之一，而政治認同也構成一個國家或一個政治體系政治文化的一部分。

當然，和政治認同有關的，不只政黨、政治文化和政治社會化，因爲民族認同而有所謂的民族主義；對於地域的認同，也會產生區域主義；而因爲不同的種族，加上認同問題，就會產生種族主義，或者造成族群之間的問題。當然，社會如果允許各種不同的認同主張存在，就容易形成多元主義社會（pluralist society），一般認爲這是民主政治及民主社會的基礎。

總之，認同的問題，在於詢問：

1.我們是誰？
2.我們要做什麼？
3.我們要怎麼去做？
4.誰會得到好處？

一、政治文化（political culture）

政治文化與文化不同。政治文化牽涉到政治系統中的成員，也就是一般的民眾，他們對於政治行爲、政治價值的認知、感情與評價。比方說美國人民對於政治系統的決策有高度的認知；因此，他們在感情上會採取認同的態度，也會給予很高的評價；因此，他們會積極參與到公共政策的決定過程中。

政治文化也有被稱爲公民文化的（civic culture），中國大陸學者王樂理，認爲公民文化可以分成以下十個課題：

1.對政治系統和政府輸出活動的認知，包括政府輸出對個人有

何影響、個人是否關心政治和政府事務、個人具有的政治基本知識。

2.個人對政治系統的態度，包括與政治制度有關的民族自豪感、對政府輸出的期望、對政治輸入的情感。

3.個人的黨派信仰，包括對自己支持的黨派、及其支持其他黨派的人對政黨的評價、父母的政黨支持對象對其子女政黨支持對象選擇的影響程度；以及參與政黨活動、捐款給政黨、擔任黨的義工等等的態度、價值選擇等等。

4.公民責任感，此即一般公民自我認定對於公共事務應有的責任是什麼？其強度應該如何的認定或判斷？

5.公民能力感。此即個人評估自己對公共政策的制定與執行能有多大的能力。

6.政府回應能力。當人民向政府呼籲應該有怎樣的舉措時，政府有多大回應能力的判斷。

7.政治參與程度的高低；政府認同中，政治忠誠的程度。

8.社會的整體態度和公民之間彼此的合作關係。例如社會的和諧或分裂程度，公民之間互信、互賴的程度。

9.社會組織與公民能力之間的關係。公民屬於組織的成員及不屬於某組織之成員，相互比較彼此政治參與的能力與程度。

10.政治社會化與公民參與程度及能力的關係。政治社會化愈早，參與程度及能力，是否彼此之間有著正相關的關係[54]？

二、政治社會化（political socialization）

政治社會化是指一個人被整合進入社會的過程。因此，政治社會化是從幼兒時期就開始。

經由政治社會化的過程，一個人被整合，同時也會相對的適應

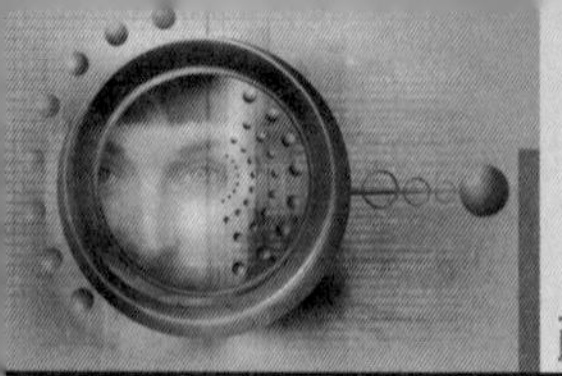

社會，在政治上能有知覺。不過，究竟哪一個時期的政治社會化，對一個人的政治態度和政治信仰，具有絕對性的影響，始終是未知數，不能確定。

政治社會化透過一些團體、機構或部門在進行，例如家庭、學校、職場都被認爲是主要的團體或機構。不過，它們的影響力如何，就是一個爭辯不休的話題。

有些人認爲一個人早期父母的權威程度是影響他日後對政治權力的態度。個人也從家庭獲得他參與政治的信心；同時，也獲得對影響決策的信心。但是，有人認爲愈是人生後半段的經驗，愈會影響他的政治態度和信念（belief），而不是受早期政治社會化的影響[55]。

一般認爲政治社會化乃是透過以下五個部門（agents）來進行：

(一)家庭（family）

心理學家認爲父母的政治態度，例如政黨傾向、投票態度、對政治權威的評價，會在家庭生活中影響子女在這些方面的政治價值取向及政治行爲模式的形成。一般都認爲小時候的政治學習，對於人們在長大之後的政治價值及政治行爲有強大影響力。

(二)學校（school）

政府最重要的事就是教導它的人民有著國家社群（national community）的觀念。學校就是施行這種教育的地方，透過這種教育，將零散於國境內的各色人等，教導成具有我們一體的國家社群觀的人們。像非洲的國家，每一國都是由相當多的部落構成，國家透過學校教育，將他們只有對部落的認同，轉化成對國家的認同。

而以美國爲例，它是一個移民國家，國內有太多不同族裔的移民者，學校教育正是扮演政治社會化的一個很重要的部門，教導移

民者認同美利堅合眾國。

(三)同儕團體（peer groups）

學校是很重要的政治社會化的部門，但比較之下，對於人們政治社會化有較長或持續性影響的，仍是同儕團體。

同儕團體指的是同年紀的同學或朋友，他們相互影響彼此的政治態度。舉例來說，同年紀的工人階級家庭的孩子，如果他們和高層社會階級的子女在同一所高中，常常會彼此相互影響政治態度。而比較之下，如果同學都是來自工人階級家庭，研究發現，他們的政治態度都沒有什麼改變。

(四)大眾傳媒（mass media）

大眾傳媒是現代工業文明的產物。由於傳播媒體的蓬勃發展，不僅是傳統文字媒體，現在尚有電子媒體；所以媒體不僅是平面的，也是立體的。另外，由於科技的發達，一方面使媒體傳遞訊息的速度快速；另外一方面，媒體所能傳播的訊息的數量，也相當龐大。因此，人們幾乎無時無刻，不暴露在媒體傳播的訊息中，政治態度自然受到極大影響。再加上政治人物，如美國總統或國會議員，非常偏好透過媒體來爭取民眾的支持，改變民眾的政治價值、政治信仰或信念，以及政治態度，因此，大眾傳媒成爲現代非常重要且影響鉅大的政治社會化部門。

(五)政府（government）

政府是最重要的政治社會化部門。因爲，政府經年累月都在想，如何把政府所做的事情，明白地或間接地告訴民眾，以強化民眾對政府的支持，以及對國家的效忠。

政府當然不可能完全控制民眾的政治態度，但是，政府的政策會影響學校教育政策、教育內容；政府又辦理各種公共活動，讓同

儕團體有更多機會聚在一起，相互學習。而政府對大眾傳媒的政策，也常迫使大眾傳媒不得不刊載或報導政府有意透露給民眾的訊息。因此，政府成爲最大量政治訊息的來源。政府所以願意透露政治訊息，當然是和它希望民眾擁有怎樣的政治態度，或持有怎樣的政治價值有關[56]。

三、認同和地域、區域主義（regionalism）

認同不單單發生在政治價值取向的獲得，或者政治行爲模式的學習。認同有時候和地理、血緣、族群、社會階級有關。和地理有關的有時會形成地域團體，在心理上產生認同差距，例如美國南北戰爭前後，南方客和北佬之間的認同差距，雖然南北差距的原因，還受到其他因素如蓄奴、經濟型態、對外關係……的影響。又如台灣地區的南北差距，固然是受到政治上在公共政策或公共建設上重北輕南的影響，但地域因素所形成的不同風俗、習慣，甚至於語言上的差距，也是造成南北差異的原因。因此，因爲地區、地域或地理環境的不同，產生認同上的差距，形成地域主義或區域主義[57]。

四、認同與種族（race）

認同當然也和種族與族群有關，所謂的族群是指因種族之不同而形成不同的群體意識（we-group feeling）。相同種族會有你我相同、你我一體的社群關係（community relationship），會彼此覺得榮辱與共、禍福相倚，在台灣地區曾經有過一陣子，流行用「生命共同體」來指稱這種關係。也由於在族群認同上的差距，在台灣長期存在著本省人、外省人之爭議，也影響了統一和獨立的政治立場及政治價值的追求，此即一般所謂的統獨之爭。

五、認同與階級（class）

階級劃分意指社會區隔爲若干不平等的階層或群體，階級與階級間的差異表現出社會關係，也構成每一群體成員的社會認同[58]。因爲社會階級之不同，而使得社會不平等愈來愈嚴重。例如：

1.全球有 13 億人無法享用潔淨的水，有 12 億人每天生活費不到 1 美元，有 8 億 4 千萬人營養不良。
2.每天有 2 萬多人因與飢餓相關的疾病而喪生。
3.在 1994 到 1998 年間，全球 200 位首富，彼等所擁有的資產增加一倍有餘，總額超過 1 兆美元。
4.全球最富有的 3 個人，擁有資產超過 48 個最貧窮國家產值的總和。
5.一九九○年代， 55 個國家個人平均實質所得減少。
6.全球共有約 700 萬個百萬美元富豪，其中半數住在美國。
7.全球排名前 20 位的首富中，美國人佔了 12 位。
8.英國一份立場超然的市場分析研究指出，英國百萬富豪的人數，以每年 17 ％的比率遞增，到 2001 年，人數達 7 萬 4000 人。
9.英國國家統計局的資料顯示，英國貧富懸殊的現象在 1999 到 2000 年間達於顚峰，全英國五分之一最貧窮的家庭，收入僅佔全國稅後收入的 6 ％，而五分之一最富裕家庭的稅後收入佔有率從 44 ％，增爲 45 ％[59]。

階級的形成和社會不平等有關，而社會不平等，則和生產工具的有無有關，所謂生產工具指的是土地、資本、勞動力。當然，現代社會擁有技術、專業知識，也是生產財的一種。因爲生產工具的

有無，形成個人收入的不平等，而有不同的社會認同，因而有了不同的社會地位，形成不同社會階級。

E. O. Wright 區分不同的社會階級如下：

1.資產階級（bourgeoisie）：擁有豐厚的資本，僱用工人，自己不用工作。
2.小雇主（small employers）：擁有充足的資本，僱用工人，但自己必須工作。
3.半資產階級（petty bourgeoisie）：擁有充足的資本，但不僱用工人，單獨爲自己獲利而工作。
4.專家經理階級（expert managers）：沒有資本，受薪階級，但擁有完整的專家技術。
5.專家領班階級（expert supervisors）：受薪階級，具完整的技術，但需要帶領一班人馬，實際從事工作。
6.專家但不是管理階級（expert non-managers）：受薪者，屬於專門技術的專家，可以從事專業工作，但不從事管理工作。
7.半技術的管理階級（semi-credentialed managers）：參與管理工作但未擁有完全的專業技術，仍是受薪階級。
8.半技術的領班階級（semi-credentialed supervisors）：受薪者，未具完全專業技術，但參與實務技術部門的工作階級。
9.半專業技術的工人階級（semi-credentialed workers）：受薪工人，但仍具有不完整的技術。
10.不具專業技術的經理階級（uncredentialed managers）：參與經營管理工作的受薪者，不具任何專業技術。
11.不具專業技術的領班（uncredentialed supervisors）：雖不具備專業技術，但參加領班督導工作。
12.無產階級（proletarians）：不具專業技術，不參加經營管

理，不參加領班團隊中的任何工作，僅只是出賣勞力，任憑差遣[60]。

不過，儘管每一個國家都會有不同的認同問題，政府總是會盡力透過政治社會化的手段，形塑它所需要的政治認同，產生人民可以依賴的政治文化。

六、案例解釋

1.台灣新希望

（原爲筆者民國 93 年 3 月 16 日所撰，漢聲廣播電台「學者短評」文字稿）

西班牙在接近國會大選日前，發生連環火車炸彈爆炸案，將近二百人死亡，受傷人數高達一千多人。與此同時，韓國因爲總統在選舉時，沒有維持行政中立，遭到國會彈劾，但是民意調查有近七成民眾反對彈劾，因此，此刻，韓國政壇正暗潮洶湧，是否在未來這幾天會爆發激烈的朝野衝突，尚不可知。不過，韓國在近二十年來的民主發展當中，屢屢出現激烈的暴力衝突，只要想起，就會令人不寒而慄。

而同一個時間，台灣正在舉行第十一任的總統大選，候選人雙方和他們的輔選幹部，沒有不熱血沸騰，爲自己支持的候選人搖旗吶喊。但是，隨著投票日接近，支持雙方的一般民眾也開始感到焦慮，憂心自己支持的候選人落選。因爲焦慮而產生危機感，危機感激發了這些一般民眾心中對候選人的熱情。於是，不論是綠營或藍營，紛紛出現了動輒數十萬人的群眾性集會和遊行。

綠營在 228 的手護台灣，宣稱有百萬人走上街頭；藍營在 313 ，則宣稱有三百多萬人走上街頭。不過，比較西班牙和韓國，台灣的民主化發展過程，可以算得上穩定與和平。以最近藍綠雙方，群眾性的拚場爲例，雙方的支持者少則數萬，多則十幾、二十幾萬，更多的則以百萬計。但是，整個群

眾性的活動，都是在和平的曲號中進行。儘管候選人以及輔選幹部，不時以煽情的語詞，活潑化群眾的情緒；有時更會有激情的演出，帶動群眾的心靈，跟著進行歡欣鼓舞的跳動。

但是，不論藍綠雙方的群眾，至今都沒有脫軌的演出，更沒有做出像過去雙方在近距離遭遇戰時，常會出現謾罵、推擠、拉扯的場面。台灣總統大選至今，對選民的智慧，應該給予最高的肯定，這正是台灣的新希望。不過，台灣民眾的可貴表現，到今天還不能算滿分，因爲，距離選舉投票日還有五天。未來幾天，才更關鍵。可預見的是，在投票日前，競爭的雙方，一定會把選民支持的熱情，飆到最高點，因此，仍然希望民眾能持續以理性及理智加以自制。

其次，由於競爭激烈，希望在公平、公正、公開的選舉下，不論誰輸誰贏，都應該遵守遊戲規範，若有任何爭端，靜待司法解決。勝者，固然贏得祝福，敗者，也應該有風度，坦蕩蕩地接受選舉的結果。如此一來，台灣的民主新希望，才得以開出美滿的花朵。

2.先總統蔣公與台灣

（原爲筆者民國93年4月6日所撰，漢聲廣播電台「學者短評」文字稿）

先總統蔣中正先生於民國65年4月5日過世，由於當時，台灣與中國大陸關係緊張，前線即金馬外島與大陸福建沿海一帶，雙方仍互相用火炮攻擊。因此，蔣公的辭世對台灣的安危，明顯地會有衝擊。

不過，當時社會民眾並沒有人心惶惶，一方面大家長期以來懷抱憂患意識，確實能夠做到處變不驚；另一方面，政治中心領導權力的移轉，十分順利，並沒有出現權力鬥爭。所以，基本上，當時的政治、經濟、社會，都十分穩定。

先總統蔣公去世至今，已經二十八年了。研究歷史的人，喜歡說蓋棺論定。但是，國內歷史研究者至今對蔣公在歷史上的功過，仍然沒有論定。一方面，先總統蔣公在北伐完成全國統一之後，是以黨訓政時期。黨的地位，

凌駕政府之上；而且，是一黨統治。因此，在訓政時期，乃是威權強人統治。

另一方面，退守台灣之後，雖然仍是在動員戡亂及戒嚴並行下，繼續施行威權統治。不過，先總統蔣公十分重視地方自治與地方選舉，台灣地區從來沒有停辦過地方自治選舉。長時期的地方選舉，使人民十分熟悉民主政治的運作，了解民主的眞義。這是在解嚴之後，以及動員戡亂時期終止後，台灣得以快速自由化、民主化的基本原因。

其次，在蔣公的領導下，台灣的經濟從落後狀況，歷經起飛前、起飛及高度成長等各階段，而得以成就後來世界矚目的經濟奇蹟。原本在第二次世界大戰之後，台灣的經濟水平和菲律賓、巴西等國家差不多，十分落後。但是，到了民國六〇年代末期，台灣幾乎人人都能豐衣足食時，菲律賓的經濟水準、生活水平，仍在原地踏步；而巴西，一度與台灣一樣，經濟蓬勃發展，但是，後來都因政策錯誤，導致經濟的遲滯發展。

台灣得以發展經濟的基礎，都是肇因於在蔣公領導之下，政府決策的正確。例如，初來台灣時，進行三七五減租，耕者有其田政策，解決了農村土地問題，使得農業經濟十分穩定；因此，能夠支援工業，發展以外貿爲導向的對外貿易政策。這種發展階段的時程掌控、政策方向正確、策略選擇的成功等等，是造成後來經濟得以起飛的原因。因此，雖然是在威權統治之下，台灣卻享有政治穩定安定、經濟成長與社會富足。這也許是至今史家仍無法爲蔣公完全論定的原因吧？！

陸、國家篇

政治學在形成專業的學科前後，所研究的主題之一就是「國家」。德文原本政治學的涵義，就是「國家之學」。因此，國家在政治學研究中，是相當重要的一部分。

一、國家的種類

(一)共和國(republican state)

1.政府是一種憲政過程,在這個過程中,不同的團體經由討論,協商彼此認爲的公共利益。

2.政府爲了維持公共利益,可以介入經濟或社會事務,有時爲了整體最小的福利水準,也可以介入。

3.人民在私人領域中,可以追求他們的幸福,不被政府干涉。

共和國的例子如十八世紀的英國、古代雅典,以及現代自由民主國家等都是。

(二)貴族國(aristocratic state)

1.什麼是公共利益,由政府來界定,老百姓介入政治,總被認爲是不懷好意的、有陰謀的。

2.政府的角色主要是局限在收稅、外交政策等。

3.在私領域中,人民仍可以不受干涉地追求他們的幸福。

貴族國的例子如十八世紀的一些君主國、軍事政權等。

(三)極權主義國家(totalitarian state)

1.政府是公共利益的唯一定義者。

2.政治反對被視爲是叛國。

3.沒有私領域的生活——所謂的好公民是指熱心參與到已被塑造好的社會;由官方的意識形態來爲人民定義什麼是幸福、快樂。

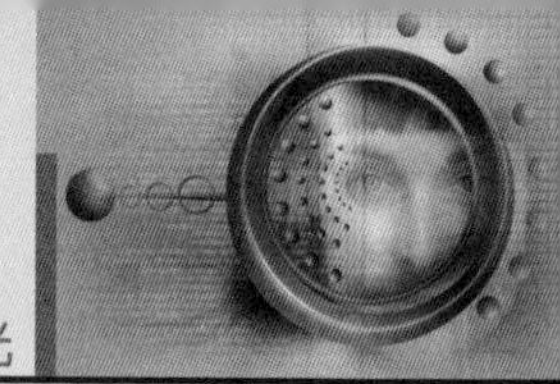

極權主義國家的例子包括納粹德國、史大林的蘇聯等等。

二、福利國家（welfare state）

一種現代的民主、工業國家，國家介入以下事務：

1.爲全國人民提供寬廣的社會服務。
2.尋求並維持充分就業。
3.主要的工業或企業，由國家來經營或規範，不過大部分的經濟產業仍以私營或民營爲主。

福利國家的例子如二次世界大戰之後北歐瑞典、挪威等國家。

三、代議政府的型態（forms of representative government）

1.總統制（the presidential system）

民選國家元首或行政首長，分立的立法和司法體例，例如美國和拉丁美洲國家。

2.議會內閣制（the parliamentary system）

國家元首或領袖任命政府的首長，負責行政，向立法負責，例如瑞典、義大利、英國。

3.混和型（the mixture government）

民選國家元首，由其任命行政首長，行政首長向立法部門負責，例如法國、俄羅斯。

4.商議式民主（the consociational government）

憲法保障少數有權利參與到政府中，例如瑞士、北愛爾蘭。

5.一黨政府或黨國政府（one party-state government）

由一個黨合法地獨佔政府的統導權，如中共、坦桑尼亞[61]。

四、議會內閣制和總統制的區別

	內閣制	總統制
立法權	議會內閣都有	僅國會有
行政權	國家元首和內閣閣揆分屬不同人	民選國家 總統獨享
政府行政首長	由國家元首任命	民選總統就是行政最高首長
政府部會首長	由閣揆任命	由總統任命
負責機制	內閣的閣揆和部會首長集體向議會負責	總統向人民負責
人事	閣員一般就是議會議員	行政立法分立，閣員不能兼議員
國會或議會的解散	基於行政首長所請由國家元首來行使	不可能

資料來源：Douglas V. Verney, *The Analysis of Political Systems*, London: Routledge, 1998.

五、案例解釋

以下爲筆者在不同時間爲漢聲廣播電台「學者短評」所撰之文字稿。

1.國民大會應不應該存在？（民國 92 年 11 月 25 日）

歷史是十分弔詭的，從民國 80 年的修憲開始，國民大會逐漸擴權，從總統必須到國民大會作國情報告，國民大會增設議長、副議長，以及國民大會行使對於大法官、考試院院長副院長、司法院院長副院長的同意權，國民大會似乎已經逐漸形成另一個國會，頗有類似美國參議院的架勢。

然而，因爲第五次修憲，國民大會將自己的任期延長，導致全民的不滿，在全民輿論的壓力下，89 年第六次修憲，將國民大會的職權完全改變，國民大會是「留會不留人」，僅留下國民大會這個機構，所有當時現任的國大

代表到任期屆滿，全部離開。

從那時候到現在，只有國民大會而沒有國大代表。國大代表只有在需要複決立法院的憲法修正案，或者領土變更複決案，以及彈劾總統副總統之複決案時，才依政黨比例代表方式選出。從此，國民大會被稱做「功能性國大」。

但是，由於民國89年5月20日之後，政黨輪替，朝野僵持不下，以致於迄今，有關國民大會選舉辦法的修訂工作尚未完成，再加上，事實上沒有憲法修正案，也沒有彈劾總統副總統案，三年多來，大家似乎已經習慣，在實質上沒有國民大會這個機構。一直到最近，由於朝野相繼推出新憲法的版本，國民大會才又被大家從塵封已久的記憶中拿出來討論。

從理論上來說，國民大會在中山先生的五權憲法中，居於非常重要的關鍵地位。中山先生主張直接民權，但是，他的直接民權卻又是透過國民大會來行使，這是中山先生理論中的一個矛盾。

其次，在實際的政治運作中，在中山先生的建國大綱裡，規定每縣出一名代表，組成國民大會的前身，中山先生稱它爲國民代表會，這個機構，以中國幅員之大，代表共有三千多人，實際上，必定無法發揮日常的監督作用，這是中山先生對國民大會制要落實到實務上的另一個矛盾。因此，國民大會的存在，從訓政時期的五五憲草，到民國35年、36年的制定憲法，一直是大家爭議的一個主題。無論如何，在中華民國的實際憲政史上，國民大會的確有可能演變成雙國會制的一環，但由於時勢使然，竟也走上自我解構之路。回想起來，制度的演變似有其生命力。從這個角度來看，如果要由公民來複決修憲案、領土變更案，國民大會更沒有必要存在了。

2.論英美地方政府的自主性（民國93年2月10日）

最近的外電報導，有兩則消息十分引人注意。其中一則是美國麻塞諸塞州的最高法院做出一項判決，即居住在麻州的居民，同性之間可以結婚。美國目前各州都禁止同性結婚，因此，麻州最高法院的判決，使得麻州成爲美國第一個允許同性結婚的州。編者預言，今年是美國總統大選年，除了軍售

問題、美軍攻打伊拉克及伊拉克戰後重建等兩大問題，會是總統大選民主及共和兩黨之間激烈辯論的主題外，是否允許同性結婚，將會是總統大選中第三個爭論的議題。

就在這個同時，英國蘇格蘭有某一個城市，一家理髮廳，決定聘請一批女性理髮師，在理髮時，一律著上空裝，當地男士趨之若鶩，都表示一定要去光顧這家理髮廳。不過，反對人士立即要該市市政府加以取締，但市府表示，由於沒有相關的法律禁止，因此，市政府目前無法採取行動。反對人士準備當該理髮廳開幕後，每天在店前，舉牌示威抗議，讓顧客覺得羞恥，而不敢上門。

美國麻州和英國英格蘭的例子，凸顯了美國地方政府在有關問題的處理上，它們的自主性。大家也許會很納悶，像美國麻州允許同性結婚，如果聯邦政府認爲這種行爲違反公序良俗，也許由聯邦政府一紙行政命令，或者由聯邦國會通過法律，明文禁止同性結婚就是了，何必如此大費周章，由各州來自行決定。事實上，在慣例及傳統看法上，各州對同性結婚，都是採反對或禁止的措施。但是，麻州的例子，顯示出州的最高法院可以做出和州立法及行政機關不同看法或做法的判決，反過來，對州的立法及行政機關形成拘束力。換句話說，美國地方政府的自主性，事實上是來自於權力機關之間彼此的制衡，反而使各個權力的自主性獲得保障。

相較於美國，英國人是比較保守的，像蘇格蘭的上空理髮廳，似乎與英國人性格不符。而且，英國的地方政府比較沒有自主性，但是，像蘇格蘭的例子，由於法無明文禁止，市政府遂採取不予取締的決定，而無畏於衛道人士的批評。英國地方政府的這種決定，似乎擁有其高度的自主性，但是，仔細思之，它的自主性來自於法律保障。如果英國國會有明文禁止全英國不應該有上空理髮廳，地方政府似也不敢不加以取締。因此，主要是法治觀念，保障了地方自主性。

3.美國總統大選競爭激烈（民國93年2月17日）

根據二月十三日的外電報導，如果現在就舉行美國總統大選，可望代表

民主黨出馬角逐總統的越戰英雄——麻薩諸塞州參議員凱瑞，將會擊敗尋求連任的布希。依照美國華盛頓郵報及ABC新聞，布希的民調支持度是43％；而凱瑞的支持度是51％。預計布希的支持度還會下跌，這是因爲美國總統選舉，由於是兩大黨，即民主與共和兩黨激烈競爭的結果，大部分的美國總統大選，都呈現五五波的競爭。

美國的兩黨政治體系，幾乎已經經歷了一百五十年，因此，獨立人士的出現，或者說第三黨出來參與角逐，一般認爲是不可能的。二次世界大戰之後，曾經有過兩次有第三者出現，都帶給民主共和兩黨候選人相當大的壓力。最近的一次是一九九○年代左右，有黑珍珠外號的若斯・斐瑞參與選舉，一時之間，聲名大噪，當時美國人還認爲有可能出現第三個政黨。不過，事後證明，斐瑞旋風只是曇花一現。

美國總統大選競爭激烈的另一個原因，還是負面選舉的盛行。一九九○年代以前的美國大選，美國總統候選人大體上都被認爲是社會上有相當卓越表現的政治家，他們及選民對候選人本身的道德標準要求很高。因此，民主、共和兩大陣營，也習慣不在總統個人的私德私行上，予以著墨。所以，以往的美國總統大選，均是呈現相當程度的君子之爭。

但是，一九八○年代中期，當時正值總統大選年，民主黨的準總統候選人蓋瑞哈特，因爲和秘書助理清晨之後進入海邊別墅達七、八個小時，被狗仔隊拍到，結果迫使蓋瑞退選。之後，總統選舉，雙方候選人就不斷地挖對手的個人瘡疤。其中，被挖的最慘的是克林頓總統。當然，這也是因爲克林頓的緋聞特別多的緣故。

今年的美國總統大選，不過才剛起跑，新聞界就在挖民主黨凱瑞的緋聞，預料會有一大堆的八卦消息出現。但是，過去美國總統選舉是選「英雄」。研究美國政治的人指出，美國社會有莫名其妙的「英雄崇拜」心理。美國總統幾乎是每一個人「超我」形象的人物化，美國人民把心中對「超人」的期待，投射在總統身上，因此對總統的高道德、高能力的要求，特別嚴格。可是，克林頓總統在尋求連任時，打破了這個鐵律，一般都認爲是因爲他把美國經濟救回來的原因。民主黨最有希望成爲總統候選人的凱瑞，是否

能通過這個考驗？還要看緋聞事件的後續發展。

4.直轄市制度應否廢除？（民國93年4月27日）

剛上任的內政部長蘇嘉全先生，最近對直轄市制度應否繼續存在，表示個人看法，他認爲「直轄市制度應廢除，落實二級制政府」。

從邏輯上來看，台灣省被精簡之後，中央直接面對台灣省各縣市，而直轄市之層級地位，有如省政府，因此，在中央直接指揮、監督各縣市時，在制度上仍保有直轄市，似乎有一些矛盾。除了邏輯上的矛盾之外，還有一些實務上的困擾，此即一些發展不錯的縣市，例如台北縣、桃園縣、台中市、台中縣、高雄縣，也都想升格爲直轄市。如果台灣省很多縣市都升格爲直轄市，那台灣小小一個地方，就有五、六個，甚至於七、八個直轄市，聽起來似乎也是十分怪異。

基本上，台灣省發展不錯的縣市想升格爲直轄市，目的在於中央與地方財政收支劃分的辦法中，直轄市可以分到較多的補助款。因此，升格爲直轄市的問題，或者將北高兩市的直轄市身分去除掉，關鍵都在於中央對地方的財政補助。其實，只要中央對地方的財政補助，能夠有一個相對公平的、透明的計算公式，比方說將土地、面積、人口、上繳稅款、自主財源等等，有關因素都列入考慮後，能夠做到中央對地方財政補助上的相對公平，這也就是說，一個地方不因爲它是不是直轄市，在財政上獲得特殊的、較多的補助，那麼縣市對於升格爲直轄市，就不再有動機和興趣了。果眞能做到這一點，台北、高雄兩市是不是直轄市，在實務上，就沒有那麼重要，屆時，直轄市制度需不需要維持，大家也不會那麼敏感。

不過，就法論法，我國憲法規定直轄市之自治以法律定之，換句話說，直轄市制度乃是憲法所保障，現階段，若眞要廢除，也需要修憲。其實，精省之後，大家覺得省府過去所有的協調功能及機制，中央似乎無法取代或建立。這也是爲什麼蘇部長特別推薦高高屏三個縣市的合作機制。

總統大選時，藍軍曾提出「區域政府」之說，如果區域政府是架構一個實質政府，無異是恢復一個省級政府，那原先精省的目的，蕩然無存。因

此，區域政府的存在，應該是功能、協調及合作機制的建立，確實如高高屏三縣市政府的合作機制。就世界各國而言，區域政府的存在，仍是相當普遍的，台灣如果把這一個層級政府，設計成任務或功能型的機制，應該是可行的。

5.中央與地方的衝突應理性解決（民國93年6月22日）

台北市因積欠中央上百億的健保費用，遭中央政府查封公有土地，中央健保局聲稱依法處理，而台北市認爲受到不公平之對待，準備訴之民意，與中央健保局抗爭。

本事件再度凸顯了中央與地方之間有所衝突時，協調與解決機制的重要性。但是，也再一次凸顯了「徒法不足以自行」的情況。按現行「地方制度法」，中央與地方在事權上，起了衝突，可以透過行政協調的機制來解決，也可以透過由立法院議決的政治方式的解決，而一般主張「法治國」者，大概會比較喜歡司法途徑解決。

台北市因爲積欠中央健保費用上百億，若要償還，勢必引起財政上的大困擾，因此，希望透過釋憲案，決定全民健保事項乃中央事項，理應由中央立法，中央執行。換句話說，既然事權屬於中央，自應由中央買單，豈有要地方分擔費用之理。

但大法官釋憲結果，認定全民健保乃中央與地方的「共管事項」，因此，中央與地方均須分擔費用。台北市依釋憲結果，雖接受共同分擔經費的原則，但對於分擔的比例，認爲計算不合理，因此訴之於行政法院，進行行政爭訟，結果敗訴。中央健保局因此於法有據，對台北市公有土地進行查封，逼迫台北市進行還債。

依法，中央健保局似乎完全站得住腳，但是，從地方制度法對於中央與地方衝突，採取政治、司法及行政等三種途徑的解決規範，很明顯地，中央與地方的衝突，不僅只是透過司法途徑的解決。

單就健保費用台北市積欠的債務來看，台北市認爲全民健保人口中，五分之三非台北市居民，他們不過因公司行號在台北市，因此，在台北市投

保。但是，公司行號的營業稅，已經改成國稅，致使台北市在這方面的稅收短收，也形成台北市爲其他縣市民，負擔額外保險費用的情況。此種因時空環境及法令規章變遷所導致的不合理，原非法律所能及時補救，訴之於法，台北市一定居於劣勢。而此種情況變遷，再加上台北市民選首長與中央執政黨，不屬同一政黨，愈發凸顯其政治性的味道，超過司法性及行政性。

中央健保局強烈主張司法性的依據，固然是得理不饒人，且理直氣壯。但是，從政治性上來看，於問題的解決無所助益，也不符合地制法中，解決中央與地方衝突，預設三種途徑的背後的重大意義：即中央與地方應該是夥伴關係，理應透過各種途徑解決衝突，而不是死板板地，依法鬥個你死我活。

柒、民主篇

「民主」乙詞從字面上來看，是以民爲主，也就是人民當家作主的意思。但人民究竟如何當家作主？則有相當多的爭論。究竟什麼是民主？民主和民主化、自由化、民主轉型、民主鞏固（democracy consolidation）又常常被人所提及，意思也常常很混亂。因此，民主在政治學研究中，居於非常重要的地位。有人甚至於認爲現代的政治科學本身就是研究「民主」的一套學問。

一、什麼是民主？

民主的定義相當多，爭議也多。目前政治學界大家普遍上會提到 Austin Ranney 所下的定義。綜合 Ranney 認爲符合民主條件的政治體系，筆者認爲民主的政治體系或民主政治（democracy）必須符合下列條件：

(一)主權在民（popular sovereignty）

國家主權屬於人民全體，換句話說，全體國民意志的體現，才是民主國家在從事重大決定時，最後的依據。

(二)大眾諮商（mass consultation）

民主國家允許公共政策進行大眾討論，民眾也認爲對公共政策的討論是很平常的事情。

(三)多數決原則（majority rule）

民主國家雖尊重公民的意志，也允許大家一起來討論公共政策，但公共政策的決定，則採取一般的多數決原則。不過，有時候是相對多數，不一定要過半數，來決定事情，這是一般的 plurality ；有的時候是絕對多數，此即一定要過 50 %的人數，叫做 absolute majority ；但有的時候是特別多數 particular majority ，例如 2/3 ， 3/4 ，或 4/5 才能做出決定。

(四)定期改選（regular elections）

民主國家雖然主權在民，但並非事事都由人民直接來處理或做決定，小國寡民比較有可能由人民直接管理公共事務。但有些國家人口數千萬，甚至於數億，必須由代表來進行治理國家的工作，因此，由公民選舉行政首長，或者民意代表，這些人組成政府，一般就稱此爲代議政治，而此類政府也稱爲代議政府（representative government）。不過，這些民選的公職人員必須定期接受選票的考驗，老百姓以投票方式，定期改選他們，如果不能再當選，顯示民眾不再信任他們。所以，定期改選是民主政治運作上，一個很重要的機制[62]。

二、代議民主（representative democracy）的特徵

Michael Roskin 等人[63]認爲代議民主具有以下之特徵：

(一)政府獲得人民的普遍支持（popular surport of government）

政府必須獲得人民的普遍支持。所謂普遍支持，一般是指一個在國會中具有過半數席次的政黨，由它出來組織政府，負責行政、立法等政府各方面的職權。

(二)政治競爭（political competition）

民主政治必須允許政治競爭。因此，選舉必須是開放的，允許不同政黨的組成，並且提名及推薦候選人參選。而一般公民及無黨籍人士，也可在符合基本法律規定的資格下，參與選舉。做得不錯的政黨及政治人士，可以通過選舉，獲得連任機會；反之，則將被選民淘汰而去職，這就是政治競爭。

(三)政權輪替（alternation in power）

民主國家必須允許政權輪替。現代民主國家必然是政黨政治的國家，由政治人物所組織形成的政黨，成爲掌控國家權力的執政黨。但是，沒有一個執政黨是永久的執政黨，它必須容許合法的反對黨的存在，反對黨根據法律，公平合理地與執政黨競爭，一旦執政黨不再獲得多數民衆的支持，反對黨就將取而代之，成爲執政黨。所以，今日的執政黨，有可能是明日的反對黨；而今天的反對黨，有可能是明天的執政黨。

政黨掌控的執政權，依法和平移轉、輪替，不會發生政變、流血暴動、革命，這才是民主政治的常態。

(四)人民代表(popular representation)

人民代表是指人民依法產生自己的代表，此即國人所稱的民意代表。民主國家將規範人民、團體及政府機關的法律制定權，交由人民選出的民意代表所組成的國會。特別是與人民權利義務有關的法律規範，除非國會所通過的法律，以及這些法律的授權，否則，任何政府機關不得對人民之權利予以限縮、剝奪；同時，非依法不得課以人民義務。此外，人民所選出的代表，又具有監督政府官吏的權力，不論是民選的官吏，或者經由考試或派任、聘任的行政官吏。

(五)多數統治(majority rule)

民主政治主張多數統治，此部分在上一節中已有敘述，此處不再討論。

(六)不同意及不服從原則之權利(right of dissent and disobedience)

民主政治允許人民對於政府不遵守正義原則(justice)所做的決定，保留有最終的不同意權與抵抗權。因此，民主國家大都允許人民有集會、遊行等表達不同意見、甚至於不服從的權利。

不過，不同意及不服從之抵抗權的行使，界線何在？常引起爭議。一般認爲民主國家之基礎仍是法治，人民選出民意代表制定法律，對於法律之不服從，自可透過改選民意代表而予以改變。但是，社會弱勢團體(the disadvantaged)常因能選出之代表爲少數，而爲多數所形成之「暴力」所欺凌。因此，民主政治有時未必能解決一些民主的困境。所以，有人仍認爲不服從的抵抗權的存在，仍爲民主政治的一個特徵。

(七)政治平等（political equality）

政治平等指民主社會的每一個人所享有的政治權利，一律平等。不可以因為種族、血緣、地域、宗教、語言等的不同，而有差別待遇。舉例來說，普遍選舉權就是政治平等所要求的原則。此即，只要符合一些很基本的條件要求，例如年滿二十歲，為該國之國民，就享有投票權，而且，每一個人所享有的投票權是「票票等值」。

(八)大眾諮商（popular consultation）

此部分已述及，此處不再贅述。

(九)言論自由（free press）

民主國家，公共權力被分類成行政權、立法權及司法權，但言論自由被認為是上述三大公權力之外的第四個公權力。因此，有人簡稱代表言論自由的大眾媒體（the mass media）為第四權部門（the fourth branch of government）。

所謂言論自由是指大眾媒體提供人民、政府在做什麼的訊息，並且對於公共政策提出批評，也提供人民表達他們的需求。積極地來說，言論自由表示民眾可以自由地表達他們對公共事務的意見；消極地來說，人民對公共事務表達意見，不可以予以限制、起訴或逮捕、監禁，更不能因政治意見之不同，而以政治犯之名義予以監禁或驅逐離開國境。

三、民主與選舉制度

定期改選與民主政治息息相關，因此，選舉制度與民主政治關係十分密切。選舉制度包括投票方法、選舉區的劃分，對於政黨政

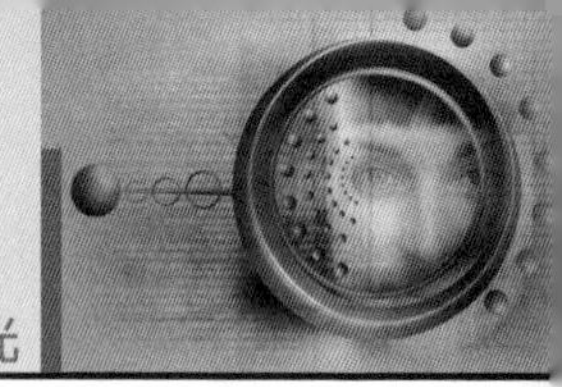

治有相當大的影響，例如法國非常有名的政治學者杜瓦傑，就認爲單一選舉區對於是否會出現兩黨政治，兩者之間有高度的關聯性，在政治學中這種說法甚至被說成是「杜瓦傑法則」（Duverger's Law）[64]。

以下再就一些選舉方法及選舉區加以說明：

(一)比例代表制

理論上，人民選出民意代表或行政首長，如果這些民選公職人員的職權相當，爲了相同的民意能有相同程度的代表，來參與公共事務，分享公共權力，那麼，每一名代表或民選行政人員他所代表的選票或選民，最理想的是相等。舉例來說，目前第六屆立法委員（2004 年選出），共選出二二五席，每一個人當選的票數都應該是相同的，才算是公平。如果有甲立委拿了六萬票當選，而乙立委卻拿十二萬票當選，由於甲、乙立委在立法院投票時，都是算一票，對乙立委而言，他在立法院的一票代表十二萬人，而甲立委在立法院投下一票卻只代表六萬人，此有違民主政治票票等值的原則。但是，由於人口分布沒有辦法完全平均，從地區選出來的民意代表或行政首長，所代表的選票必然不相同。因此，乃演變出政黨比例代表制。

政黨比例代表制的投票方法有以下兩種：

1.以同屬一政黨所有推薦或提名的候選人爲主，加總其有效選票，再看此黨的所有候選人選票佔所有參選人的選票總額的百分比，如果超過所有有效選票的一個基本門檻，如 3 ％或 5 ％，則可以分配政黨比例代表部分應當選的名額。舉例來說，假定一個國家國會共有五百名議員，其中三百名由區域選舉產生；但另外兩百名，則由政黨比例代表制產生。若甲黨在一次國會議員選舉中得到 50 ％的選票，則在區域部分

由於選票不是很平均的結果，拿到一百五十五席；但政黨比例部分，淘汰掉沒有達到基本門檻的小黨，甲所拿到的50%的選票，在兩百席比例代表制中，至少可以拿到一百席以上的席次。此爲我國截至目前爲止（2005年5月），採用的比例代表制方式。這種方式選民只投一票給區域的立委候選人，屬於一票制。

2.我國在2004年8月底所通過公布的憲法修正案，改變選區及投票方法爲單一選區兩票制。所謂的兩票制是一票投給政黨，一票投給候選人。政黨比例代表制部分，只計算政黨所獲得的選票，以所有有效票爲基數，來計算各政黨所獲選票所佔之百分比，在淘汰掉不合基本得票門檻的政黨（5％）之後，以各黨得票所佔選票的百分比來分配比例代表席次，此種方法爲兩票制。

不過，由於各國所採取的政黨比例代表制的投票和計票方法的不同，使比例代表制的方法呈現出多樣性，讀者若有興趣，可以參考一些專門的書籍[65]。

(二)單一選舉區、複數選舉區

單一選舉區（single member district）是指每一個選舉區之當選名額只有一名。單一選舉區被簡稱爲「小選舉區」，或「單一選區」。單一選區因爲選舉的區域較小，選民人數較少，因此，一般認爲選務比較單純，工作量少較不會出錯。對候選人而言，需要去動員和從事宣傳的對象比較少，因此，相對地，候選人的花費也比較省。

單一選舉區的優缺點，爭議很多。一般認爲單一選舉區，較優秀的人才容易出線，賄選不易，有利於兩黨政治的出現，意識形態極端型的候選人或譁眾取寵搞怪型的候選人不易出現，也不易當

選。同時，也有人提到派系及黑道的介入不容易。

單一選舉區的缺點是不利於小黨，對於新人而言，出頭不易。同時，有關賄選及派系、暴力介入部分，也有人持不同看法，因爲選舉區域小，人口移入移出容易，幽靈人口增加，派系及暴力介入反而容易。同時，由於選民人數減少，賄選反而更加容易。

不過，基本上，大多數民主國家都採單一選舉區。

複數選舉區也是俗稱的大選舉區，即一個選舉區產生二名或二名以上的當選人。複數選舉區制度下，由於競爭的人趨多，只要得到一定選民的支持就可以當選，因此，極端型或搞怪型的候選人容易當選，容易造成多黨林立，而暴力、派系的介入容易，賄選也容易發生。總之，複數選舉區的最大優點則是小黨或獨立人士容易出頭，因爲，他只需要凝聚一定百分比的選票，即可當選。

四、民主與政治制度

民主政治的行政、立法及司法部門，具有以下三個特色：

1.行政部門的負責人，必須有民意基礎，才能增加他的正當性。
2.立法部門幫人民看緊荷包，來自於人民，決定政府之徵稅，以及如何花錢。人民不繳稅，就沒有代表權，繳稅才有代表權。
3.司法部門保護人民，不受政府及其他不當的侵害；並且，當行政及立法起衝突時，可以作爲仲裁者。

五、憲法和憲政主義

民主政治大都採取憲政主義（constitutionalism），此即以憲法

明文規範政府部門之權限，同時保障人民的基本權利。憲法為政府運作之最高依據，不可違背，憲法之修改必須以民意為依歸。

所以，憲政主義的特點如下：

1.以憲法確定民主原則之不被變更。
2.確保政治制度的運作。
3.確保人民的基本權利。

六、民主政治和決策的多元過程

民主政治強調公共政策決定的多元過程，此即公共政策在制定過程中，允許各種利益團體或政黨表示意見，彼此為自己的利益競爭。而政策制定過程中，特別注重政治溝通（political communication）以及合作，避免對抗。

七、案例解釋

以下五篇為筆者為漢聲廣播電台「學者短評」所撰之文字稿，每篇篇名之後的時間為該稿在該電台播出之時間。

1.期盼兩黨政治的來臨（民國92年2月18日）

國民黨與親民黨兩位主席，在2月14日情人節當天會面，敲定連宋搭檔，競選2004年總統、副總統。國民黨、親民黨將組成政黨聯盟。

就政黨聯盟來說，在西方先進民主國家，尤其是內閣制國家，並不罕見，第二次世界大戰後，西歐的內閣制民主國家，每十次的政府裡，大概有三次是政黨聯盟，然後組成聯合政府。不過，在國內，這是台灣民主政治史中第一次的例子。當然，外界大約有40％到50％的人，並不看好國親的政黨聯盟必定會密切合作，團結無間。不過，國民黨、親民黨原本就是一家人，雙方合作起來，也許並沒有外界想像的那麼困難。畢竟雙方的政治人物

彼此都是長年認識、來往的朋友。這是中華民國首次政黨聯盟和西方國家明顯不同的地方。

就在國親聯盟成形的時刻，也有人呼籲民進黨的一些創黨大老回到民進黨，更有人主張台灣團結聯盟應該儘速和民進黨結盟。讓政黨政治體系眞正形成泛藍、泛綠兩大陣營的競爭，早日出現台灣的兩黨政治。

學習民主政治學的人，都對兩黨政治有一股莫名其妙的崇拜。其實，這不僅只是對於兩黨政治的迷思，主要的還在於兩黨政治確實有它的好處。兩黨政治最大的優點，在於兩個實力差不多的政黨，每一次選舉，任何一個政黨都有可能贏得多數而執政，在政黨輪替是常態下，這兩個政黨都不敢懈怠。因爲，一不小心，就會下台一鞠躬。而且，兩黨政治之下，極端意識形態的政黨，不容易獲得多數支持，自然不會有存活的養分，社會也會比較趨近中道。

但是，兩黨政治是自然形成的多於人爲刻意去造出來的。像美國，最主要是因爲在聯邦共和國成立時，有主張聯邦權力較大的聯邦黨，而另外有人主張州才擁有最後、最高的權力，後者就是一般所謂州權派。聯邦黨可以說是共和黨的前身，而州權派，可以算是民主黨的前身。

至於英國，雖然一直有很小的政黨存在，主要還是兩黨制。二次大戰之前的共和黨和自由黨，其實就是以前的貴族階級和平民階級。二次大戰之後，因爲工黨崛起，取代了自由黨，形成勞工黨和共和黨兩大陣營。台灣如果形成兩大黨，也許有機會發展成像英國和美國一樣，非常民主自由的國家。從這個角度來看泛藍和泛綠的對決，未嘗不是好事。

2.論投廢票運動（民國93年1月27日）

台灣現在有一小部分選民，對正在競選中的兩組總統副總統人選，都不滿意，因此，公開主張、宣揚要投出一百萬張的廢票，來表示對所有候選人的不滿意。有人認爲，投廢票也是一種民意的表達，沒什麼不好。如果眞正出現一百萬張以上的廢票，任何一組人當選，也都會心生警惕，必然臨淵履冰，小心謹慎。但是，也有人持相反的看法，民主政治就是要選擇出比較合

適、優秀的人，出來擔任公職，因此，無論登記競選的有多少組人馬，在比較之下，一定有一組比較好。所以，投廢票是違反民主原則的。

平心而論，用廢票來展現對所有候選人的不滿，仍然是個人自由的一種表現，並沒有違反民主的原則。但是，民主政治主張多數決，在實際的投票當中，廢票並不計算在有效票中。因此，如果廢票太多，候選人拿到的有效票，佔實際總選民人口的比率，必然減少，對民主政治追求多數決的原則，背道而馳。所以，並不值得鼓勵。何況，當選人如果得到多數選民支持而當選，不管廢票有多少，仍會宣稱自己得到多數民意的支持，因此，主張投廢票者，認爲投出一百萬張廢票，當選人一定會戒愼恐懼，恐怕是一廂情願的看法。

此外，就我國的實際情況來看，總統選舉採取相對多數決，因此，任何一組候選人，只要是所有候選人中獲得最多票數，即使是比第二名多出一張票，即告當選。所以，在有二組以上的候選人的總統大選中，當選人極有可能選票並沒有過半數，如果再鼓勵大家去投廢票，那總統當選人的民意基礎，在全部公民中所佔比率極低，這樣子的總統，領導國家的正當性，顯然會大打折扣。

2004年選出的總統，如果是全體公民數中的很小一部分公民支持的人，那未來台灣政治的混亂，可以預見。而這不會是大家樂於看到的，對全體人民來說也未必有利。法國總統選舉採兩輪選舉，第一輪如果沒有產生得有效票半數以上的總統，則取前2名參加第二輪選舉，第二輪得票較高者，一定會得到有效票的50％以上，所以，他的領導地位會具有正當性。政治學者說法國總統大選，第一輪投票，選民是不管誰會當選，只管投票給自己最喜歡的人。但第二輪投票，則是投給自己比較不討厭的人，讓他能當選。對今年國內總統大選，可能也是如此，選擇自己比較不討厭的人，而不是去投廢票。

3.辯論與政見發表會（民國93年3月9日）

3月7日由中央選舉委員會舉辦，中華民國第十一屆總統候選人的政見

發表會，由兩位總統候選人各自表述政見。國人會覺得很奇怪，怎麼這一場的政見發表會，並沒有和前兩次的辯論會一樣。前兩次所辦的辯論會，不但設置了提問人，可以提問問題，候選人之間，也可以交叉詰問。比較之下，辯論會似乎比政見發表會精采。

依據我國總統副總統選舉罷免法第42條的規定：「總統、副總統選舉，中央選舉委員會應以公費，在全國性無線電視頻道提供時段，供候選人發表政見，同一組候選人每次時間不得少於三十分鐘，受指定之電視台不得拒絕。其辦法由中央選舉委員會定之。經兩組以上候選人同意，個人或團體得舉辦全國性無線電視辯論會，電視台應予受理，並得向中央選舉委員會申請經費補助。前項總統電視辯論會以三場為限，每場每人限三十分鐘。副總統候選人電視辯論得比照辦理。但以一場為限。」從以上的規定，可以知道，3月7日是由中央選舉委員會所辦的電視政見發表會。由於法律規範的目的，是讓總統候選人能夠把自己當上總統後，所要推動的公共政策，向民眾解釋或解說清楚。因此，是採用各自表述的方式。候選人按照抽籤的順序，先後發表政見。這種方式，有人質疑似乎效果不大，其實，民眾如果仔細聆聽候選人的政見，應該可以供做投票給誰的參考。有些人比較主張辯論，認為眞理越辯越明，所以，總統候選人的電視政見會，應該以辯論會為主，不僅允許提問人提問，也允許候選人交互質問。

但是，也有人質疑辯論的後果，不見得眞理越辯越明，反而是越辯越模糊。古希臘時代有所謂的詭辯學派，以言詞的閃爍犀利聞名，但是，在當時以及後代，都對此種現象不予肯定。羅馬帝國滅亡後，在東方繼承羅馬帝國的拜占庭王朝，還一度禁止傳授詭辯術。就傳統中國文化來看，孔子也不喜歡巧言好辯之士；孟子所以好辯，還必須以自我脫罪的方式說他是不得已的。因此，辯論固然有機會釐清眞理；但是，也有可能使眞理越辯越模糊。所以，讓總統候選人有各自表述的機會，說清楚，講明白，當上總統之後準備做什麼。少了一些兩位候選人之間言詞直接交火的火花，但也未嘗不是一種讓民眾明白他們政見的機會！

4.論民主政治的正當性（民國93年4月13日）

民主政治的正當性是什麼？十分值得討論。但是，討論這個問題，必須涉及政治系統的正當性。政治系統是指政治上的行動者，彼此構成的一個相互影響的體系。政治系統必須建立在正當性的基礎上，否則，會引起政治系統的不穩定、失衡，最後政治系統有可能會被解構而崩潰。政治系統的正當性，是建立在傳統的正當性、法律的正當性，以及領導者所獲得的權力行使的正當性上。傳統的正當性，是指政治系統因爲傳統的延續和基礎，自然所擁有的正當性，以台灣爲例，對中華民國的認同，使中華民國的統治基礎具有正當性，但是，當部分人士對中華民國與傳統中國之間的關係不表認同時，中華民國的合法性基礎，對這些人而言，就產生了動搖。

此外，法律的合法性基礎，來自於「依法而治」的民主原則。因此，法律性的合法基礎，基本上是比較穩固的。就此而言，以當前的320大選後的爭議，理應靜待法律解決。不過，如果整體法律基礎，例如整個司法體系，已經不再引起信任，換句話說，完全失去人民的認同，那麼依法而治的正當性基礎就不存在，此即政治系統來自於法律的正當性，就被完全破壞掉，政治系統也會面臨崩解或解構的挑戰。

最後，政治系統的正當性，也來自於統治人物。統治人物的正當性，建立在相當多的因素上，其中包括政治領導人物的意識形態、對於公共政策的理論倡議，以及政策內容；同時，也包括政治領導人物的個人魅力，政治人物如果具有高度的政治魅力，自然就會增加政治系統的合法性或正當性基礎。不過，政治系統的正當性應該從傳統性、法律性及領導者統治正當性等三方面都考慮到，不能單獨倚重任何一方面的正當性，否則政治系統的發展會失去動態平衡，一樣會產生失序、失衡的混亂。而政治系統的正當性，是民主政治正當性的來源。

台灣當前的民主政治的正當性，因爲320大選的爭議面臨挑戰。而持續不斷的群眾抗爭，已經對民主政治系統的正當性發生了動搖。換句話說，如果不能從傳統正當性、法律正當性及領導正當性做通盤的考量，台灣所面臨

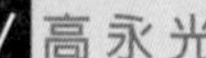

的民主正當性的崩解危機是相當急迫的。因此，社會應該嚴肅面對此危機，尤其是朝野政治領袖，更應該靜下心來，理性地思考。

5.立委減半能解決國會亂象嗎？（民國93年5月18日）

320總統大選前，民進黨大老林義雄及中研院院長聯名呼籲立法院，希望能在總統大選投票日前，完成國會議員，也就是立法委員現行二二五個名額減掉一半的修憲提案。大選結束後，現在則由立法院院長王金平主動提出，進行國會改革，並且，已經在上一個星期，進行政黨協商。目前的修憲案包括立委席次減半、單一選區兩票制，以及婦女保障名額等等。

我國自民國80年迄今，已經修憲六次，修憲結果，是否憲政體制益趨明確，相信大家心中自有判斷。因此，就再一次修憲而言，仍是愼重一些比較好。再從大家所注意的焦點，立法院席次的總額來講，是否把立法委員的席次減半，就能解決目前立法院政黨惡鬥、少數立委以作秀爲主、議事品質低落、開會沒有效率，以及通過的法案又十分的草率、粗糙，等等引人詬病的問題呢？答案其實是很明顯的，那就是：改革成功的可能性很低。立法院所以呈現出目前的亂象，主要還是來自於結構問題。所謂結構問題指的是憲政體制的權責劃分不清楚。

我國六次修憲的結果，仍然是雙重行政首長制，而雙重行政首長制的關鍵在於總統所屬的政黨，必須是立法院的多數黨，否則，就會出現問題。其次是六次修憲結果，行政院長及內閣部會首長的任命，立法院完全沒有置喙之餘地，以至於憲法上仍然規定的行政院向立法院負責的條文，幾乎形同具文。立法院被迫必須使盡一切手法，來凸顯立法院可以要求行政院向它來負責，行政立法兩院之間的關係，當然會很緊張，立法院的混亂是理所當然的，而行政部門也無法有所作爲。

當然，原先立法院的總額也不過是一百出頭，台灣省虛級化後，爲了考慮省議員的出路，以及國民大會成爲任務型國大，原擔任國大代表的人，也希望能有一些機會出來選立法委員，以至於立委的總席次才增至二百二十五名。也因此，今天才會有所要求，希望能予以減半。但是，換一個角度來思

考，立委也有過一百多名的時代，那個時候的立法院，難道有比現在好嗎？所以，立委減半，國會亂象終結，不過是理想而已。何況立法院的問題，不只是總額問題而已，立院的質詢制度、法案審查程序、院內政黨協商、委員會的組成及功能、立法助理的數量及品質，在在都會影響立法院的品質。因此，立法院的改革應該是全面的。

捌、政策篇

一、何謂公共政策？

政策（policy）和公共政策（public policy），以及政府政策（governmental policy）經常被交互使用。不過，一般提到政策時就含有公共政策或政府政策的意思。按「政策」一詞來自於希臘文、梵文及拉丁文。希臘文及梵文的語根 polis（城、邦）加上 pur（城），即演變成拉丁字 policia，這個字的意思是「公共事務的行爲」（the conduct of public affairs）或「政府的行政」（the administration of government）；不過，截至現今 policy 已成爲大家普通使用的字語[66]。

其實，只要是公共問題出現，解決公共問題，就是政策，或者公共政策。

二、決策機制的選擇

根據 Stephen D. Tansty 的看法，社會在制定公共政策時，相關機制的選擇，有兩種不同的觀點[67]：

(一)右派的觀點

重視個人的自由，因此，每個人意見的自由表達，就如同消費者對貨品的主張與要求，能夠回應就是好的。政府對於民眾的回應，猶如廠商對消費者需求的回應，政策模式如果是這種情形，就是好的決策機制。

反之，如果政府的決策是由官僚閉門造車的結果，不是優先考慮民眾的需求與反應，就是不好的決策機制。

(二)左派的觀點

左派的觀點來自於對資本主義的批判，無論如何資本主義社會就是統治者對被統治者的剝削，因此，資本主義國家政府的決策機制不會是好的。

相對之下，採取社會主義福利政策國家，重視對人民的社會政策，特別是社會救助、社會安全、社會保險及社會福利等等政策，這種決策機制是好的。

三、政策形成（policy formation）

公共政策的形成和以下幾個因素有關：

(一)政治菁英（political elites）

公共政策的形成，常受到統治菁英的影響，統治菁英是少數擁有政府權力的人，他們對於公共問題的認知，驅使他們成爲倡議公共政策的領導者[68]。

(二)私人利益到公共利益

民主國家每個人都有其權利去追求自我利益；但每一個利益和

公共利益之間的界限在哪裡，不容易釐清。民主政治背後的基礎之一是「功利主義」，功利主義不是我們一般所說的「勢利眼」，或只講現實利益。功利主義主張每一個人去追求他的最大量的幸福，就會形成社會最大量的幸福（happiness）。

但是，事實上同利益的追求者群聚在一起，而形成利益團體（interest group），利益團體如果採取政治行動，企圖影響公共政策，就會形成壓力團體（pressure group）或者政治利益團體（political interest group），而政黨就是一種利益團體。從公共政策來看，每個人去追求私利，就會形成公益，而政策的制定及執行雖然是在社會每一個追求的自我利益的壓力之下，但最後則必然會形成對公益的追求。

(三)政黨（political parties）

在政策制定的過程中，政黨扮演很重要的角色，甚至於可以被稱做政策工具（political instruments）。政黨在第一時間將選民的利益需求凝聚成公共意見；然後藉著政黨在國會成立法部門中的黨籍議員，將大眾的意見轉變成法案或政策決議。最後還要敦促政府去執行，如果該政黨是執政黨，則循著內部決策途徑，要求從政的黨員能確實去推動該項公共政策。

(四)國會（congress or parliament）

國會被認爲是制定公共政策的正式結構（formal structure），Charles O. Jones 曾使用過「政策選區」（policy constituency）來形容選區選民和國會議員的關係[69]。Jones 進行個案研究，發現國會議員會很清晰地釐訂他所屬選區選民利益，進行遊說。「遊說」即是把自己的意見說給與決策有關的官員或代表，說服他們能採納對自己或自己所屬團體有利的規範。由於在立法過程中，議場之外官員及國會議員中間休息的地方就設置在大廳堂（lobby）中，因爲

遊說活動都在此進行，所以遊說的英文就叫 lobby 。

美國是較早就遊說活動法制化的國家，遊說活動如果不立法規範的話，很可能會涉及利益勾結或利益輸送。因此，遊說法被視爲是陽光法案的一環。我國遊說法目前仍在立法階段（2005 年 3 月），尙未完成立法。

(五)理性官僚（rational bureaucrats）

公共政策在制定、執行及評估的過程中，官僚也扮演非常重要的角色。官僚指的是「永業文官」(civil servant)，此即經過公開的國家考試，而予以銓敘任用的公務人員。

社會學大師 Max Weber 認爲官僚應具備理性，理性官僚的特徵是[70]：

1.專業的文官，責任明確，遵守穩定的規則，執行公共事務有方法。
2.層級結構的一個整體。彼此環環相扣，責任分明。
3.組織具有記憶。此即一行政組織體應有其行政之連續性，在檔案的保存及運用上亦有其連續性。
4.全職薪資的專家，從事的行爲是代表官方的。
5.理性官僚乃是行政專家，從專業知識及技術上去考慮行政。
6.可預測性。官僚的行政有其可預測性，因爲，官僚行政必須依法，有一定的規則可循，因此，官僚行爲具有可預測性。

四、政策選擇

公共政策的模式有所謂的「非理性選擇模式」和「理性選擇模式」，理性選擇模式一直是公共政策從事政策選擇的顯學。理性選擇模式的主張，學者認爲：「基本上，這些決策模型假設政策制定

是基於決策者清楚的目標偏好，政策選擇預期獲致特定結果。簡言之，理性決策理論主要在於尋求最佳的政策選擇，達成預期結果。」[71]

五、政策過程（policy process）

B. W. Hogwood 和 Lewis A. Gunn 認爲政策過程具有以下九個步驟[72]：

1.決定要做決策（deciding to decide），亦即議題搜尋或議程設定（Issue search or agenda setting）。
2.決定如何做決策（deciding how to decide）。
3.定義問題（issue definition）。
4.預測（forecasting）。
5.確定目標及優先順序（setting objectives and priorities）。
6.分析可以做的選擇（options analysis）。
7.政策執行監督和掌控（policy implementation, monitoring and control）。
8.政策評估及反省（evaluation and review）。
9.政策維持、繼承及結束（policy maintenance, succession, or termination）。

六、公共政策的三個 E

1. Efficiency 效能的：恰好足夠工作的能量消耗。
2. Economy 經濟的：以最少的資源來獲得可能的目標。
3. Effectiveness 效用的：功用的極大化。

註釋

[1]Stephen D. Tansey, *Politics: the Basics*, 3rd Edition, London and New York: Routledge, Taylor & Francis Group, 2004.

[2]此處參考的是第6版，Englewood Cliffs, New Jersey: Prentice-Hall, 1993.

[3]Ibid., p. 25.

[4]本文收於R. Goodin and H. D. Klingemann ed., *A New Handbook of Political Science*, Oxford: Oxford University Press, 1998.

[5]Ibid., p. 7.

[6]M. Roskin, R. Cord, J. Medeiros and W. Jones, *Political Science: An Introduction*, New Jersey: Prentice-Hall International Inc., 1997.

[7]Ibid., p. 2.

[8]Ibid.

[9]Ibid., pp.2-7.

[10]Donald M. Freeman, *Foundation of Political Science: Research, Methods, and Scope*, New York and London: The Free Press, 1977 , pp.3-5.

[11]陳義彥，〈政治與政治學〉，收於氏編，《政治學》(上)，台北：五南書局，民國 83 年 10 月，頁 9-13 。

[12]Stephen D. Tansey, *Politics: the Basics*, op. cit., pp.7-9.

[13]高永光，《論政治學中國家研究之新趨勢》，台北：永然文化出版社，民國 84 年 4 月。

[14]見 Frank Bealey, "tribalism," *The Blackwell Dictionary of Political Science*, Massachusetts: Blackwell Publishers Inc., 1999, p. 326.

[15]見 Iain Mclean ed., "feudalism," *The Concise Oxford Dictionary of Politics*, N.Y.: Oxford University Press, 1996, p.181.

[16]D. Guralnik, *Webster's New World Dictionary*, Editor in Chief, Second College Edition，台灣版，民國 75 年 5 月，頁 776 。

[17]John A. Hall ed., *The State: Critical Concepts*, Vol. II, Section3: Nations and States, London and New York: Routledge, 1994, pp. 5-108.

[18]見杭廷頓、柏格主編，王柏鴻譯，《杭廷頓 & 柏格看全球化大趨勢》，台北：時報文化出版，民國 92 年 1 月 2 日，初版二刷，頁 38。

[19]David Easton, *The Political System*, New York: Alfred A. Knopf, Inc., 1953.

[20]David Easton, *A Framework for Political Analysis*, Englewood Cliffs, N. J.: Prentice-Hall, 1965, pp. 24-25.

[21]Stephen D. Tansey, *Politics: the Basics*, op. cit., p.58-59.

[22]Michael Roskin et. al., *Political Science: An Introduction*, op. cit. pp.48-49.

[23]John Rawls, *The Theory of Justice*, London: Oxford University Press, 1971.

[24]Stephen D. Tansey, *Politics: the Basics*, London and New York: Routledge, 1996, p.59.

[25]陳咸森，《政治與公道》，台北：民主潮社，民國 60 年，頁 140-142。

[26]戴華、鄭曉時主編，《正義及其相關問題》，台北南港：中央研究院中山人文社會科學研究所，民國 80 年 10 月。見其中朱堅章所撰，〈泛談正義——生活中的公道〉一文，頁 4。

[27]J. P. Day, *Liberty and Justice*, London, Sydney, Wolfebono, New Hampshire: Groom Helm, 1987, pp.118-119.

[28]取材自 United States Government Mannual 1984/85, Washington D.C.: Office of the Federal Register, 1984, pp. 59-69, 引自 Austin Ranney, *Governing: An Introduction to Political Science*, 6th Edition, Englewood Cliffs, New Jersey: Prentice-Hall, Inc., 1993, p.342, figure 14.1.

[29]Stephen D. Tansey, *Politics: the Basics*, 3rd Edition, Roultedge, 2004,

pp.59-62.

[30]Keith Dixon, *Freedom and Equality: The Moral Basis of Democratic Socialism*, London, Boston and Henley: Routledge Kegan Paul, 1986, p.45.

[31]羅納德・德沃金（Ronald Dworkin）著，馮克利譯，《至上的美德：平等的理論與實踐》，南京：江蘇人民出版社，2003年，頁11。

[32]同前註，頁4。

[33]同前註，頁207-208。

[34]Keith Dixon, *Freedom and Equality: The Moral Basis of Democratic Socialism*, op. cit., pp.14-15.

[35]Zygmunt Bauman, *Freedom*, Minneapolis: University of Minnesota Press, 1988, pp.30-31.

[36]Ibid.

[37]Iain McLean, *The Concise Oxford Dictionary of Politics*, op. cit., pp.192-193.

[38]Ibid., p.193.

[39]Ibid., p.194.

[40]Frank Bealey, *The Blackwell Dictionary of Political Science*, op.cit., pp.157-158.

[41]Ibid., p.158.

[42]Ibid.

[43]Danil Bell, *The End of Ideology: On the Exhaustion of Political Ideas in the Fifties*, Glencoe, Ill.: Free Press, 1961.

[44]Stephen D. Tansey, *Politics: the Basics*, op.cit., pp.67-72.

[45]參考羅伯特・尼斯原著，邱辛曄譯，《保守主義》，台北：桂冠，民國81年。原著爲Robert Nisbet, *Conservatism Dream and Reality*, Minnesota: The University of Minnesota Press, 1986.

[46]同前註，中譯本，頁 38 。原著， pp.28-29.

[47]同上註，中譯本，頁 47-50 。

[48]見 Torbjörn Tännsjö, *Conservatism for Our Time*, London and New York: Routledge, 1990.

[49]Richard Thurlow, *Fascism*, N.Y.: Cambridge University Press, 1999, pp. 1-2.

[50]Roger Griffin ed., *Fascism*, New York: Oxford University Press, 1995, pp.4-10.

[51]David Goodway ed., *For Anarchism: History, Theory, and Practice*, London & New York: Routledge, 1989, pp.1-4. 此外尚可參考 Alan Ritter, *Anarchism: A Theoretical Analysis*, Cambridge: Cambridge University Press, 1980; David E. Apter and James Joll, *Anarchism Today*, London: The Macmillan Press, 1971; April Carter, *The Political Theory of Anarchism*, London: Routledge & Kegan Paul, 1971.

[52]Eric Morris, Alan Hoe and John Potter, *Terrorism: Threat and Response*, Houndmills, Basingstoke, Hampshire: The Macmillan Press, 1987, pp.13-29.

[53]Stephen D. Tansey, *Politics: the Basics*, op.cit., pp.102-103.

[54]王樂理著，歐陽晟校訂，《政治文化導論》，台北：五南，民國 81 年 12 月，頁 31-32 。

[55]Frank Bealey, *The Blackwell Dictionary of Political Science*, op.cit., p. 258.

[56]Michael Roskin et al. ed., *Political Science: An Introduction*, op.cit., pp. 136-140.

[57]Ibid., pp.148-149.

[58]Jeremy Seabrook 原著，譚天譯，《階級：揭穿社會標籤迷思》，台北：書林出版社，民國 81 年，頁 18 。

[59]同前註，所揭書，頁 15 。

[60]參考 E. O. Wright, *Classes*, London: Verso, 1985, p.88. 另可參看氏著，*Class, Crisis and State*, London: Verso, 1978; *Class Structure and Income Determination*, London: Academic Press, 1979. And, also refer: Andrew Milner, *Class*, London: Thousand Oaks, Calif.: Sage Publications, 1999.

[61]以上的敘述，主要是根據 Stephen D. Tansey, *Politics: the Basics* 乙書，op.cit.

[62]Austin Ranney, *Governing*, op. cit., pp.100-105.

[63]M. Roskin et al. ed., op. cit., pp.64-69.

[64]Iain McLean ed., *The Concise Oxford Dictionary of Politics*, op. cit., pp.147-148

[65]可參考李明峻、蔡宏瑜、顏萬進等人所編著，《選舉制度的理論與分析》，東京：玉山出版社，台北：流通書報總經銷，民國 81 年 10 月。

[66]William N. Dunn, *Public Policy Analysis: An Introduction*, Englewood Cliffs, N.J.: Prentice-Hall Inc., 1994 ，並見張世賢、陳恆鈞合著，《公共政策：政府與市場的觀點》，台北：商鼎文化公司，民國 86 年 9 月，頁 1 。

[67]Stephen D. Tansty, *Politics: the Basics*, op. cit., p.206.

[68]Gaetano Mosca, *The Ruling Class*, New York: McGraw-Hill, 1939, p.50.

[69]Charles O. Jones, "Representation in Congress: The Case of the House Agricultural Committee," *The American Political Science Review,* No.55, June 1961, pp.358-367.

[70]Stephen D. Tansty, *Politics: the Basics*, op. cit, pp.212-213.

[71]吳重禮，〈公共政策與政治〉，收於陳義彥主編，《政治學》(上)，台北：五南書局，民國 93 年初版，頁 48 。

[72]B. W. Hogwood and Lewis A. Gunn, *Policy Analysis for the Real World*, Oxford: Oxford University Press, 1984.

問題討論

1. 何謂「政治」？
2. 政治學的範圍包含什麼？
3. David Easton 的政治系統其構成爲何？
4. 何謂「正義」？
5. 意識形態的意義與分類？
6. 政治社會化通常是通過什麼途徑進行的？
7. 議會內閣制與總統制的區別爲何？
8. 民主政治的條件爲何？
9. 代議民主的特徵爲何？
10. 何謂「杜瓦傑法則」？
11. 決策過程的步驟？

公民權利大綱

李炳南

監察委員

台灣大學國家發展研究所兼任教授

作者簡介

李炳南，國立台灣大學法學碩士，國立政治大學法學博士。曾任第三屆國民大會代表，國立台灣大學國家發展研究所教授兼所長。現任監察委員。

教學目標

探討公民權利，從國小公民課本上就可以了解，身為國家的一份子，我們可以擁有的公民權利有哪些？該遵守的義務有哪些？這些都是法治國家、民主國家的基本教育內涵，在此進一步要做的是，提醒大家熟悉公民權利，更能清楚了解我們所處的社會。

摘要

公民權利是人權的自然延伸，人權則是每一個人維持其生命、自由和追求幸福的基本權利，是不應受到性別、種族、階級、知識程度、意識形態、政治信仰限制的權利。公民應有的權利不受任何理由剝奪，就是因為我們首先承認所有人有公平、平等的地位去追求他們嚮往的幸福生活，也就是說這種發自人類本性的嚮往幸福的內心善良的願望是無法剝奪的，是神聖不容侵犯的。維持基本權利，是希望人人都有安樂的生活。

壹、前　言

探討公民權利，從國小公民課本上就可以了解，身為國家的一份子，我們可以擁有的公民權利有哪些？該遵守的義務有哪些？這些都是法治國家、民主國家的基本教育內涵，在此進一步要做的是，提醒大家熟悉公民權利，更能清楚了解我們所處的社會。

「公民」是「具有一國國籍，並根據該國憲法和法律規定，享有權利並承擔義務的人」。所謂的公民權利，是人類嚮往和追求幸福生活目標的抽象描述，也是公民具體的政治經濟等利益的明確定義。公民權利是普世存在的價值，也是民主國家給予人民的基本權利，討論公民權利是現代國民參與社會最基本的課題，對於什麼是公民權利，大致上應有初步的概念，例如選舉權、人身自由、財產權、工作權、教育權等等。

當我們從道德含義或者理論學說上來研究評價公民權利的時候，我們認為，這是普世人類與生俱來就應擁有的權利，不是某些個人或者集團賜予其他人的，也不是可有可無的，而是有如客觀眞理一樣，永恆地存在於人類知識中的觀念。

公民權利是人權的自然延伸，人權則是每一個人維持其生命、自由和追求幸福的基本權利，是不應受到性別、種族、階級、知識程度、意識形態、政治信仰限制的權利。公民應有的權利不受任何理由剝奪，就是因為我們首先承認所有人有公平、平等的地位去追求他們嚮往的幸福生活，也就是說這種發自人類本性的嚮往幸福的內心善良的願望是無法剝奪的，是神聖不容侵犯的。維持基本權利，是希望人人都有安樂的生活。

反過來說，只有在反對或者敵視人類普遍認同的幸福目標的觀念驅使下，才會產生剝奪公民權利的行為。例如某些國家剝奪人的

公民權利，國家凌駕在人民之上，國家變成掌控人民的機器，這種壓制人民的行為，漸漸受到抵制，在現代社會中非常不受支持。對於政府來說，如果他施行的政策是有助於公民對幸福生活的追求，那麼，他就是正義的；反之，如果他施行的政策無助於甚至防礙損害公民對幸福的追求，他就是不正義的。

公民權利的「與生俱來」的含義，是指權利是公民的人類本性的屬性，是普世的常識觀念，而不管世俗的法律和道德有沒有明文定義，也不管人們事實上是否擁有，它都是客觀地存在的眞理觀念，被人們當成幸福的目的而嚮往追求。當然在各個民主國家當中，都用憲法或法律來明文規定公民權利的行使，使人民有法可循，也可以落實保障公民權利之實，而不是可以隨意更動的條例。

「權利是人類的幸福目的」，我們都認同公民權利是無庸置疑和無須辯駁的。

換句話說，我們不需要為「我們是否應該擁有公民權利？」而去作正面的論證求證，因為更高層次的人類社會的本質屬性已經包含了它，我們需要做的只是「如何實踐它」，也就是如何防止他人侵犯我們的權利。

接下來本文將分別介紹各種公民權利的基本定義與相關分析，總共可以分為以下幾項分述之。第一、公民基本權利的理論問題；第二、公民權利與國家權力的關係；第三、人身自由與人身權；第四、選舉權與被選舉權；第五、公民與國籍；第六、精神自由權；第七、財產所有權；第八、私有財產權；第九、表達自由權；第十，遷徙自由權；十一、罷工自由權；十二、社會、經濟、文化權利。以下分述之。

貳、公民基本權利的理論問題

一、概念的界定

(一)權利

1.概念：法律所允許的權利人爲了滿足自己的利益所採取的、由他人的法律義務所保證的**法律手段**。

2.分類：

(1)依權利所體現的利益的性質分：財產權、人身權、綜合性權利。

(2)依權利的作用範圍分：絕對權和相對權（對世權和對人權）。

(3)依權利的作用性質分：支配權、請求權、形成權、抗辯權。

(4)依權利的依存關係分：主權利和從權利。

(5)依權利的產生原因與侵害的關係分：原權利和救濟權（第一權和第二權）。

(6)依權利是否已經取得分：既得權和期待權。

(二)義務

1.概念：法律所規定的義務人爲了滿足權利人的利益所採取的、爲一定行爲或不行爲的**法律手段**。

2.分類：

(1)依義務發生的依據分：法定義務和約定義務。

(2)依義務人的行爲方式分：積極義務和消極義務。

(3)依義務產生的原因與侵害的關係分：原義務和救濟義務（第一義務和第二義務）。

(三)責任

指違法行爲人對其違法行爲所應承受的某種不利的**法律後果**。

(四)權利能力

指法律主體依法享有權利、承擔義務的資格。

(五)行爲能力

法律主體以自己行爲，取得權利、承擔義務的資格；又可分爲：(1)完全行爲能力；(2)限制行爲能力；(3)無行爲能力。

二、基本權利的分類

採用「憲法基本權利」、「憲法基本義務」較爲恰當。可以分類如下：

(一)依據權利發生的原因爲標準

1.原權利（第一權利）：未經侵害而存在的法定權利。

2.救濟權利（第二權利）：因經侵害而產生的補償性權利。

(二)依據權利義務的對應關係爲標準

1.消極權利：

(1)平等權。

(2)自由權：A.身體自由權；B.精神自由權。

(3)財產權。

2.積極權利：包括：(1)受教育權；(2)勞動權；(3)休息權；(4)受救濟權；(5)環境權等受益權。

(三)根據人們生活的類型爲標準

1.政治權利。
2.社會權利。
3.經濟權利。
4.文化權利（已爲各公約採納）。

(四)根據權利所源之法律性質爲標準

1.公法上的權利。
2.私法上的權利。

三、效力問題

1.基本權利具有直接效力是二次大戰後世界性的憲法慣例。
2.基本權利具有直接效力是憲法現實存在的必然條件。

參、公民權利與國家權力的關係

一、權利與權力關係概述

(一)關係的內容

權利和權力是法律上的一對基本範疇，具有相互依存、相互制

約的密切關係：

1.權利和權力相互依存。

2.權利和權力相互區別。其區別詳見下表：

	權利	權力
(1)性質不同	不具公共性	具有公共性
(2)享有主體不同	個別個人	公權者

3.權利和權力相互對立和制衡。

(二)權利的產生先於權力，二者都是社會的產物

權力的產生使主觀的、不確定的權利變爲客觀的、確定的權利。

二、公民權利與國家權力的定義

(一)公民權利

指憲法和法律賦予公民等社會個體的可作或不作某種行爲和要求國家、其他公民等社會個體作或不作某種行爲，以實現自己的利益、主張、自由的資格和權能的總稱。

(二)國家權力

指政治國家所享有的權力，是一國所有公共強制力的總稱。

(三)憲法學上的定位

1.公民權利和國家權力是最基本的憲法現實。

2.公民權利和國家權力是憲法規範最主要的規定對象。

3.公民權利和國家權力的關係是憲法（規範）關係的最基本內

容。

4.公民權利和國家權力的協調是憲法得到實施的最根本標誌。

5.公民權利和國家權力的關係問題是憲法思想流變的基本線索（現代法治國家，兩者間存有辯證關係，是既對立、又統一的矛盾結合體）。

三、公民權利與國家權力的關係

1.兩者的關係問題的地位：爲憲法學研究的核心問題。

2.兩者間關係存在著既對立、又統一的關係。

(1)公民權利是國家權力的基礎，國家權力來源於公民權利。

(2)公民權利與國家權力既區別對立，又協調統一。

肆、人身自由與人身權

一、人身自由

(一)定義

廣義而言，指公民個人在符合國家法律要求的範圍內，有一切舉止行動的自由。

(二)內容

1.人身自由不受侵犯：公民的人身和行動，有不受任何非法搜查、拘禁、逮捕、剝奪、限制的權利。此爲狹義的人身自

由。

2.人格尊嚴不受侵犯：與人身有密切關係的名譽、姓名、肖像不容侵犯的權利。

3.住宅不容侵犯。

4.通信自由（含通信秘密受法律保護）：但也有學者認爲，該權爲隱私權的一部分。

二、人身權

(一)人身權的權能

指爲實現權利所能採取的行爲。包括：(1)控制權；(2)利用權；(3)有限轉讓權；(4)有限處分權。

(二)分類

1.人格權

(1)一般人格權：

A.人格獨立；B.人格自由；C.人格平等；D.人格尊嚴。

(2)具體人格權：

A.物質性人格權：(A)生命權；(B)健康權；(C)身體權。

B.精神性人格權：(A)姓名權（名稱權）；(B)肖像權；(C)（民事）自由權；(D)名譽權；(E)隱私權；(F)貞操權；(G)婚姻自主權；(H)信用權。

2.身分權

(1)親屬法上的身分權：

A.親權（親子關係）；B.親屬權（範圍較廣）；C.配偶權。

(2)親屬法外的身分權：

A.榮譽權；B.知識產權中身分權。

3.人格權與身分權的比較

身分權不同於人格權，特徵爲既是權利，又爲義務。

伍、選舉權與被選舉權

一、概念

是公民行使政治權利或表明主權者地位最明確的方法和最經常的手段；是公民能動地參與政治活動，參與國家意志的形成或法律秩序的創造的最重要權利；是一種「接近國家」（access to the state）的自由，構成了公民參政權的主要內容，在公民的基本權利體系中，處於特別重要的地位。

二、法律性質

有三種學說，分述如下：

1.固有權利說：是國民當然享有的一種固有權利。此說已過時。

2.社會職務說：是國家法律授予選民的一種職務。此說也已過時。

3.權利義務二元說：兼有權利和義務兩重性格。爲主流觀點。

4.吾人以爲：

(1)在現代經濟政治條件下，應多關注其權利性質；而不必過多強調其國家性。

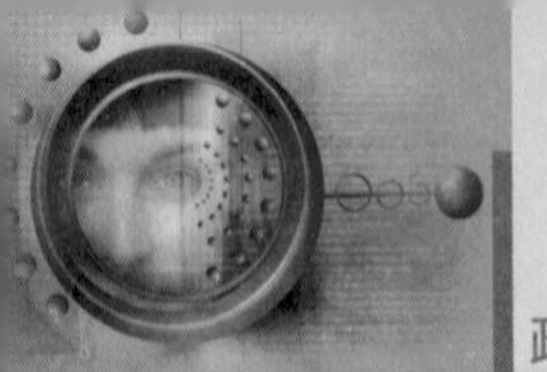

(2)是公民參與國家政治生活的基本權利，不應以國家或社會公共利益理由隨意限制和侵犯公民權利。

三、被選舉權的內涵

1.消極說：傳統觀點認爲，被選舉權是一種被選舉的資格，不是權利。

2.積極說：其內容涵括：

(1)別人選擇自己時，國家不得加以干涉的權利。

(2)爲使自己當選而主動向選民表現自己的權利。

(3)主動接受或拒絕選民對自己自動選擇的權利。

(4)對非法當選者，進行選舉訴訟的權利。

吾人以爲，現代社會以持第 2 說爲恰當。

四、享有主體

是人民？還是公民？

1.應爲公民。否則，國家就無從剝奪某些特定公民的選舉權與被選舉權。

2.剝奪政治權利：

(1)性質：所謂「剝奪」，是「在一定條件下的暫時停止」，即有期限也。

(2)有學者對被剝奪主體加以分類： A.一般主體； B.特殊主體（選舉權被限制）； C.特定主體（選舉權被剝奪）。

五、罷免權

罷免權，乃選舉權的展開形態或延伸形態。

1.源起：巴黎公社中人民代表團的強制委託代表制度。但今天，已非社會主義國家法制的專利。
2.爭論：(1)肯定說：我人持有條件地支持「肯定說」；(2)否定說：但有學者主張，公民不必擁有罷免權。

陸、公民與國籍

一、公民的概念

1.概念：指具有一個國家國籍的人；是一個法律概念。
2.特徵：(1)以自然人爲基礎；(2)以有無國籍爲依據；(3)是法律關係中的主體之一；(4)公民資格是自然人享有權利和履行義務的前提條件。

二、公民與其他相關概念

1.公民與人民：(1)屬性不同；(2)範圍不同。
2.公民與選民：範圍不同。公民要具備下述四個條件，才成爲選民：
 (1)某選區的公民。
 (2)年滿 18 歲公民。

(3)未被剝奪政治權利或精神正常。
(4)經選民登記，持有選民證。

三、國籍與取得方式

1.概念：指一個人屬於某個國家的一種法律上的身分或資格。
2.分類：
(1)出生國籍（原始國籍）：
A.血統主義原則。
B.出生地主義原則。
C.混合主義原則：(A)血統主義為主，出生地主義為輔；(B)血統主義為輔，出生地主義為主。
(2)繼有國籍（派生國籍）：A.依據當事人申請而取得；B.依據法律事實而取得，如婚姻、收養、領土轉移等。
3.退出國籍與恢復國籍制度。

四、外國人法律地位的制度

(一)國民待遇（national treatment）

1.概念：指在同樣條件下外國人和內國人所享有的權利和承擔的義務相同。
2.類型：(1)無條件國民待遇；(2)有條件國民待遇（即互惠國民待遇）；(3)特定國民待遇：在某種特定權利上，給予外國人國民待遇。
3.實踐：各國多採互惠國民待遇。

(二)國民待遇有其範圍，並非毫無限制

1.開放範圍：(1)船舶遇難施救；(2)商標註冊；(3)發明專利權；(4)版權；(5)訴訟權利等。

2.限制範圍：(1)沿海貿易；(2)領水漁業；(3)內水船運；(4)公用事業；(5)自由職業。

(三)最惠國待遇（most favored-nation treatment）

1.概念：指施惠國給予受惠國或與之有確定關係的人或事的待遇，不低於施惠國給予第三國或與之有上述關係的人或事的待遇。

2.與國民待遇之比較：

	最惠國待遇	國民待遇
(1)規定方式	以條約為基礎	以內國立法或國際條約為基礎
(2)待遇標準	任何第三國的待遇	本國國民的待遇
(3)目的	使內國境內外國人間平等	使內國境內之外國人、內國人間平等
(4)適用範圍	經濟貿易事項	概括性問題

3.例外事項：(1)一國給予鄰國的特權與優惠；(2)邊境貿易與運輸的特權與優惠；(3)「特定地區」的特權與優惠；(4)經濟集團內的特權與優惠。

(四)優惠待遇（preferential treatment）

1.概念：指一國為了某種目的，給予外國及其自然人、法人以特定優惠的待遇。

2.規定方式：(1)國內立法；(2)國際條約。

(五)普遍優惠待遇（treatment of generalized system of preference）

1.概念：指發達國家單方面給予發展中國家以免徵關稅或減徵

關稅的普遍的、非互惠的和不歧視的優惠待遇。

2.特點：

(1)普遍的：所有發達國家對所有發展中國家的製成品、半製成品適用。

(2)不歧視的：所有發展中國家都無歧視地、無例外地享受普惠待遇。

(3)非互惠的：由發達國家單方面給予發展中國家優惠。

3.實踐：發達國家在決定採用普惠待遇時，同時決定適用於哪些發展中國家，成爲經濟外交政策之一環。

(六)不歧視待遇（non-discriminate treatment）

1.是歧視（或差別）待遇的對稱。

2.指有關國家約定互相不把對其他國家（自然人、法人）所加的限制加在對方身上，從而使自己不處於比其他國家更差的地位。

五、無國籍人的法律地位

《關於無國籍人地位的公約》（1954 年）規定：

1.締約國對無國籍人不分種族、宗教、原籍，均適用該公約的規定。

2.無國籍人受其住所所在國的法律支配。

3.無國籍人對其住所的所在國負有責任。

4.遵守該國的法律與法規。

5.遵守該國爲維護公共秩序所採取的措施。

無國籍人在其住所所在國的權利：

1.居住和行動自由。
2.財產權。
3.職業活動權。
4.社會保障權。
5.入籍或居留權。

六、國籍衝突

有兩種類型：

1.積極衝突：一個人擁有二個以上的國籍。
2.消極衝突：一個人沒有任何國籍。

柒、精神自由權

一、簡介

1.所涉及的是對他人、社會與國家無直接關係的內心世界；內心所思所想若未對外表現，則外人不可能獲悉；且，純粹的思想不可能對外造成直接的損害與影響，因此法律對內心思想就沒有限制的可能性與必要性。
2.與表達自由權的關係：
 (1)前者與後者互相區別、各自獨立。
 (2)兩者互相聯繫：前者是後者的前提與基礎，後者是前者的體現與保障。

二、內容

(一)思想自由

公民享有的不受干涉地進行思考、判斷、選擇等精神活動的自由。可以說是一種判斷自由；包括良心自由。

1.內涵：包括內心的意見、信念、見解、要求等。它們的形成或改變，都必然是對外部客觀物質世界的反映，都是通過人的思想作出判斷的結果，只不過這種判斷不以書面、行爲或其他方式表達於外部。不同於良心自由（良心自由：側重於內心世界與倫理道德領域有關的思想自由中的道德判斷部分）。

2.特點：(1)是一種絕對自由；(2)是一項基本人權。

(二)宗教信仰自由

1.內涵：包括：(1)信教與不信教自由；(2)宗教活動自由；後者已越出「精神自由」的範疇。

2.吾人認爲，宗教活動自由，應以法律規範之，不宜過寬。宗教出版、宗教營銷應該分別劃歸出版自由、經濟自由的範疇。

3.保障：爲保障宗教信仰自由，須採取政教分離原則。實踐上可分爲：

(1)英國型：採取國教制度，但容忍其他宗教活動。

(2)美國型：禁止國教制度，見美國憲法修正案 § 1 。

(3)德義型：政教分離制度。

4.宗教活動自由的限制：以中國憲法爲例，共含四款：

(1)程序上：宗教團體必須依法登記，方能進行宗教活動。

(2)場地上：須在法定的宗教活動場所，方能進行宗教活動。

(3)主權上：宗教團體、宗教事務，不受外國勢力干涉。

(4)目的上： A.不得損害國家、社會利益； B.不得製造民族分裂、危害國家統一； C.不得破壞國家政治制度； D.不得破壞社會秩序； E.不得干預國家教育； F.不得侵犯公民權利； G.不得損害公民的身體健康。

捌、財產所有權

一、概念

財產所有人在法律規定的範圍內，對屬於所有人的財產享有的占有、使用、收益、處分的權利。是一種絕對權。

二、種類

在中國，以財產所有人主體的不同為分類標準，可分為：

(一)國家所有權

國家對國家所有的財產享有占有、使用、收益、處分的權利。

※國家企業經營權：國有企業對國家授權其經營管理的財產享有占有、使用、收益和**依法處分**的權利（即處分權能受法律限制）。不同於國家所有權，是國家所有權的派生權利。

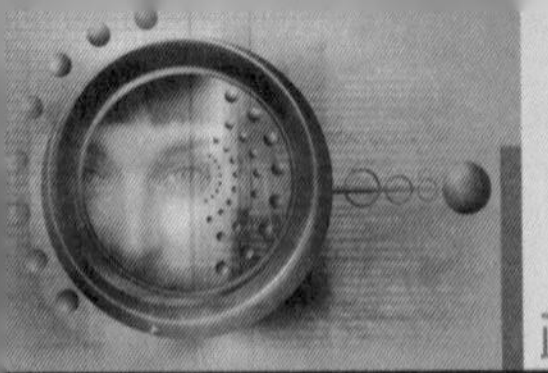

(二)集體所有權

集體組織對其財產享有占有、使用、收益、處分的權利；其享有主體主要爲鄉鎮集體組織，又可包含：(1)公司財產所有權；(2)事業單位、社會團體財產所有權。

(三)私有所有權

自然人或法人對其財產享有的占有、使用、收益、處分的權利。私有所有權指涉的客體，包括：

1.生活資料：(1)合法收入；(2)房屋；(3)生活用品；(4)文物、圖書；(5)林木；(6)牲畜。
2.生產資料：機具、機床等。
3.其他合法財產。

三、關於土地所有權

中國憲法採社會主義公有制。土地可分爲兩類：

1.國有土地：稱全民所有地。「城市的土地屬於國有。」
2.集體土地：「農村和城市郊區的土地除法律規定屬於國家所有外，屬於集體所有。」又分爲三類：(1)村農民集體所有；(2)鄉（鎮）農民集體所有；(3)村內兩個以上的集體經濟組織中的農民集體所有。
3.國有土地使用權可以出讓：憲法修正案第1條、第2條。

玖、私有財產權

一、概念

爲公民與生俱來的、不可轉讓的、不可剝奪的財產權行使的資格。

1.是財產權行使的一種資格；或者說是一種可能性，不是現實的財產權。
2.是不可轉讓的；如同生命權一樣。
3.是無法代表的；只有自己能夠行使這項權利。
4.是不可剝奪的；否則即非現代意義的財產權。
5.是與生俱來的一種資格。

二、是否神聖不可侵犯？

私有財產權神聖不可侵犯，是一項十八至十九世紀年代的憲法原則。現階段，對私有財產權加以限制，已成各國通例。

三、對中國現行憲法中相關條款的討論

1.把私有財產權的保護，放在總綱的經濟制度中，而非置於「公民的基本權利和義務」中。這不利於對公民私有財產的保護。
2.規定「社會主義公共財產神聖不可侵犯」，但未規定「私有

財產神聖不可侵犯」。這使私有財產所受的保護低於公共財產。

3.憲法概念中，公共財產、國家財產、集體財產等之前，未加「合法性」這個限制性用語；但在「公民財產」之前，卻連續使用「合法性」這個限制性用語，這反映了立法者（國家）對私有財產的評價及其背後的意識形態。

4.對私有財產的保障，採取「合法收入、儲蓄、房屋和其他合法財產」的列舉性質很強的保護方式。其範圍存在深厚的授權色彩，即被授權一項，才享有一項。若與第1.點結合起來看，即是把公民對財產的享有視爲是「流」，而授予該項權利的國家爲「源」，故私有財產「制度」被納入整個「經濟制度」中。這是社會主義國家的特色。

5.對私有財產的保障對象不夠完整。就其列舉對象而言，仍然偏重對於「生活資料」的保障（見1978年憲法）；至於對公民的「生產資料」（如物權、債權、知識產權）的保護，則相對缺乏。

6.對私有財產的規範體系不夠完整，即缺對私有財產的「正當補償」條款。完整的規範體系應包括三個結構：(1)不可侵犯條款（保障條款）；(2)制約條款（限制條款）；(3)徵用補償條款（損失補償條款）。

7.2004年憲法修正案第20條～22條規定，保護公民私有財產權和繼承權，合法的私有財產不受侵犯。

拾、表達自由權
（言論、出版、新聞、著作、表演）

一、概述

1.屬於物質實踐活動領域，是精神自由的外在表現形式；表達的內容是個人精神活動的結果或精神生活的方式，一旦有了表達這種行爲，則外人和社會便會知曉，對外界必然產生直接或間接的影響，因而憲法和法律對之均會有所限制。

2.「表達自由」一詞優於「言論自由」一詞：

(1)形式較多：包括言論、出版、新聞、著作、表演、集會、結社、遊行、示威等。

(2)表達內容：包括意見、思想、觀點、主張、看法、想法、信仰、信念、見解。

3.內涵：應包括：(1)表達自由的主體；(2)媒介；(3)方式。指公民在法律規定或認可的情況下，使用各種媒體和方式表明、顯示或公開傳遞思想、意見、觀念、主張、情態或信息、知識等內容，而不受他人干涉、約束或懲罰的自立性狀態。

4.形式：應包含言論、出版、新聞、藝術表現、集會、結社、遊行、示威及宗教活動自由等。但是：(1)宗教信仰自由屬於精神自由的範疇；(2)通訊自由屬於隱私權的範疇；有人認爲，係人身自由的範疇。

二、憲法上的屬性

1.爭議很大：(1)政治自由說；(2)精神自由說；(3)思想自由說；(4)人身權利說；(5)公共自由說；(6)社會行為說；(7)行為自由說；(8)制度權利說。

2.我人看法：(1)是行為自由；(2)是公民權利；其核心內容為政治表達自由，但不限於政治自由。

拾壹、遷徙自由權

一、遷徙自由權的概念

指一國公民按照法律的規定，依法享有的自主選擇自己居住地的權利。它是一項基本人權，包含兩項內容：

1.它是人們追求幸福，因而選擇自己居住地的權利。

2.它是人們在面對暴力威脅，而無法用手投票的情況下，可以選擇用腳投票，來表示自己對不法威脅反對的權利。

二、遷徙自由的外延

1.遷徙自由應依法行使。

2.屬於人身自由的一部分。

3.在法律允許的範圍內，公民有不遷徙的自由。

4.與居住自由關係密切，可解析如下：遷徙自由是居住自由的

前提；居住自由是遷徙自由欲達到的目的。

拾貳、罷工自由權

一、概念與性質

1.源起：指資本主義國家勞動人民反抗資產階級剝削壓迫，爭取經濟利益、政治權利的一種鬥爭形式，是資本主義社會階級矛盾不可調和的產物（以階級分析方法為主）。

2.概念：指一個企業中一定數量的勞動者集體停止工作的行為。

3.構成要件：

(1)是勞動者在自己方面與用工單位方面利害相反，而又不能通過和平手段加以解決時，所採取的經濟鬥爭手段。

(2)是以維持改善勞動條件或獲得其他經濟利益為直接、間接目的。

(3)是勞動者所為的業務的停止。

(4)僅為勞動契約的中斷，不是勞動契約的終止；故，勞動契約未隨罷工而失效。

(5)是多數勞動者所為的有組織的業務停止。

二、罷工權的規範

1.趨勢：多數學者主張，盡快在憲法中增加罷工權條款，並修改相關法規。

2.理由：

(1)罷工是一種客觀存在的現象。

(2)罷工權的確立是國家立法以矯正勞動契約的**附合性**（指勞動者在簽訂勞動契約時，只能接受或放棄，不得協商），以體現勞資雙方對等的重要手段。

(3)法律只是迴避，並未禁止罷工。

(4)罷工立法已是市場經濟國家規範集體勞動爭議的有效手段。

(5)在憲法中規定罷工權，是與國際慣例接軌的需要。

拾參、社會、經濟、文化權利

一、概念與內涵

1.概念：公民享有經濟物質利益方面的權利。

2.內涵：(1)勞動權；(2)社會保障權；(3)婚姻家庭權；(4)受教育權；(5)文化科學技術自由權（應為表達自由）；(6)財產權；(7)環境權；(8)平等權。

（詳見《經濟、社會、文化權利國際公約》）

二、社會（經濟）權利

1.社會權：包括(1)經濟權（勞動權，並享有勞動保障、社會保險、社會救濟的權利）；(2)環境權；(3)受教育權。

2.特徵：(1)是一種複合的概念；(2)是以國家權力的積極而適度的干預為條件；(3)是憲法遵循的社會正義的體現。

3.範圍：

(1)有共識的部分：勞動權（又稱工作權）、休息權、物質幫助權（又稱社會保障權）。

(2)無共識的部分：財產權（吾人認爲，財產權應列入經濟權利的範圍內）、生存權、家庭生活權。

三、文化教育權利

1.受教育權。

2.文化權利：(1)從事科學研究的權利；(2)從事文藝創作的權利；(3)從事其他文化活動的權利。

四、環境權

1.由來：在立法上，確認環境權是公民的一項基本權利。

2.涵義：指公民具有享受良好生活環境、合理利用自然資源和使自然資源免受惡化的權利。

3.內容：

(1)在良好環境中生活和享受優美環境的權利，包括： A.通風權； B.採光權； C.寧靜權； D.清潔水權； E.清潔空氣權； F.眺望權； G.風景權； H.相鄰權等。

(2)參與和監督環境管理的權利。

(3)取得保護和賠償的權利。

4.性質：

(1)是一項基本人權。

(2)是一項多重價值取向的權利：既是人權，又是自然權利。

(3)是法律確定的權利。

(4)是一項主體廣泛的權利：適用於個人、組織、集體。

(5)是一項有限度的權利。

5.環境權與生存權的關係：吾人認為，環境權與生存權的關係是兩個並列的權利；後者不能也不宜包括前者。

五、特定群體的權利

1.有共識的部分：

婦女、兒童、老年人、殘疾人及華僑、歸僑、僑眷等。

1.無共識的部分：

少數民族、難民、罪犯、軍烈屬、退休人員、母親等。

拾肆、結　論

在討論過公民權利之後，可以了解公民權利的概念，也介紹了幾項重要的公民權利，包括公民權利與國家的關係、人身自由、選舉權、財產權等等。依人類歷史的發展看來，人是社會存在和發展的主體，社會的發展必須以人的發展為前提。所以人之於社會是主體性的，人是意義世界或價值世界的主體，因此人的權利是重要不可忽視的，在一個社會之中，應該以人的發展為主，公民所代表的也就是民主國家社會中個別主體的代名詞。如果在一個國家當中，公民無法行使正當的權利的話，公民就失去最基本的生活品質。

在舊時代社會中，政府與人民的福利關係是一種父權主義的饋贈，是一種顯示政府對子民的恩澤。人類進步到今天，已經不再承認社會有統治者和被統治者的區別，原來統治者在社會中承擔的責任已經被授權給一個被叫作「政府」的機構。這個政府在被授權的同時，與這個社會的公民簽訂了一份被稱作「憲法」的契約，其中的主要內容就是公民授予政府若干具體的權力，比如立法權、行政

管理權等，根據契約的約定，沒有被授權的領域，政府是不能夠染手的，主要是公民私人的空間和個人思想的自由，並由此衍生出若干權利。它逐步演化成爲一種公民權利，政府與人民之間，有一個互相依存及依賴的關係，政府的權利力來自於人民，它有權力去管治人民，因此亦有責任去爲人民提供保障與服務。

接受授權後的政府，又根據授權，與公民補充簽訂了若干被稱作「法律」的契約補充條文，其目的不外乎平衡社會上每一個公民的權利。爲了平衡，當然會對每一個公民的權利做出若干限制，目的是公民行使自己權利的時候，由此造成對其他公民權利、利益的損害降低。在現代社會裡，法治與公民權利同等重要，藉由法治的規範與約束，確保每一位公民在行使權利的時候，必須遵守不損害他人的利益爲原則，而且也保障自己的權利，公民權利的落實也促使法治的規範更加完善，因爲兩者是相互依存的關係，所以我們認同民主的社會也是法治的社會，更同意「法律之前，人人平等」的觀念。

毫無疑問，現代人權是一種普遍的、人人皆可享有的權利，同時也是一種固有的、不可剝奪的權利。人權的這種普遍性和特殊性要求執政者應提供各種條件保證公民權利的實現，但這絕不意味著任何人可藉人權名義將少數人權利與國家權力對立起來。根據公認的國際法規則，人權的行使必須「保障國家安全和公共秩序」且「不得局部或全部破壞國家統一或領土完整」，從而將那種少數人權利行使凌駕於主權國家之上，或主張無國家秩序的人權排斥在外。

然而一個國家的公民權利正當的實行，還是與公民教育息息相關，教育是百年大業，也是國力之本，若是正確的公民教育能夠實施，公民又更能掌握正確行使自身的權利與義務的價值觀，這是政府所應該負責的，透過良好的教育，才能夠使公民具備正確的權利意識。

問題討論

1.是否已經了解基本的公民權利有哪些？

2.公民權利與國家之間的關係為何？

參考書目

《中華人民共和國澳門特別行政區基本法》，澳門：中華人民共和國澳門特別行政區基本法諮詢委員會，1993 年 4 月。

王磊著，《憲法的司法化》，北京：中國政法大學出版社，2000 年 1 月。

付士成，《行政法》，北京：人民法院出版社，2002 年 6 月。

石之瑜，〈從大破大立到總結經驗——海峽兩岸修憲實踐比較〉，《中山社會科學》第七卷第二期，1992 年 6 月，頁 79-97。

史筠，《中國民族法制研究》，北京：北京大學出版社，1986 年 12 月。

朱光磊，《當代中國的政府過程》，天津：天津人民出版社，2002 年 9 月。

朱惠福著，《憲法與制度創新》，北京：法律出版社，2000 年 9 月。其中 6-8 章。

沈子邦，〈鄧小平改革〉，《路線研究》，台北：宏泰出版社，1993 年。

李成俊，《澳門基本法文獻集》，澳門日報出版社，1993 年 7 月。

李昌麒主編，《經濟法學》，北京：中國政法大學出版社，2002 年。

余勁松、吳志攀，《國際經濟法》，北京：北京大學出版社，2003 年 2 月，第十刷。

俞子清主編，《憲法學》，北京：中國政法大學出版社，1999 年 11 月。

胡中安編，《民族自治地方自治條例選編》，北京：中央民族大學出版

社，1995年5月1版。

胡建淼，《行政法學》，北京：法律出版社，2000年7月，第五刷。

周永坤，《法理學——全球視野》，北京：法律出版社，2000年5月。

姜明安，《行政法與行政訴訟法》，北京：北京大學出版社，2003年2月，第十二刷。

高銘暄、馬克昌，《刑法學》，北京：北京大學出版社，2002年2月，第五刷。

陳安，《國際經濟法學》，北京：北京大學出版社，2002年7月，第二版第三刷。

陳光中，《刑事訴訟法》，北京：北京大學出版社，2003年1月，第四刷。

陳雲生，《中國民族區域自治制度》，北京：經濟管理出版社，2001年7月。

莫江平，《中國憲法學》，北京：法律出版社，2001年9月。

華東政法學院憲法教研室編，《中華人民共和國四部憲法的對照》，1982年1月。

許崇德等著，《中國憲法教程》北京：人民法院出版社，1994年3月1版。

許崇德主編，《憲法》，北京：中國人民大學出版社，1999年10月。

許崇德主編，《港澳基本法教程》，北京：中國人民大學出版社，1994年3月。

焦洪昌、李樹忠主編，《憲法教學案例》，北京：中國政法大學出版社，1999年8月。

傅思明，《憲法及其相關法》，北京：中國法制出版社，2002年6月。

傅思明，《中國司法審查制度》，北京：中國民主法制出版社，2002年7月。

傅思明，《中國行政法治建設》，北京：中共中央黨校出版社，2002年11月。

曾憲義，《中國法制史》，北京：中國人民大學出版社，2002年9月，第五刷。

程曉霞，《國際法》，北京：中國人民大學出版社，2003年10月，第九刷。

程潔，《憲政精義——法治下的開放政府》，北京：中國政法出版社，2002年11月。

殷嘯虎，五月明編，《憲法學》，北京：中國法制出版社，2001年。

楊成銘、王翰，《現代國際法學》，北京：中國法制出版社，2001年8月，第一刷

楊海坤主編，《跨入新世紀的中國憲法學》(上、下)，北京：中國人事出版社，2002年7月。

楊海坤主編，《憲法學基本論》，北京：中國人事出版社，2001年10月

楊紫烜，《經濟法》，北京：北京大學出版社，1999年11月。

張虎，《港、澳「基本法」釋論》，台北，桂冠圖書公司，1996年6月。

董炯，《國家、公民與行政法》，北京：北京大學出版社，2002年11月。

熊文釗，《現代行政法原理》，北京：法律出版社，2000年。

趙正群，《行政法》，北京：人民法院出版社，2002年6月。

劉春田，《知識產權法》，北京：高等教育出版社，2003年2月，第二版。

劉茂林，《中國憲法》，北京：中國政法大學出版社，2002年2月。

劉茂林主編，《憲法教程》，北京：法律出版社，1997年7月。

劉瑞復，《經濟法學原理》，北京：北京大學出版社，2001年4月，第二刷。

劉樹德，《憲政維度的刑法思考》，北京：法律出版社，2002年。

蔣碧昆主編，《憲法學》，北京：中國政法大學出版社，1999年1月。

鄭鵬程，《行政壟斷的法律控制研究》，北京：北京大學出版社，2002年。

韓大元、胡錦光主編，《憲法教學參考書》，北京：中國人民大學出版社，2003年

韓德培，《國際私法》，北京：高等教育出版社，2003年4月，第七刷。

魏定仁主編，《憲法學》，北京：北京大學出版社，1994年4月2版。

魏振瀛，《民法》，北京：北京大學出版社，2002年7月，第七刷。

譚志強，《澳門主權問題始末（1553-1993)》，台北永業出版社，1994年8月。

羅豪才，《中國行政法學》，北京：北京大學出版社，2002年7月。

蘇紹智，《中國大陸政治體制改革研究》，台北：中國文化大學出版社，2001年。

龔祥瑞，《比較憲法與行政法》，北京：法律出版社，2003年2月。

憲政主義、權力分立及法治

邱榮舉

台灣大學國家發展研究所教授兼所長

作者簡介

邱榮舉，國立台灣大學國家發展研究所教授兼所長，國立台灣大學政治學博士，曾任國立台灣大學法學院副院長，專攻政治學、憲法學等。

教學目標

1.教導學生對政治學中有關憲法、憲政主義、權力分立論、政府體制、法治等基本概念有一簡明扼要的瞭解。

2.提出「五種憲法制之原型與變型」的論點，協助學生對五權憲法制在中央政府體制分類上之定位有一正確的認識。

摘要

政治學對於國家、主權、憲法、人權、憲政主義、權力分立、政府體制、法治等極為重視。國家有兩個面向：權力與法治。一個現代國家的發展，必須採憲政主義，既強調國家權力的權力分立，也注重政治運作採法治原則。

今日台灣，既要繼續推動政治民主化，也要落實憲政主義，並須檢討五權憲法制，調整中央政府體制，本文提出所謂「五權憲法制之原型與變型」的新論點，解析我國的中央政府體制應如何改變，以利早日朝向民主國、法治國發展。

壹、前　言

政治學的許多重要議題當中，對於國家、主權、憲法、人權、憲政主義、權力分立、政府體制、法治等極為重視，是人們談論憲法與政治問題時較常討論的議題，其中討論憲法時，特別會強調憲法是一個國家的根本大法，而憲法的主要作用之一就是要讓政府成為一個權力有限的政府，以保障人權，而使政府成為權力有限的政府之主要設計有二原則：(1)權力分立原則；(2)法治原則。

再者，若今日我們要思考將我們的國家建構成為一個眞正的民主國、法治國，則無論是討論較大範圍的憲法與人權或政府體制，或是說明較小範圍的關於權力有限的政府的兩個重要原則：權力分立與法治，皆與憲政主義（constitutionalism ，又稱為立憲主義）有密不可分的關係，且憲政主義為一種政治原理，憲政主義的歷史又極為悠久，故吾人可先談憲政主義，再談權力分立與法治。

貳、關於「憲法」的兩種意涵

一、憲法的兩種意涵

憲法（constitution）一詞的意涵，通常具有兩種涵義：(1)憲法是一份書面契約，由政府在治理國家時所應服膺的規則所組成；(2)憲法指的是政體，亦即一套國家眞正賴以運作的制度。簡言之，作為一套規則，憲法的意義有二：(1)憲法條文，是以成文的形式出現；或(2)在該國的持續活動中實際運作的憲政制度（Jan-

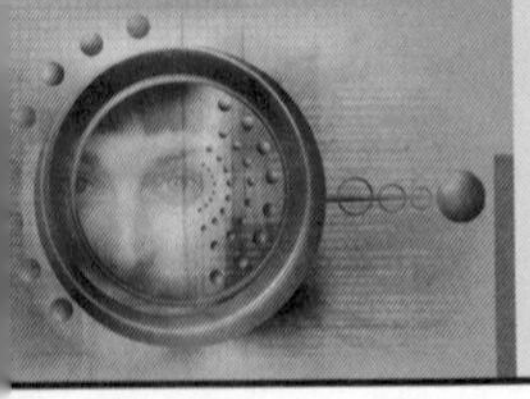

Erik Lane 著，楊智傑譯， 2003 ： 5-6)。

二、兩種憲法的脈絡

憲法是一個具有兩種涵義的字眼，我們在探討憲法問題時常稱這兩種「憲法」的意涵爲兩種憲法的脈絡：「脈絡一」(形式上的成文憲法條文) 和「脈絡二」(實質的憲政制度)。

(一)憲法「脈絡一」(形式上的成文憲法條文)

是針對憲法的形式面而言，涉及的是形式的課題，以分析憲政法律爲主，亦即法律文本的解釋，以及對法條、先例和慣例之間關係的理解，這是屬於釋義學的部分，故憲法「脈絡一」主要是針對形式上的成文憲法條文。

(二)憲法「脈絡二」(實質的憲政制度)

針對憲法的實質面而言，是處理實質的議題，著墨於國家政體的研究，觀察這個國家實際上是如何運作，亦鎖定該國政治和行政上的主要原則。所以，我們會將國家區分爲民主國家和獨裁國家來作進一步的解析，當我們談及一個國家眞正的憲法時，我們是在憲法「脈絡二」下，若在政治學和公共行政學中討論公部門的實際架構和運作的方式，則憲法只不過是瞭解某國政體的眾多資訊來源之一，故憲法「脈絡二」主要是針對實質的憲政制度。

在理想的世界中，實質的憲政制度與形式上的成文憲法條文應該是一致的，但是在現實生活中，許多成文憲法條文沒有被遵守，也有不少實際採用的制度尚未成爲明確的法律條文，或未被憲法承認。在威爾（Kneneth Wheare）所著《現代憲法》（*Modern Constitutions*）一書中，他把憲法定義爲「建立、規範、或管理政府的規則」(Wheare, 1966: 1)。若是採用我們對兩種憲法脈絡的區

分，則我們要問：所謂的「規則」，是指被正式制定出來的規則（形式上的成文憲法條文），還是指在國家治理上實際應用的那些規則（實質的憲政制度）。一般而言，對一個憲法學者來說，他們主要關心的，乃是憲法形式層面上的憲法條文；但對一個政治學者來說，他們對形式層面的憲法條文之文本解釋較不感興趣，他們較感興趣的是描述眞實的憲政制度，或者說描述國家實際統治的方式。總而言之，憲法學者和政治學者皆會關心一國憲法的形式面和實質面，亦即憲法「脈絡一」（形式上的成文憲法條文）和憲法「脈絡二」（實質的憲政制度），但是他們的目的卻有所不同，憲法學者關心的是形式部分，即法律條文之體系，而政治學者則較關注實質部分，即實質控制行爲的憲政制度。在某些國家中，政治幾乎就是關於憲法的政治，政治爭議相當程度上即是憲法的爭議，而修憲常被認爲事關重大，因而多會引起國內各政黨間的重大政治爭議（Jan-Erik Lane 著，楊智傑譯，2003：12-14）。

今日，我們要探討政治學，對於政治學中許多較基本的重點議題，例如：憲法與人權、政府體制等，要進行一系列有系統的、全面性的、概括性的探討時，首先必須對最基本的「憲法」的兩種意涵搞清楚，始能循著兩種憲法的脈絡進行探討憲政問題：(1)憲法「脈絡一」（形式上的成文憲法條文）——屬於形式層面，著重法律條文之體系，主要是針對形式上的成文憲法條文，是憲法學者較感興趣且較關注的部分；(2)憲法「脈絡二」（實質的憲政制度）——屬於實質層面，著重描述眞實的憲政制度，或是說描述國家實際統治的方式，是政治學者較感興趣且較關注的部分。初學政治學或憲法學的人，宜對此有一正確的認識與瞭解。

參、憲政主義

憲政主義又稱爲立憲主義，是一種政治原理，主張國家的權力應該受到限制，並用一些制度來限制其權力的行使。憲政主義的核心成分有二：(1)人權；(2)權力分立。換言之，憲政主義有兩個基本觀念：(1)相對於社會，國家必須有所限制，此限制乃是爲了尊重人權，而這些人權不限於公民權，還包括政治及經濟上的權利；(2)在一國內實施權力分立。前者是屬於一種外在的原則，在國家與市民社會的相應關係中，去限制國家的權力，目的在於保障人權；後者則是屬於一種內在的原則，目的乃是確保在一個國家內不會有任何一個政府、機構或個人能宰制這個國家（Jan-Erik Lane著，楊智傑譯，2003：21-29）。

現代的憲政主義受到中世紀憲政主義很大的影響，也受到宗教改革中政治思想的強烈刺激。在十六世紀中，新的國家（state）概念開始成形，是現代憲政主義和中世紀憲政主義的分水嶺。國家這個概念是到了十六世紀才首見於歐陸的政治思想之中，是一個非常新穎的概念，但是，"state"這一類字，要直到十七世紀才被用來指稱現在所謂的國家。中世紀的憲政主義思想，可以說是以洛克和孟德斯鳩二人對現代憲政主義的影響力最爲重大，此點頗值得吾人重視與探討（Jan-Erik Lane著，楊智傑譯，2003：39-42）。

肆、權力分立論

我國中央政府體制或有認爲五權、六權或七權分立者，眾說紛紜、莫衷一是。權力分立之原意，係以保障個人之自由與權利，將

國家的權力分成數種，由不同的機關行使，藉相互的制衡關係以防止政府權力之濫用。權力分立原則之目的有二：一爲追求「效率」（efficiency），在不同政府部門間進行分工；二爲「避免專權暴政」（prevention of tyranny），保障人民自由（湯德宗，1998：131）。惟就五權憲法而言，其並非三權加二權的憲法，五權憲法與三權憲法兩者最大的區別，應係分權理論的不同。五權憲法係孫中山參考歐美各國三權分立的憲政制度基本理論，規撫歐美學說事蹟並考量中國固有考試與監察制度之良善，而獨創的新憲法原理。而三權憲法係採「三權分立」之分權制度，將行政、立法、司法三權獨立運作，孫中山自創的五權憲法，實有別於世界各國之三權分立之憲法，其中對於整個中央政府體制的設計，實爲一創舉，雖然五權分立之思想在過去、現在，各方有許多不同的看法與評價，但是它對於中華民國憲法與國家發展的影響程度，是既深且遠地影響我國憲政發展的過去、現在，甚至是未來。

權力分立論（doctrine of seperation of power; gewalterilung）爲現代法治國家憲法建構之基本原理。以分權制衡之原則，防範政府權力集中而濫權，以達成確保人民自由權利之目的。憲法將國家統治權（Staatsgewalt）分由不同國家機關行使，分權促成各權力機關彼此合作，由此可見，權力分立理論是研究憲法制度或憲政體制之基礎。

英國洛克（John Locke, 1632-1704）提出「二權分立論」，認爲國家的政治權力分爲立法權、行政權、外交權，制法與執法之「二權分立論」，外交權與行政權都是與立法權相對的執行權。其後，孟德斯鳩（Baron de Montesquieu, 1689-1755）修正洛克「二權分立論」，提出國家的政治權力分爲立法權、行政權及司法權，美國獨立革命後乃依孟氏分權理論制定聯邦憲法。孫中山參考了洛克制法與執法的「二權分立論」與孟德斯鳩的「三權分立論」，另創出所謂的「五權分立論」。

關於我國中央政治體制中的權力分立論的說明，在我國不可單純地劃分為三權分立或五權分立，尤其我國在行政權、立法權、司法權、考試權、監察權之外加上總統、國民大會，係呈現七權之狀態，在國民大會於公元 2000 年 4 月 25 日第六次修憲後已將其虛級化，改為「任務型國民大會」，」；2005 年 6 月 10 日第七次修憲，又進一步廢除「任務型國民大會」，並將「國民大會」之職權轉至立法院，故目前已無所謂以國民大會之「權」來制衡五院之「能」的事實。

再者，若要探討五權分立架構下的五個院中的某一個院，例如：考試院，則我們在探討我國考試院的內涵時，應針對整個中央政府體制，換言之，檢視考試院的制度面、功能面與未來定位與走向，必須思考到整個中央政府體制，特別是五權憲法制之原型與變型中的考試院，因為考試院存在的目的係基於考試權獨立運作之精神，以防止濫用私人，並達到一方面為國舉才的目的，另一方面確立文官制度的典章制度，以強化文官制度並達到國家發展的目的，故宜先針對五權憲法制之原型與變型的論點作一簡要說明，進而提出考試院之原型與變型的觀點，以利對考試院之變革與發展進行評析：

茲只針對所提出「五權憲法制之原型與變型」的論點作一簡要說明，所謂「五權憲法制之原型」（A 型），係專指孫中山所構思之五權分立的憲法。所謂「五權憲法制之變型」（B 型），係指參酌孫中山所構思之五權分立的憲法思想而加以修改、研發的憲法草案、憲法或實際上的憲政制度，因而其性質、形式與主要內容亦有所不同，可分為多種，故有 B_1、B_2、B_3、B_4……B_n 之區別（邱榮舉，2002：27）。因此「五權憲法制之變型」，係相對於「五權憲法制之原型」而言，經過各階段的變革與發展，各階段仍不脫離五權分立的基本架構，惟其中央政府架構卻實質的發生重大變革。

隨著時代的變遷與憲政思潮觀點的不同，不同類型的五權憲法

制，產生了五權憲法制的原型與變型，五權憲法制之原型（A 型）隨著時間慢慢轉變成五權憲法制之變型（B 型）；若是五權憲法制之變型（B 型），則必須釐清是孫中山五權憲法制之變型中的哪一種，始能針對各階段的五權憲法制加以探討。

伍、關於各種類型的五權憲法制之解析

孫中山對於國家發展方面的最主要貢獻與影響，除了三民主義，就是五權憲法，而其五權憲法思想主要就是源自於三民主義，特別是與民權主義有著密不可分的關係。

孫中山的政治思想，可說是其整個思想的精華，而其政治思想的代表作，簡言之，就是三民主義；若再精準而明確地多說些，就是三民主義和五權憲法，而五權憲法爲其政治思想在政治體制上的具體落實。

孫中山自創的五權憲法，實有別於普遍流行於世界各國的三權分立之憲法。他對於整部憲法之構思，在憲法結構方面，固然也包括了人民權利與義務、國家組織兩大部分，但是他對整個中央政府體制的設計，尤爲特殊而有創意，雖然這種孫中山自創的五權憲法制，各方有不同評價，但是他對中華民國憲法和政治的影響，卻極爲深遠，故談論孫中山與國家發展之相關議題時，孫中山的五權憲法制，絕對是重點中的重點，精華中的精華。

各方對於五權憲法制的實際瞭解，深淺不一；對於各種類型的五權憲法制之異同，分辨不清；對於政治學上、憲法學上關於中央政府體制的基本分類，混同類比，因而導致各種不同的分類與評價。其實，要評論孫中山自創的五權憲法制到底好不好？應從正本清源著手，始較爲公正客觀、公允恰當。

作者爲還其眞面目，並公平看待各種類型的五權憲法制，以利

釐清某些人含混理解、混淆不清的所謂五權憲法制，進而討論五權憲法制在中央政府體制分類上的應有定位，故擬將各種類型的五權憲法制，概略地分為兩大類：(1)五權憲法制之原型；(2)五權憲法制之變型。茲分別簡單地說明之。

一、五權憲法制之原型

某些人對於中國國民黨、中華民國憲法、台灣所實施的憲政體制和政治等有所不滿，或是持不贊同的看法，往往就會怪罪孫中山，或認定孫中山自創的五權憲法制不好，或認為一切各種類型的五權憲法制皆不好，此類政治現象，對孫中山而言，實有失公允；其主要關鍵就是，對五權憲法制之原型與變型，恐未完全分辨清楚。

其實，在討論有關孫中山之議題時，應先分辨清楚孫中山、中國國民黨、中華民國三者，為具有相關但不相同的三者，不可混為一談。同理，在討論有關所謂五權憲法制之議題時，也應先思辨清楚：(1)五權憲法制實際上有多種類型，不是只有一種類型：吾人談論問題時，基本所指為何者？應先弄清楚。(2)各種類型的五權憲法制，可分為五權憲法制之原型與變型兩大類：關於五權憲法之原型的問題，孫中山要負全責，自可完全歸責於孫中山；關於五權憲法之變型的問題，是後人強加變化改造，雖然五權分立架構之形式猶存，一些相關名詞也存在，但是其政府精神與實質內涵已有所變革，制憲者、修憲者和實際掌握國家政治大權者之責任亦極大，故不宜完全歸責於孫中山。

所謂五權憲法制，從早期孫中山自創五權憲法制至今（西元2009年），前後已出現過多種版本，皆號稱或被視為屬於五權憲法制，呈現出各種不同類型，在此種眾多類型的五權憲法制中，唯獨孫中山自創的五權憲法制，為五權憲法制之原型；至於其後各種類

型的五權憲法制，則可視爲五權憲法制之變型。換言之，用通俗的話說，只有孫中山自創的五權憲法制，才是眞正的、如假包換的、具有「正」字標記的五權憲法制，它在這個世界上只存在一個，吾人可將它視爲五權憲法制之原型；至於其後產生的各種類型，各含不同的政府精神與實質內涵的五權憲法制，雖然具有五權分立之架構，但是形式意義重於實質意義，它們在這個世界上存在有好幾個，吾人可將它們歸爲同一大類，視爲五權憲法制之變型。

孫中山自創的五權憲法制，係基於他自己獨創的「萬能政府」論而研發成的，這種「萬能政府」論的主要內容包括三部分：一爲權能區分——主張將政治大權分爲「政權」與「治權」，且權能分開；二爲人民有權——主張「主權在民」、「全民政治」，人民有選舉、罷免、創制、複決權；三爲政府有能——主張「五權分立」、「專家政治」、「均權制度」等，政府具有將分內工作做得很好的能力。因而在中央政治體制方面有：「國民大會」（執掌「政權」的機關）、「五權政府」（即中央政府，執掌「治權」的機關，採五權分立論的五院制）。此種孫中山所構思的五權憲法制，就是作者所謂的五權憲法制之原型，至於其後的各種類型的五權憲法制，爲作一明顯的區隔與分別，作者則將它們皆歸爲同一大類，視爲五權憲法制之變型（邱榮舉， 1987 ： 122-141）。

二、五權憲法制之變型

所謂五權憲法制之變型，實係相對於五權憲法制之原型而言的，且這些五權憲法制之變型，皆係源自於孫中山自創的五權憲法，但彼此卻不大相同，故論者不能只觀其形式結構爲五權分立之中央政府體制，且又有號稱叫「政權」機關的國民大會，或聽有人稱它爲五權憲法制，就誤以爲它是等同於孫中山所創的五權憲法制之原型。其實五權憲法制之原型與變型是有區別的，基本上，各種

類型的五權憲法制之變型，在政府精神與實質內涵方面，與孫中山所創的五權憲法制之原型，有相當程度的不同，吾人必須謹慎分辨清楚，不可將它們混為一談。

自 1925 年孫中山逝世後迄今，曾經出現過多種版本的五權憲法制，五權憲法制之原型採總統制或接近總統制；1936 年的所謂「五五憲草」之五權憲法制採總統制，但比一般國家的強勢總統所掌握的權力還要大許多；張君勱參與起草的「中華民國憲法」之五權憲法制採修正式內閣制，或說傾向於內閣制；後來，蔣介石、蔣經國政權時期，「動員戡亂時期臨時條款」，授予總統之權力極大，因而在台灣所實際實施的所謂「民主憲政」，雖然也號稱是採所謂的「五權憲法制」，但是實際上的政治運作，論者有謂是有時採傾向於「總統制」的混合制，有時則是採傾向於「內閣制」的混合制，此尤指嚴家淦當總統、蔣經國擔任行政院長那段時期是傾向於「內閣制」的混合制；到了蔣經國當上總統後，又改為傾向於「總統制」的混合制，甚至有人以更嚴格的標準來評論整個蔣氏政權時期的中央政府體制根本是個帝制。直至李登輝當上總統後，中華民國之中央政府體制到底今後應採總統制？內閣制？雙首長制？朝野人士爭相討論，經過多次修憲，在 1997 年第四次修憲時中央政府體制改採雙首長制（湯德宗，1998：22）。

從上述說明中，吾人可知：自孫中山逝世後迄今（西元 2009 年），關於五權憲法制之設計、憲法上的規定，或實際上的政治運作，號稱是五權憲法制之版本，實在不少；但是它們在中央政府體制方面所採的制度，有的是內閣制，有的是總統制，有的是雙首長制，這幾種類型的五權憲法制，皆與孫中山自創的五權憲法制不同，為有別於孫中山所創的五權憲法制之原型，故作者將它們皆歸類在同一大類，將它們視為五權憲法制之變型，以利區隔和分別兩大類別之不同，期使有助於吾人分辨清楚各種類型的五權憲法制之「眞面目」。

總而言之，孫中山為謀求國家發展所構思的憲政制度，是一種自創的五權分立架構之憲政制度，有別於其他國家所採用的三權分立架構之憲政制度，吾人可將它視為五權憲法制之原型；至於其後各種類型的五權憲法制，可將它們視為五權憲法制之變型，且就其演變而言，似乎距離孫中山構思國家發展自創五權憲法制之原型的時間點越長，其後各種類型的五權憲法制之變型的實質內容變化越大。

陸、評五權憲法制在中央政府體制分類上之定位

在台灣的中華民國，對於孫中山與國家發展方面之相關議題，或是討論憲政改革問題，吾人經常會觸及到三權分立或五權分立之憲政制度，也常會論及中央政府體制究竟應採總統制？內閣制？雙首長制？或其他什麼制？這兩類問題，其實是一體之兩面，兩者密切相關，但是彼此不一樣，故作者擬先就政治學界、憲法學界關於政府類型的分類作一簡要說明，再予以評論之。

一、關於中央政府體制的各種相關分類

政治學和憲法學上對於政府類型的分類，常依不同的標準而有各種不同的分類，有些是按「政府」的有無為標準，分為「有政府」和「無政府」兩類型；有些是按政治中「民主」的有無為標準，分為「民主政治」、「獨裁政治」兩類型；也有些是按憲法中權力分立之不同設計為標準，分為「三權憲法」、「五權憲法」兩類型；一般最普遍的通說，則是按行政與立法的關係為標準，分為「議會內閣制」（或內閣制）、「總統制」、「半總統制」（或雙首長制或混合制）及「委員制」四種類型。本文作者主張採用通說，認為：解

析中央政府體制，應採現今政治學界和憲法學界最普遍使用、最流行的政府類型之分類：

1.議會內閣制（或內閣制）。
2.總統制。
3.半總統制（或雙首長制或混合制）。
4.委員制。

二、五權憲法制與中央政府體制兩者間之關聯與定位問題

在台灣的中華民國，關於五權憲法制之原型與變型，吾人已論及各種類型的五權憲法制，其中央政府體制有時採總統制，有時採內閣制，有時採雙首長制，除了委員制不可能採用外，在政治學和憲法學上所有最常用的三種中央政府體制，似乎都已嘗試過，我們從這些經驗和本文前述的分析中，要檢視五權憲法制與中央政府體制兩者間之關聯與定位問題，作者認爲有下列五點很重要：

1.思考修憲或制憲問題時，必須先考慮究竟是繼續採五權分立或改採三權分立。
2.若採五權分立，則這種長期以來我們稱它爲五權憲法制之中央政府體制，究竟是應採總統制？內閣制？雙首長制？或其他什麼制？應多加考量並予以釐清。
3.孫中山所構思的五權憲法，是一種五權分立的憲政體制，其中央政府體制之設計，不同於其他國家三權分立的憲政體制。孫中山早在 1905 年同盟會成立後，於歐洲國家巡迴演講時，即有五權分立的憲政思想； 1912 年中華民國成立時，他主張採美國式總統制，後來退讓臨時大總統職位給袁世凱時，爲了配合當時政治情勢，避免讓袁世凱獨攬大權等因素，乃不得不暫時贊同改採法國式內閣制；後來，袁世凱

稱帝不久死亡後，孫中山又繼續主張五權分立制度，進而1921年有〈五權憲法〉演講，但此時只有「五權分立」，尚無「均權主義」、「權能區分」等成分，最後在1924年演講〈三民主義〉（十六講），及親自手著〈國民政府建國大綱〉時，始在政治學和憲法學上建構起一個新理論——「萬能政府」論，使其自創之五權憲法，獨樹一格，自成一家之言，此即孫中山自創的五權憲法制之原型；至於其後參酌孫中山關於五權憲法之構想而研發出來的各種類型之五權憲法制，則應歸類爲同一大類，可視爲五權憲法制之變型，五權憲法制之原型與變型兩大類間是有其異同的，絕不宜等同視之，混爲一談。

4.憲法之分類，固然可以有三權憲法、五權憲法之分。然而，關於中央政府體制各種類型之分類，在政治學和憲法學上，五權憲法制縱使可作爲中央政府體制中各種分類的一種，但是此類說法不是主流，而眞正的世界主流，就是採最新的通說，將中央政府體制分爲：「議會內閣制」（內閣制）、「總統制」、「半總統制」（雙首長制或混合制）和「委員制」四種。

5.若五權憲法制列爲中央政府體制中各種分類的一種，則五權憲法制是與三權分立憲法之憲政體制相對稱的一種類型，而不是屬於可列爲與「議會內閣制」（內閣制）、「總統制」、「半總統制」（雙首長制或混合制）和「委員制」相類比的一種類型。

中國自古以來，無政治學、憲法學上近代意義的憲法、憲政思想、憲政制度，直至清末一八四〇年代鴉片戰爭前後，受西方勢力和思想之衝擊，加上朝野人士的自我反省，謀求自立自強，始逐漸將西方的民主政治思想與民主政治制度引入中國，同時引進了憲政

觀念與憲政體制。在清末民初這一段期間，提倡民主政治的政治領袖，孫中山該屬於最為獨特而傑出，可謂為最具「特殊性」與「創造性」。

孫中山有關中央政府體制之設計，吾人認為至少有下列幾點特色：(1)以三民主義為基礎，五權憲法為重心；(2)融合中西政治思想與制度而加以創新；(3)不單純專注於理想、理論，且處處兼顧實際；(4)以「萬能政府」論作為中央政治體制的理論基礎；(5)注重人的因素，主張公職候選人應通過考試（邱榮舉，1987：215-218）。他在構思國家發展的過程中，既注重三民主義與五權憲法，且提出革命建國三階段（軍政、訓政和憲政），相當積極地想要以重新建構一個創新的、民主的政治體制，來取代過去舊時代的、君主專制的政治體制，以謀求國家發展，這其中孫中山自創的五權憲法制，實具有「特殊性」與「創造性」，它在政治學和憲法學上，關於中央政府體制之分類上應有的定位，頗值得吾人關心、重視與探討。

孫中山自創的五權憲法制，經過近百年的演變與研發，已出現多種版本、不同類型的五權憲法制，吾人討論五權憲法制時，首先應釐清究竟所指為何種五權憲法制，在各種類型的五權憲法制中，所討論的對象是屬於孫中山自創的五權憲法制之原型（A 型），或是屬於五權憲法制之變型（B 型），若是 B 型，則進一步要弄清楚是五權憲法制之變型中的那一種，是 B_1、B_2、B_3、B_4、B_5，還是 B_n。再者，經過觀察與比較，作者認為，若距離孫中山構思國家發展創立五權憲法制之原型的時間點越長，則其後各種類型的五權憲法制之變型的實質內容變化越大。

過去政治學、憲法學、孫中山研究、五權憲法研究等領域的前輩、學者專家和黨政人士，曾有將中央政府體制之分類，認為應包括內閣制、總統制、委員制和五權憲法制。這種說法，固然有新意，但是正確否？經過本文前述之探討，作者認為，該說法應予以

推翻。時至今日，固然五權憲法制有其特點，若談憲法，可有三權憲法、五權憲法之分；但是，討論中央政府體制時，應按通說處理，即中央政府體制之類型主要有四種：「議會內閣制」（內閣制）、「總統制」、「半總統制」（雙首長制或混合制）和「委員制」。因此，作者認為，若五權憲法制列為中央政府體制中各種分類的一種，則五權憲法制是與三權分立憲法之憲政體制相對稱的一種類型，而不是屬於可列為與「議會內閣制」（內閣制）、「總統制」、「半總統制」（雙首長制或混合制）和「委員制」四種（通說）相類比的一種類型。過去的一種說法：「中央政府體制應包括：內閣制、總統制、委員制和五權憲法制」，今後應該將它廢棄不用，以期分辨清楚各種類型的五權憲法制之「真面目」，並正確使用政治學和憲法學上所流行的通說，來思考與妥善處理中央政府體制分類上的問題。

柒、未來台灣的政府體制宜朝向總統制發展

一、談政府體制宜有兩大重點：權力分立論與政府體制之類型

討論我國的中央政府體制必須緊抓兩大重點：一為關於權力分立論，我國究竟是要採三權分立論或五權分立論？二為關於中央政府體制之類型，若以行政與立法之關係作為分類標準，則中央政府體制可分為總統制、內閣制、委員制、半總統制（或稱雙首長制或混合制）四種類型，我國究竟是要採何種中央政府體制？茲簡要說明如下：

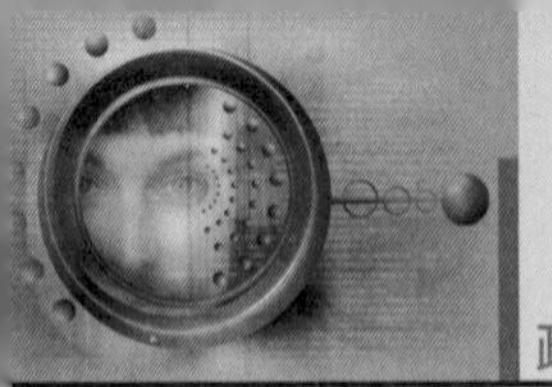

(一)關於權力分立論（三權分立論vs.五權分立論）

一般民主先進國家多採三權分立論，只有我國係採五權分立論。三權分立論的提出與三權分立架構憲政體制的落實，憲政運作較順利；五權分立論的提出與五權分立架構憲政體制的落實，不但在理論方面有大爭議，而且在五權分立架構憲政體制之落實方面，也產生了重大問題。

台灣是在中國國民黨百分之百有效執政的半個多世紀歲月中，由中國國民黨主導的制憲與六次修憲，也是一改再改，改得面目全非，無論是中央政府體制原先採「修正式內閣制」，或後來改採「半總統制」（或稱「雙首長制或混合制」），皆號稱是五權憲法制，那到底何謂五權憲法制？眞是令人丈二金剛摸不著頭，不知中國國民黨所主張與堅持的五權憲法制，其眞正內容是什麼？

五權憲法制在我國憲政體制上的形成與發展，成之者爲中國國民黨，敗之者亦爲中國國民黨，五權憲法制之階段性任務已完成，將可「功成身退」！取而代之者應爲三權分立論。

(二)關於中央政府體制之類型

在憲法學、政治學上，有關中央政府體制之類型，若依行政與立法之關係作爲分類標準，則可將中央政府體制分爲總統制、內閣制、委員制及半總統制（或稱雙首長制或混合制）四種類型，此爲通說，係主流說法，且爲民主先進國家所採用而盛行已久，我國既已成爲民主國家，有關中央政府體制之設計、思考及調整，就應以此通說（主流說法）作爲當今台灣憲政改造應採何種體制之重要討論焦點。

自從近幾年李登輝總統主政期間進行六次修憲，陳水扁總統主政期間又進行一次修憲，現階段我國中央政府體制之類型，已由原本憲法文本中所設計規劃的「修正式內閣制」（按：胡佛、李鴻禧

兩位著名憲法學者有此看法），改採類似於法國第五共和的「半總統制」（或稱爲「雙首長制」、「混合制」），但是我國的狀況又與法國第五共和的狀況有所不同。

現階段我國的中央政府體制，雖然多被認爲是採雙首長制（或稱「半總統制」、「混合制」），但是泛綠陣營的解讀與主張是傾向於總統制的雙首長制，泛藍陣營的解讀與主張則是傾向於內閣制的雙首長制。究竟應該爲何？因政治立場與政治利益之不同，而有相異之解讀、主張及堅持，此實爲現階段我國中央政府體制是採取雙首長制，但泛藍與泛綠陣營對此種類型的中央政府體制仍有重大爭議，分別想要再改革、再調整，目前的大趨勢似乎是：泛綠陣營朝向總統制思考，泛藍陣營則朝向內閣制思考。

二、台灣憲政改造宜朝向總統制發展的理由

對於當今台灣的憲政改造應抓兩大方向思考與改造：一爲關於權力分立論，宜讓五權分立架構完成階段性任務，告一段落，「功成身退」，而朝向三權分立架構發展。二爲關於中央政府體制之類型，宜朝向總統制發展。

今後台灣中央政府體制宜朝向總統制發展，其主要理由至少有三：

(一)憲政改造應注意與考量到台灣目前是不正常的國家，且政治生態極不正常

台灣經過這幾年的政黨輪替，在以立法院爲中心的國會當中，政治紛爭不斷，泛藍陣營與泛綠陣營之間的政治鬥爭，仍在國內外繼續纏鬥；既影響了整個台灣政治社會的安定，也損傷了台灣的國際形象。這種不正常國家中的極不正常政治生態，實爲我國當今推動憲政改造應特別注意與考量者。

(二)台灣的國會一直是台灣政治的最大亂源，讓台灣人民頭痛且對國會沒信心

長久以來，戰後台灣的國會，不論是早期的三個國會（國民大會、監察院及立法院）、後來的二個國會（國民大會及立法院）、再後來的一個多一點的國會（任務型國民大會及立法院），或最後僅存的一個國會（立法院），這些國會議員的素質，參差不齊，政治鬥爭慘烈，內鬥內行、外鬥外行，常常立法怠惰，且立法品質、行事風格及重大決議常有爭議，令台灣人民頭痛且對國會沒信心。若我國中央政府體制改爲內閣制，則台灣政治將永無寧日。

(三)台灣民選總統握有實權，符合政黨與民意要求，有利於我國傾向總統制發展

台灣自 1996 年首度全民直選總統以來，歷經四次的總統、副總統選舉，不論各黨各派，在政治協調後，多贊同改由全國人民來直接選舉總統、副總統，且主要政黨或泛藍與泛綠陣營也都推薦候選人參與競選，甚至不論在朝、在野政黨和主要政治領導人物，也多分別從不同的角度去思考與主張總統應有實權，且要受到有效的監督，因而台灣民選總統握有實權，符合政黨與民意要求，將有利我國朝向總統制發展。

捌、法　治

國家有兩個面向：權力和法治。國家的第一個面向（主權者的權力）表示國家有能力採取行動，這可以用政府的特徵之一來加以佐證：即威脅使用武力或眞正使用武力。主權這個概念可以代表國家權力和權威的意涵（Jouvenel, 1957; Hinsley, 1986）。國家的第二

個面向（法治）則是源於國家必須遵守法律秩序此一事實。國家的權力來自其對各種事務的命令，例如：金錢、人民、規則等。國家要利用這些權力來源時，會受限於制定法、習慣、先例、慣例所確立下來的制度。換句話說，法律秩序是由限制國家的法律所組成。權力和法治這兩個東西是國家一體的兩面，但彼此間有某種程度的矛盾存在（Jan-Erik Lane 著，楊智傑譯，2003 ： 48-49）。

在政治思想中，某些學者強調國家的第一個面向（主權者的權力），例如布丹（Jean Bodin）、霍布斯（Thomas Hobbes）、盧梭（Jean-Jacques Rousseau）、奧斯汀（John Austin）等人。至於強調國家的第二個面向（法治）的較著名學者，則有阿爾圖修司（Johannes Althusius）、麥迪遜（James Madisn）、康德（Immanuel Kant）等人。在一個國家中，權力和法治制度必須並存，因爲兩者得相輔相成。國家的兩個面向在某種程度上還是要彼此調和，因爲國家權力需要一個法律架構，而任何法律架構都需要由國家權力來執行。因此，我們可以看到幾個現代的憲法都包含了以下兩個原則：(1)主權；(2)法治原則。戴雪（Albert Venn Dicey）在他那本有名且再版多次的《憲法研究導論》（*Introduction to the Study of the Law of the Constitution*, 1885）一書中，主張英國的憲政主義有兩大綱領：(1)國會主權；(2)法治原則。一般而言，「憲政主義」乃指建構國家的一種途徑，強調以制度限制國家權力的重要性。從法治架構中找出對國家行動與力量的限制，是憲政主義的核心。其包含對下列幾項國家的特徵的要求：(1)明確的程序；(2)政治責任；(3)代議制；(4)權力分立；(5)公開與透明化。由此可知，政治就是權力的運作，然而，爲了使政治權力取得合法性，制度乃有其必要。國家內部的政治運作，必須遵循其遊戲規則。這意味政治運作必然以法治作爲依據。政治蘊含權力與制度兩項要素，一方面國家擁有主權，另一方面政府則是以法治原則爲基礎，而現代憲政主義則是相當強調國家須遵從法治原則的觀點。

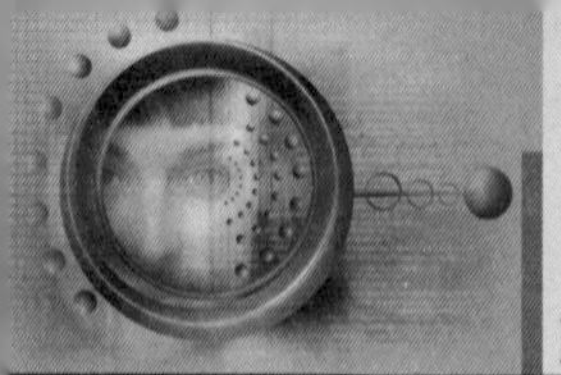

玖、結　語

政治學對於國家、主權、憲法、人權、憲政主義、權力分立、政府體制、法治等基本的重要議題極爲重視，而要對這些議題有一簡明扼要的概括性瞭解，就必須對憲政主義、權力分立及法治有一正確而清楚的認識。國家具有兩個主要面向：(1)權力（主權者的權力）；(2)法治（法治原則），兩者必須相輔相成，要彼此調和。一個現代國家的建構與發展，必須採憲政主義的途徑來建構與發展，憲政主義既強調國家權力的權力分立，也強調政治運作必須採法治原則。

一個現代民主國家，想要擁有一部符合自己國家人民的需求與發展的現代憲法，就必須奉行現代憲政主義，不但國家有主權且要保障人權，國家權力也要採權力分立論，政治運作則是以法治原則爲基礎來運作，這樣才可能建構成一個民主國、法治國。

廿一世紀初的台灣，我們若想要將我們的國家建構成一個民主國、法治國，則我們必須同時注重民主與法治，既要繼續推動台灣政治民主化，鞏固民主、繼續深化民主，也要落實憲政主義，重視主權、人權、權力分立、法治等，這樣我們的國家才有可能成爲一個眞正以人權立國的民主國、法治國。

問題討論

1.何謂「憲法」？憲法的兩種意涵爲何？請簡要說明兩種憲法的脈絡。

2.何謂「憲政主義」(或稱「立憲主義」)？

3.何謂「權力分立論」？何謂「五權憲法制之原型與變型」？

4.試說明五權憲法制在中央政府體制分類上之定位爲何？

5.未來台灣的政府體制應朝向何種政府體制發展較妥？

參考書目

邱榮舉（1987）。〈孫中山憲政思想之研究——析論其對中央政制之設計〉。台北：台灣大學政治學研究所博士論文。

湯德宗（1998）。《權力分立新論》。台北：作者自己發行，三民書局總經銷。

Lane, Jan-Erik 著，楊智傑譯（2003）。《憲法與政治理論》（*Constitutions and political theory*）。台北縣永和市：韋伯文化國際。

Hinsley, F. H. (1986). *Sovereignty*. Cambridge: Cambridge University Press.

Jouvenel, B. de (1957). *Sovereignty*. Chicago: Chicago University Press.

論憲政主義及其價值優先順序
曾建元
中華大學行政管理學系副教授

作者簡介 曾建元，國立台灣大學國家發展研究所法學博士
中華大學行政管理學系副教授
國立新竹教育大學職業繼續教育研究所兼任副教授
台灣智庫法政部副主任

教學目標 本文擬對於憲政主義（憲政；立憲主義；憲政精神 constitutionalism）的內容做一理論上的考察，因而將從古典憲政主義的基本假設著手，鋪陳憲政主義應有的內涵，其次則就憲政主義的基本精神，檢驗政治學上比較常見的幾個價值在憲政主義當中的地位，以強化讀者對於憲政主義的認識與信念。

摘要 本文係對於憲政主義的內容做一理論上的考察，指出憲政主義具備有限政府、自由權利和法治政治三大內容，而以自由權利為其核心價值。本文復以法的一般價值，如正義、安全、秩序、民主、效率、自由等，就憲政主義的觀點加以比較其優先順序，以強化讀者對於憲政主義的認識與信念。

*本文原題「憲政主義的價值——正義、安全、秩序、民主、效率、自由的優先順序」，爲作者民國九十三學年第一學期在國立中央大學哲學研究所主辦之全國性通識教育巡迴講座「政治學與現代社會」於花蓮大漢技術學院、高雄正修科技大學、新竹國立清華大學和桃園開南管理學院各校舉辦的講稿。亦將收錄於：《元培學報》，第十三期，新竹：元培科學技術學院，民國九十五年十二月。

壹、憲政主義的涵義

憲政主義是一種尊重憲法的政治風氣或傳統[1]，其主要內容，大抵可以區分為三項：(1)有限政府（limited government）；(2)自由權利；(3)法治政治（rule of law）[2]，故而，憲政主義乃指涉以「憲法」規定國家政治權力的分配與使用、人民基本自由權利的保障、和重視法治原則的制度或其精神。這裡所謂的「憲法」，並不是單指憲法法典而已，當今世界上絕大多數國家都有憲法法典，但並不表示這些國家都具有憲政之治，是憲政主義國家，英國沒有憲法法典，卻沒有人敢於否認其是公認的老牌憲政主義國家。事實上，真正實施憲政主義的國家，仍屬少數。在有些國家，一紙憲法的頒布，僅表示某一政治與社會經濟建設階段的結束與另一階段的開始，只具有一種宣傳上或儀式性的意義，目的在使世人相信也在自我催眠，它們也是現代的文明國家。憲政主義所重視和強調的，是其本身成為國民憲法意識的價值內涵或是成為一種憲政文化，而不單單只是擁有虛有其表的一部憲法文本的形式而已。

貳、憲政主義的內容

憲政主義作為一種價值，主張以憲法為工具，維護與追求有限政府、自由權利、法治政治等三項內容為其目的，如此，則我們要進一步追問，有限政府、自由權利、法治政治等三項內容之間，還有沒有優先順位的區別，哪一個是核心的價值，三者之間有沒有存在著衝突，如果有，憲政主義要如何解決？

一、有限政府

「有限政府」即指國家政治權力的分配與使用應受憲法的控制。十七世紀的英國思想家約翰·洛克（John Locke）在《政府論次講》（政府論下篇 *The Second Treatise of Government*）一書中提出了這樣的論證，他假設人在組成政治社會和政府之前的自然狀態下，乃享有天賦的自由、平等和獨立，除他自己同意之外，無論什麼事情都不能使他受制於任何世俗的政治權力，他是他自己財產的絕對主人、同最尊貴的人平等，可是，在自然狀態之下，這些自由的權利其實是不穩定、不安全的，有不斷受別人侵犯的威脅，因爲大部分的人並不嚴格遵守公道和正義。爲了保護他們的生命、特權和地產，人們遂協議聯合成爲國家和置身於政府之下，希望能夠通過公共的權力去制止和懲罰共同體以外任何人不公道和不正義的侵權行爲，以謀他們彼此間的舒適、安全和和平的生活[3]。另一位十七世紀英國的思想家托瑪斯·霍布斯（Thomas Hobbes）則在《利維坦》（*Leviathan*）一書中認爲，自然狀態是種人人都處於相互戰爭的狀態，他渲染了一種極其恐怖的自然狀態，所以人類爲了保全生命的安全，必須完全讓渡其他一切權利給政府[4]，但這一觀點則受到洛克的批判，洛克說自然狀態下，人們受理性支配而生活在一起，不存在擁有對他們進行制裁的權力的人世間的共同尊長，戰爭狀態則是人們對另一個人的人身用強力或表示企圖使用強力，而又不存在人世間可以向其訴請救助的共同尊長[5]，不應當將自然狀態與戰爭狀態兩者混爲一談。

洛克認爲國家或政治共同體，應建立在人民的同意之上，而其存在是爲了保護天賦的人權，這是典型的社會契約（social contract）論，因此，倘若國家或政治共同體未能善盡保護人民自然權利的責任，人們於必要之時，可以主張政府違反社會契約，收回他們的授

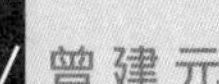

權並起而反抗，由人民自行行使作爲最高權力的立法權，或建立一個新的政府形式，或在舊的政府形式下把立法權交給他們認爲適當的新人[6]。此即抵抗權或革命權的理論來源，但也基於此同時形成有限政府的觀念，換言之，政府的權力係來自於人民的同意與信託，由此而形成政府權力的界限。

一七七六年七月四日美利堅合眾國十三州大陸會議通過的〈獨立宣言〉（The Declaration of Independence），即直接引述洛克的天賦人權、社會契約論以及有限政府與抵抗權的觀點，宣稱「我們認爲這些眞理是不言而喻的：人人生而平等，他們都從他們的造物主那邊被賦予了某些不可轉讓的權利，其中包括生命權、自由權和追求幸福的權利。爲了保障這些權利，所以才在人們中間成立政府。而政府的正當權力，則係得自被統治者的同意。如果遇有任何一種形式的政府變成損害這些目的的，那末，人民就有權利來改變它或廢除它，以建立新的政府。」[7]同年稍早於六月通過的〈維吉尼亞權利法典〉（The Virginia Bill of Rights），是美國歷史上的第一個權利法典，其第一條亦宣稱：「一切人生而同等自由、獨立，並享有某些天賦的權利。這些權利在他們進入社會的狀態時，是不能用任何契約對他們的後代加以褫奪或剝奪的；這些權利就是享有生命和自由，取得財產和占有財產的手段，以及對幸福和安全的追求和獲得」，並於第二條前段宣示：「一切權力屬於人民，因之來自人民」，第三條則規定：「政府是，或說應該是爲了人民、國家和社會的共同福利、保障和安全而建立的，在政府的一切不同的形式和組織中，凡能夠產生最高度的幸福與安全，並能最有效地防止惡政的，乃是最好的形式和組織；而當任何政府無力實現或違背這些目的時，國民的大多數有採取其所認爲最能增進公共福利的方法，以改革、更換或廢止該政府之不容置疑的、不能讓與的和不可廢止的權利」[8]。〈維吉尼亞權利法典〉的內容事實上乃影響了〈獨立宣言〉，而且在思想淵源上紹述洛克，其規定以後更爲美國各州憲法

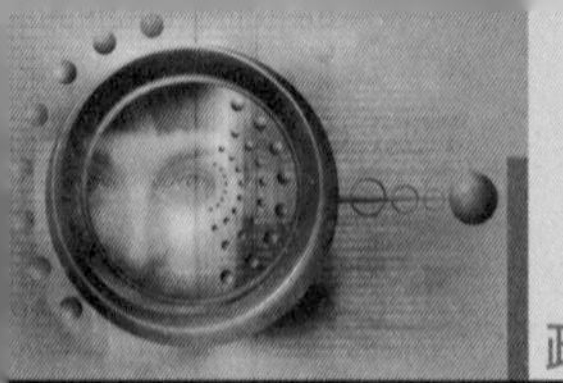

以及各國憲法所廣泛繼受。

但源自洛克的有限政府理念，〈維吉尼亞權利法典〉和一七八七年通過的〈美利堅合眾國憲法〉，均在政府的形式上，進一步要求與權力分立（separation of powers）的理念相結合。〈維吉尼亞權利法典〉第五條規定：「國家的立法權和行政權應與司法權分立並有所區別」，行政、立法、司法的三權分立制，更通過〈美利堅合眾國憲法〉在美國的憲政體制上得到落實。權力分立的理念，乃係直接源自於十八世紀的法國思想家孟德斯鳩（Charles louis de Secondat Montesquieu）而有所增益者[9]。孟德斯鳩在研究過英國憲法後，於《論法的精神》（法意 *De I'Esprit des Lois*）一書提出「權力應用權力來制衡」的主張。他說道：「從事物的性質來說，要防止濫用權力，就必須以權力約束權力。我們可以有一種政制，不強迫任何人去做法律所不強制他做的事，也不禁止任何人去做法律所許可的事。」孟德斯鳩出自於其個人對於英國政制認識的美麗錯誤，而認爲英國係實施立法、行政、司法的三權分立，他欣賞這樣的制度，故而贊同將國家權力分立，使之相互制衡，以使人民可以眞正擁有自由[10]。將洛克的有限政府論與孟德斯鳩的權力分立論兩相整合，就可以得出當代憲政主義，而這也是十八世紀革命浪潮中人們所擁護的憲政主義[11]。一七八九年法國的〈人權與公民權宣言〉（Déclaration des Droits de l'Homme et du Citoyen）第十六條後段便稱：一個社會如果權力的分立未能得到確立，就根本不存在憲法[12]。

不過，在這裡，我們還要留意到，在洛克或孟德斯鳩的觀念中，他們都沒有把所謂的「民主制」視爲最佳的政府形式。當然，這裡涉及他們所定義的民主和當代定義間的差別，本文將在稍後進行討論。按，洛克稱之爲「純粹的民主政制」者，指人們「可以隨時運用全部權力來爲社會制定法律，通過爲他們自己委派的官吏來執行那些法律」[13]，洛克所關注和討論的，皆集中於作爲共同體

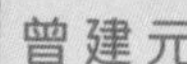

最高權力的立法權，而事實上英國在光榮革命後亦並未建立共和制度，行政權仍由世襲君主所掌有。孟德斯鳩對民主政治的定義是「共和國的全體人民握有最高權力」，他所讚賞的英國卻是君主國，而身為貴族的他，更明白主張為世襲的貴族團體設立議會，並將行政權交由國王掌握[14]。甚至於主張人民主權論的讓－雅克．盧梭（Jean-Jacques Rousseau），亦復如此，他稱民主制為「能把行政權與立法權結合在一起的體制」，是「一種沒有政府的政府」[15]。古典的憲政主義皆主張社會契約論，並認為政府應得到人民的同意，但並未提到政府也應該由人民自行來組成，他們當時對於民主制的普遍理解為人民全體作為立法者又兼領行政權的制度，但這就與權力分立與制衡的原理相衝突了，這是他們所反對而期期以為不可的地方。

至少，就此而論，共產主義國家普遍實施的民主集中制和議行合一制，便不被認為係合乎憲政主義，民主集中制指由人民或象徵國家最高權力的人民代表機構來直接控制政府，議行合一制則指立法與行政合一的制度設計[16]，這在經驗上和理論上則皆不被承認具有實現憲政主義的可行性，首先，民主集中制因為人民全體無法時時刻刻對國家進行有效的監督和管理，這會使政府權力的擴大和集中成為可能，而與有限政府的理念產生緊張關係，再者，若人民意欲通過人民代表機構來控制政府，則人民又能夠有效地監督和管理人民代表機構嗎？這是不是又製造了一個權力集中的憲政怪獸出來，那麼誰又能有效地制衡宣稱代表人民主權者的人民代表機構呢？這就會又與權力分立制衡的原則相違背，而這正也是議行合一制的根本問題，如孟德斯鳩便稱：「如果沒有國王，而把行政權賦予一些由立法機關產生的人的話，自由便不再存在了；因為這兩種權力便將合而為一」[17]，盧梭則抨擊其為沒有政府的政府。

如果人民對於成立政府或組成國家是那樣地戒慎恐懼，那麼，人民成立政府或組成國家的目的，又是為了什麼呢？就是為了避免

政府權力的失控反而侵越了人民的自由權利，所以要使政府的權力因分立制衡而受限。綜上所論，憲政主義的核心價值就出來了，就是要保障人民的自由權利。

二、自由權利

對於人們自由權利的保障，才是整個憲政主義的核心價值。

洛克論證道：「自然狀態有一種為人人所應遵守的自然法對它起著支配的作用；而理性，也就是自然法，教導著有意遵從理性的全人類：人們既然都是平等和獨立的，任何人就不得侵害他人的生命、健康、自由或財產。」[18]人的生命、健康、自由或財產，可以說是人的自然法上的權利。

生存權是人類一出生即享有的權利，沒有生命和健康，人的肉體就無法生存。但生命要延續，則需要從自然去提取生存的資料，洛克乃就此而提出了基於勞動價值論的私有財產權主張。洛克認為，上帝將世界給予人類共有，是為了滿足人類的利益。而為了使他們盡可能從世界中得到最大的生活的便利，就不能假設上帝的意圖是要使世界永遠歸公共所有而不加以耕植。上帝是要把世界給予勤勞和有理性的人們利用的，而不是給予好事吵鬧和紛爭的人們來從事巧取豪奪的，所以，人們只能通過勞動而取得對世界占有與利用的權利[19]。人們乃基於其自由的勞動而獲得財產及其上的權利。但人也不可以按其願意盡量佔取財產，財產的限度是「以供我們享用為度」[20]，換言之，「財產的幅度是自然根據人類的勞動和生活所需的範圍而很好地規定的」[21]。在這裡，洛克又提出了關於財產正義的標準，即「生活所需」。它使我們獲得了關於「正義」的更準確和更容易把握的定義。

人類在自由享有其勞動財產之餘，也希冀其權利不要受到威脅與侵害，為了避免爭端，也同時為了使爭端的裁判更加公正，人們

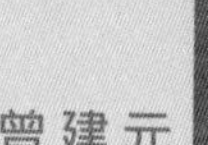

乃交出自己一部分的權力，組成政治共同體，規定個人權利的界限，並且制裁侵權的行爲，以共同保障生命、自由與財產的安全。在洛克的論證下，財產權優先於社會契約而存在，政治共同體的目的，就是要保障以個人財產權爲其核心與界限的個人自由權利，所以他才說：「人們聯合成爲國家和置身於政府之下的重大的和主要的目的，是保護他們的財產」[22]。一七八九年的〈法國人權與公民權宣言〉第二條也規定道：「一切政治結社的目的都在於維護人類自然的和不可動搖的權利。這些權利是自由、財產、安全與反抗壓迫」[23]。而爲了要使政治共同體能夠遂行保障人民以財產權爲中心發展出來的諸種權利，一方面，有限政府的觀念必須先行確立，再其次，人們應當有權參與政治，以監督政府之作爲是否符合於社會契約之目的，由是，則又導出種種政治自由權利。孟德斯鳩便指出，當人民組成政治社會而成爲一個有法律的社會之後，自由僅僅是：「一個人能夠做他應該做的事情，而不被強迫去做他不應該做的事情」，什麼是人應該做的事，則是法律所確認的源自自然法的自由權利，因此自由也就是做法律所許可的一切事情的權利。但孟德斯鳩又指出，不要以爲實施民主政治和貴族政治（對貴族團體而言也是民主政治）的國家就是自由的國家，政治自由只存在於寬和的政府裡，而政治寬和的政府，只存在於國家權力不被濫用的政制，也就是三權分立的政制裡。當立法權有人民的參與，而司法權又可以獨立運作，則人民便可以享受政治自由所帶來的心境的平安狀態，甚至在專制的王國裡，倘若國王願意把司法權留給他的臣民去行使，這也會是一個寬和的政體[24]。

由於私有財產權是人們締結社會契約、組成政治社會的理由，因此，憲政主義所要保障的自由權利，乃是基於個人主義，而以個人作爲其權利主體而發展出來的，財產權的劃定，乃形成了一個保護人們免於政府權力壓迫的私人領域。財產權的行使要合乎正義的原則，即以生活所需爲其界限，而不允許巧取豪奪。而爲了確保個

人的天賦自由權利，人們便向國家提出自由權利清單，限令國家不得侵犯，人類憲政發展史上，一二一五年英國的〈大憲章〉（Magna Carta）、一六二八年的〈權利請願書〉（Petition of Rights）、一六四九年的〈人民公約〉（An Agreement of the People）、一六七九年的〈人身保護法〉（Habeas Corpus Act）、以及一六八九年的〈權利章典〉（English Bill of Rights），乃皆爲後世人權立法保障之濫觴。在此之外，爲了使人民得以掌握、控制國家，公民的參政權乃成爲實現政治自由的關鍵，而爲了落實公民參政權，思想、言論、集會、結社等政治自由權乃成爲憲政主義的核心要素。

三、法治政治

憲政主義的第三個內容是法治政治。法治指統治者權力的行使及被治者權利的保障，均須依照憲法和法律秩序的規範，法律之前人人平等，統治者不得擅斷妄爲侵害人民的自由權利[25]。洛克特別強調憲法和法律在保護人們自由權利上的強制作用，他認爲這個法律秩序乃需要國家最高權力作爲後盾來保證其之建立與實施，而立法權的本質既然是人們委託的權力，就只有人民才能通過組成立法機關和指定由誰來行使立法權。這裡也再次突出了憲政主義的核心價值，即人民自由權利的保障，人們即是通過憲法，去建構有限政府，並且以憲法規範政府權力的分配與行使，而這一憲法或法律秩序的建立，則是來自於人民的授權，因此法治的正當性基礎乃在於它是民主的，人們因自身參與立憲、立法而同意服從憲法與法律。洛克重視立法權在維護法治上的作用，然而自十九世紀英國的戴雪（Albert Venn Dicey）始，司法權的作用則亦受到重視，此因戴雪在英國憲政史的考察中發現，「凡憲章所有規則，在外國中皆構成憲法條文的各部分；而在英格蘭中，不但不是個人權利的淵

源，而且只是由法院規定與執行個人權利後所產生之效果」[26]。

事實上，除開就法律史的考察所得到的發現，就英國憲政運作的實態，也可以知道乞靈於立法權保障自由權利的不可恃，這是由於英國係實施議會內閣制之國家，其行政權乃由國會多數黨所控制，所以行政與立法的權力融合（fusion of powers）反而是常態，由此而造成由執政黨所控制的國家與人民自由權利間的一種緊張關係，而這種緊張關係，乃不得不有賴於獨立的法院運作才得以獲得紓解。法院不但對人民進行裁判，也對國家機關進行裁判，人民倘無法通過立法的事前參與來制約國家行爲者，還餘一個機制可以在侵權事件發生後制裁國家並且對人民自身進行權利的救濟，這就是司法權的作用。美國的憲政史學者麥克伊文（Charles Howard McIlwain）即對於政治統治權（不論立法權或民選產生的行政權）對於個人權利的侵害亦深具戒心，亦主張將現代憲政主義的問題，集中關注於司法管轄權與政治統治權的區分之上，強調應通過具有獨立性的司法，用以維護憲法與法律權威，對抗武斷的政治意志以保障自由的重要性[27]。將法治的焦點從立法權轉向司法權的方向是正確的，個人不論是直接或是間接參與立法權的結果，終究必須遷就或服從於多數，若個人的自由是天賦人權，則只能齊一地要求所有的人同時放棄某種程度的自由予國家，不可能單獨要求少數在沒有補償的情況下自我犧牲以成就多數，此時就必須超越政治領域的多數決民主概念，視個人的自由爲憲法所保障的基本權利，而只能由直接面向憲法與理性的司法作爲後盾來加以保護。

自由的價值既然如此的重要，又是整個社會契約關係建構的前提，那麼，作爲憲政主義核心價值的自由權利的行使，是否不應該受到任何超越其上的限制呢？洛克說，自由不應受到不正義的侵犯，那麼，自由本身是否就等同於正義。不是的，因爲每個人的自由與其他人的自由會有所衝突，爲了避免衝突和解決衝突，所以自由的實現，必得要在法治和有限政府的環境中方有其可能，但法治

和有限政府都只是一種程序性的工具價值而已，我們還需要有一種判準，實際爲各個個人的自由規劃一個和諧並存之道，二十世紀美國的思想家約翰·羅爾斯（John Rawls）便針對憲政秩序中各個個人的自由的規制提出他認爲適用的判準，此即：「每一個人對於一種平等的基本自由之完全適當規制，都擁有相同的不可剝奪的權利，而這種規制與適於所有人的同樣自由規制是相容的」[28]，每個人都有一平等的基本權利與自由，而且政治自由應首先保證公平的價值，這就是正義，而且是正義的第一原則。羅爾斯特別提醒論者，第一正義原則乃特別適用於憲法，而且，各種自由當中，平等的政治自由、思想自由和結社自由，還應該是由憲法來保障的，這是憲政的核心要素。羅爾斯還提到所謂的第二正義原則，這就集中在社會和經濟平等的問題，羅爾斯站在自由主義的立場，不贊成把第二正義原則提升爲憲政的基本要素，而主張第二正義原則是屬於立法的應用[29]。對他而言，正義只是政治領域的獨立觀點，而得到哲學、宗教、道德等交疊共識的支持。

再來回答本節開頭所提出的問題，有限政府、自由權利、法治政治等三項內容之間，有沒有優先順位的區別，哪一個是核心的價值，三者之間有沒有存在著衝突，如果有，憲政主義要如何解決。憲政主義的核心價值自爲自由權利，從維護自由權利的需要出發，才有有限政府和法治政治建構的必要，所以，自由權利的維護是否落實，是衡量一個政府是否擁有統治正當性的最高判準。人民爲了確保天賦的自由權利，便通過社會契約的締結組成政治共同體，然後再通過政治契約選擇政府的形式和執政者，政府成立的依據是政治契約，也就是憲法和憲法性的法律，所以政府有依契約或依憲法履行統治任務的義務，換言之，由人民主權者建立的法治，才是有限政府合法性的來源，依照憲法成立而獲得人民支持的有限政府，也才具有民主的正當性，另一方面，人民也唯有依照他們所建立的法治，才能更換政府，就此而言，法治政治的要求，要比有限政府

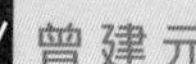

更為優位。總而言之，人民的自由權利是核心價值，法治政治的重要性又高於有限政府，而這兩者存立的目的，則都是為了維護人民的自由權利。憲政主義的價值取向，應當要根據上述的順序而有所取捨，而當價值衝突的問題已經從認知的範疇進入到制度範疇，在可能的範圍中，憲政主義仍期待透過法治的手段來調解，但一當法治失靈了，則憲政主義將會回歸到自然法，同意人民以各種有效的方式，爭取重新訂定政治契約。

參、正義、安全、秩序、民主、效率、自由的優先順序

在本文的最後一個部分，我們則要基於前述憲政主義的基本價值標準，來就正義、安全、秩序、民主、效率、自由等法的基本價值目標，討論其取捨的優先順序。

我們先逐一界定前述幾種價值的意義。

正義，在憲政主義的領域，指的是平等的政治自由；安全是人們組成政治社會的重要目的，為的是避免自由權利受到他人的侵害；秩序的建構，是為了讓人們可以在精密的制度設計中，透過對於秩序的遵守而獲得自由；民主的精神在於人民的自由參政，目的是為了使國家的統治合於人民組成國家的目的，即自由權利的保障；效率是經營成本與收益間比例的計算與衡量，成本越低，收益越高，則效率越高。憲政主義以保障自由權利為核心價值，而且主要在防範國家權力的濫用，顯然如何積極地增進國家權力運作的效率，並不是其所關懷的課題；自由則不待多說，正是整個憲政主義制度與精神的核心價值。

職是之故，自由應居於諸價值的優位，因其為憲政主義的內在價值，獲取自由權利的最大保障，也是人們組成國家的積極理由；

其次爲正義，正義是衡量自由的尺度，必須先肯定自由的價值，才有正義判斷的需要；民主是平等的參政自由的最高表現形式，即由人民掌握國家的最高權力，並且通過自由的選舉，在各個向人民提出關於實現自由的各種承諾的競爭者當中，選擇任期一定的執政者；再次爲安全，因爲避免自由權利的受到侵害，是人們組成國家的消極理由，但如果爲了安全而犧牲完全的自由，那就是本末倒置了；秩序的建立，是爲了使自由的實現擁有更加安全的環境，所以，相對於自由和安全，秩序是外在於憲政主義的工具性價值，同樣地，人們也不能爲了秩序的理由而壓抑自由。至於效率，則根本不是憲政主義所關懷的對象，所以我們將其排在末位。

以上的排列，是以憲政主義爲標準，看這些個別的價值是內在於憲政主義的自由或自保的一部分，還是增進憲政主義的一種工具性價值，本文則主觀地認爲自由、正義是憲政主義的積極目的，應居於優位，安全爲憲政主義的消極目的，應居於其次。民主是人民主動參與實現憲政主義的積極工具，秩序爲防範憲政主義脫軌的消極工具。效率則爲無關於憲政主義的價值。

肆、結　語

憲政主義的思想和制度的重要意義之一，就是基於自由的理念並堅持自由的理念，建構一個可以容納社會多元化力量相互對話與溝通的空間，而在一定溝通規則的共信共守下，協調彼此的價值差異，凝聚共識，以促進多元價值的綜合平衡與社會正義的實現。但需要注意的是，憲政主義仍是有一定價值取向的，而非盲目的中立的：那就是多元價值的尊重與追求，不能夠危害到憲政主義所要維護的自由社會的存立，也就是人人擁有平等的自由權利不容受到剝奪，因此，自由（政治自由）和正義（平等的政治自由）在憲政主

義中乃恆久居於優越的地位，是憲政主義的積極目的，也是終極的判準。人們組成政治社會的目的，不僅在保持自由，也在尋求集體的安全保障，事實上，這種安全保障，正是在避免各種可能危害自由實現的威脅。安全的保障必然會對人們的自由產生若干限制，這只能在必要的範圍內採取對自由傷害最小的方式爲之，所以說安全是憲政主義的消極目的，其存立的價值仍是爲最大的自由來服務的。人們通過自由意志的決定締結了社會契約，而形成人定的法秩序。法治，乃是自由權利在法秩序中的實現，也唯有通過法治，人們才能夠協調彼此間的行動和設定群己的界限，而充分享有自由。法治是自由和秩序的有機組合，人們依照法治，才能建立公平的權力競爭秩序，參與國家的組成及其意志的形成，來根本地維護人們形成社會契約的原始目的。人們必然擁有天賦的權利去組織政治共同體，但惟有依照人們所訂定的憲法，承認並保障人們擁有最高的主權可以去決定其政治體制、選擇執政者，甚至重訂社會契約，重組政治共同體，這才能算得上是憲政主義。所以，本文認爲，憲政主義的最高價值爲自由，平等的自由即正義，法治爲實現自由的場域，法治建立了憲政主義國家，使人民的政治自由包括參政自由得以充分實現，而在充分實現自由和避免自由受到危害的安全保障的前提下，則視依民意建構的法治秩序爲個別自由衝突調節後自由經營社群生活的最適狀態。只有同時滿足自由、法治與民主三項價值，才是憲政主義，而安全及秩序，都必須在有助於自由的更多保障的判準之下，才能得到證立的。

憲法法典的存在與否，並無法證明憲政主義的存在，也不能保證憲政主義的實現。憲政主義是一種力與理在人民與政治菁英憲法意識或政治文化中的結合。憲政主義認爲，多元對話的空間，不可能單純通過各方對於自由的信念來維繫，而必須依賴各種力量的均衡來相互保證，所以應當要給予人民自由參政和反抗政府的正當性，同時也要將國家權力加以分立，納入制度的規範，使之相互制

衡監督，並且強化獨立的司法，以利於人民自由權利的維護和發揮。憲政主義不能保證社會實質正義或平等的必然實現，也不代替人民思考與決定什麼是他們的人生價值。它保證溝通對話與競爭機會的自由與平等，讓社會正義或幸福的追求支撐人們的生存動力和引領社會的進步，是人們永遠值得努力以赴的理想目標。

註釋

[1]鄒文海，《比較憲法》，台北：三民書局有限公司，民國五十八年六月，頁一六。

[2]或者僅指法治政治和有限政府。二十世紀的美國學者麥克伊文考察憲政主義發展史的大作中，即認爲憲政制度的基本要有二：對於政治上的專制權力，加以法律的限制；政府當局，應對被統治者，負完全的政治責任。Charles Howard McIlwain（麥克伊文），涂懷瑩譯述，《憲政制度論——一個歷史的觀察》，台北：正中書局，民國五十年十二月，頁一五八。

[3]John Locke（約翰・洛克），葉啓芳、瞿菊農譯，《政府論次講》，台北：唐山出版社，民國七十五年七月，第九十五節、一百二十三節，頁五九、七六。

[4]Thomas Hobbes（托瑪斯・霍布斯），朱敏章譯，《利維坦》，台北：台灣商務印書館股份有限公司，一九七二年二月，頁五八至六零。

[5]John Locke，前揭書，第十九節。頁一二。

[6]同上，第二百四十三節，頁一五三。

[7]〈獨立宣言〉，董雲虎、劉武萍編著，《世界人權約法總覽》，成都：四川人民出版社，一九九零年十月，頁二七二。

[8]〈弗吉尼亞權利法案〉，同上書，頁二七零、二七一。

[9]James Madison（詹姆士・麥迪遜），〈對三權分立原理意義之檢討與確定〉，James Madison、Alexander Hamilton（亞歷山大・漢彌爾

頓)、John Jay(約翰·傑),謝淑斐譯,《聯邦論》,台北:貓頭鷹出版,二零零零年五月,頁二三五。

[10]Charles louis de Secondat Montesquieu(孟德斯鳩),張雁深譯,《論法的精神》,台北:台灣商務印書館股份有限公司,一九九八年一月,頁一五二至一五四。引文在頁一五三。

[11]Jan-Erik Lane(蘭思),楊智傑譯,《憲法與政治理論》,永和:韋伯文化國際出版有限公司,二零零三年十一月,頁四五。

[12]曾建元譯訂,〈人權與公民權宣言〔人權宣言〕〉,《民主論壇》,二零零零年一月十四日,紐約:民主亞洲基金會。《民主網》,http://www.asiademo.org 。=《自由時報美東版》,二零零零年一月十四日,紐約。

[13]John Locke ,前揭書,第一百三十二節,頁八零。

[14]Montesquieu ,前揭書,頁一五七至一五八。

[15]Jean-Jacques Rousseau(讓一雅克·盧梭),何兆武譯,《社會契約論》,台北:唐山出版社,民國七十六年三月,頁一零二。

[16]蔡定劍,《中國人民代表大會制度》,北京:法律出版社,二零零三年六月,頁八五至八九。

[17]Montesquieu ,前揭書,頁一五八。

[18]John Locke ,前揭書,第六節,頁四。

[19]同上,第三十四節,頁二一。

[20]同上,第三十一節,頁二零。

[21]同上,第三十六節,頁二二。

[22]同上,第一百二十四節,頁七六。

[23]曾建元譯訂,前揭文。

[24]Montesquieu ,前揭書,頁一五二至一五四。引文在頁一五三。

[25]Albert Venn Dicey(戴雪),雷賓南譯,《英憲精義》,上海:上海商務印書館,民國十九年,頁二八四至二八五。

[26]同上,頁二八五。

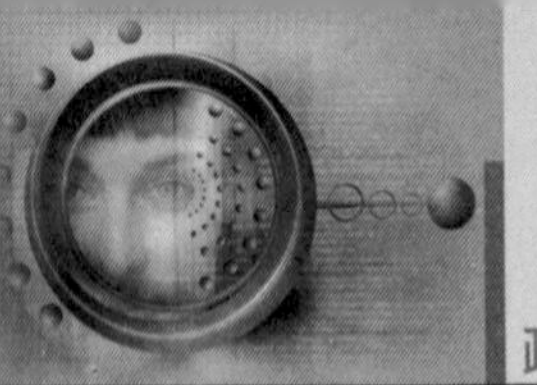

[27]Charles Howard McIlwain，前揭書，頁一五二至一五八。

[28]John Rawls（約翰．羅爾斯），姚大志譯，《作爲公平的正義——正義新論》，新店：左岸文化事業有限公司，二零零二年十一月，頁五三。

[29]同上，頁五六至五九。

問題討論

1.憲法要具備什麼樣的內容才是符合憲政主義的憲法？〈中華民國憲法〉是一部憲政主義的憲法嗎？

2.〈中華人民共和國憲法〉於前言中規定「中國各族人民將繼續在中國共產黨領導下」，請從憲政主義觀點評論之。

3.中國自古有「天、地、君、親、師」的倫理傳統，請與源自西方的憲政主義相比較。

參考書目

曾建元譯訂，〈人權與公民權宣言〔人權宣言〕〉，《民主論壇》，二零零零年一月十四日，紐約：民主亞洲基金會。《民主網》，http://www.asiademo.org 。＝《自由時報美東版》，二零零零年一月十四日，紐約。

董雲虎、劉武萍編著，《世界人權約法總覽》，成都：四川人民出版社，一九九零年十月。

鄒文海，《比較憲法》，台北：三民書局有限公司，民國五十八年六月。

蔡定劍，《中國人民代表大會制度》，北京：法律出版社，二零零三年六月。

Dicey, Albert Venn（戴雪），雷賓南譯，《英憲精義》，上海：上海商務印書館，民國十九年。

Hobbes, Thomas（托瑪斯．霍布斯），朱敏章譯，《利維坦》，台北：台

灣商務印書館股份有限公司，一九七二年二月。

Lane, Jan-Erik（蘭思），楊智傑譯，《憲法與政治理論》，永和：韋伯文化國際出版有限公司，二零零三年十一月。

Locke, John（約翰・洛克），葉啓芳、瞿菊農譯，《政府論次講》，台北：唐山出版社，民國七十五年七月。

Madison, James（詹姆士・麥迪遜），〈對三權分立原理意義之檢討與確定〉，James Madison 、 Alexander Hamilton（亞歷山大・漢彌爾頓）、John Jay（約翰・傑），謝淑斐譯，《聯邦論》，台北：貓頭鷹出版，二零零零年五月。

McIlwain, Charles Howard（麥克伊文），涂懷瑩譯述，《憲政制度論——一個歷史的觀察》，台北：正中書局，民國五十年十二月。

Montesquieu, Charles louis de Secondat（孟德斯鳩），張雁深譯，《論法的精神》，台北：台灣商務印書館股份有限公司，一九九八年一月。

Rawls, John（約翰・羅爾斯），姚大志譯，《作爲公平的正義——正義新論》，新店：左岸文化事業有限公司，二零零二年十一月。

Rousseau, Jean-Jacques（讓－雅克・盧梭），何兆武譯，《社會契約論》，台北：唐山出版社，民國七十六年三月。

現代國家的統治機制

何輝慶

台灣大學國家發展研究所專任助理教授

作者簡介

何輝慶，台灣大學法學博士，現任台大社會科學院國家發展研究所助理教授。著有〈政治文化概念在政治研究上的功用〉、〈不對稱結構下的兩岸談判〉、〈分裂國家的政治性與事務性談判——以1934 年華滿通郵談判為例〉等多篇學術論文。

教學目標

本講題主要從現代民主國家的統治模式中，強調對主體性「人的權利保障與落實」的重要性，從而論述前述目標之配當性組織架構與類型，使學生正確認知政府統治的本質。

摘要

講稿大綱分五大部分。首先界定政府與國家的差異及關係；次就現代政府遂行國家目標的幾個重要特質，如憲政主義、有限政府、結構分殊等；第三部分比較目前存在的中央政府類型：內閣制、總統制、委員制、混合制的內涵及差異；第四部分述說地方政府的兩種不同形式；最後總結現代政府統治與國家發展，應行注意的面向，如責任政治與國家效能、政黨政治與社會民主等問題。

壹、前　言

當人類群居生活需要維持一定的穩定狀態時，國家乃逐漸形成，雖然國家的產生源由有多種因素，如基於歷史的、法律的、功能的、道德的等考慮，但綜合實際經驗看，國家的意義不外是：在一個領土區域內，其人民由一套政治權威所統治，人民要遵行法律規範，國家則有壟斷性的正當力量，來維繫規範的運行，並保障人民的利益。所以我們熟知的國家三要素是領土、人民和主權。

同時國家為了達成統治的有效性，必須有一個組織架構的操作，這個組織便是政府，政府與國家不是同義詞，但它們有相當密切的關係。以下我們分段討論政府和國家的關係、政府的統治特質、政府的類型、政府統治和國家發展等議題。

貳、政府與國家的關係

國家的特質，在它享有壟斷而合法的強制力，而此種強制力的運作，又必須透過政府體制為之，因此常使國家與政府的角色概念產生混淆。

一、政府與國家的區別

就構成要件而言，國家是由人民、領土和主權所構成；政府則是完成國家目的的運作機構，其組成包含處理公務的機關，和機關內任職的人員。

就權力屬性而言，國家擁有主權，此主權有對內之至高性和對

外之獨立性特質；政府擁有的不是主權，而是統治權，統治權來自國家的授予，其運作依照規定受到限制，且須負擔責任。

就其持續性而言，國家為一定持續存在的政治實體，除非受到重大的破壞或不可抗拒之外力，國家之法律人格與實際生存不致中輟，亦不會消滅。政府則為國家設置之官署，它可能依據制度規定而更替，有時也可能經現制以外之途徑而改變。因此，政府的持續可能是有限的，而它的中輟更換，並不意味國家的消失或解體。

就目的內涵而言，國家之目的，包含群體生活經由國家體制所欲達成的各種價值指標。他們有些必須經由政府的運作來達成，如國家安全和社會秩序等目標；但也有些經由限制政府的活動方能達成，如自由目的即屬之。而政府的目的，則是來自國家政治社群的選擇和授予，其受更高價值目的之指導和界定，本身亦無法脫離國家而存在。

綜合上述比較，我們可以看出，政府乃國家意志表示、發布命令，和處理各種公共事務的機構。國家為達成特定目的而有政府，政府則依國家體制運作各項權力；亦即政府之權力來自國家之授予，政府之活動依國家規範進行，而政府追求的目的或價值，亦來自國家體制之選擇（任德厚， 2001: 131~132）。

二、政府統治運作模式

既然政府為國家完成特定目標而有統治權的運作，那麼政府的統治權要如何行使呢？依據美國大衛・伊斯頓（D. Easton）的系統論，認為在國家的大環境中，政治系統是一種結構、過程與制度，其間彼此相互影響，並跨過系統邊界而與環境相作用，以從事社會中價值的權威性分配，來達成國家社會的各種目標，伊斯頓並描繪出圖 1 之關係圖來說明其理論的重點。

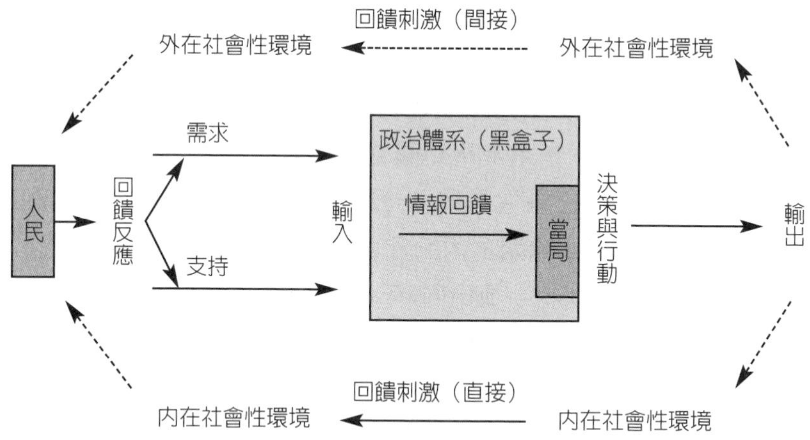

圖 1　大衛・伊斯頓的政治系統模式簡圖

資料來源：陳秉璋（1984），頁 147。

依此圖我們可看出現代政府的統治權行使，並非是個人或獨裁的，他要完成國家目標，當然有決策和行動，但民主社會的主體在人民，人民對政府的施政效率和成果，會有直接的反應，反應的滿意度高，形成對政府的支持，不滿意則形成要求政府改善的需求壓力。需求的表達常透過政黨、工會或壓力團體……來進行，政府對來自民間的壓力，必須有效的處理；一個有能力的政府，必須有「防患未然」的危機處理方式，在人民需求尚未形成前，即事先有應變和處理的對策，藉以滿足人民的需求，以建立政府的威信。如果政府僅是被動的消極處理，當需求造成政府體系過分負荷，而影響人民的權益時，可能會對政府的存在，因失望而導致更替。

所以政府的統治，不但要維持社會的穩定，更要對人民的輸入壓力，產生對策，來滿足人民的需求，以換取更多的支持；因此政府輸出的實質內容，有可能是法規的制頒、福利的佈施、資訊的供給，或公共設施的建造等。而輸出透過內外社會環境，施行於廣大社會，人民對其產生的反應，又回饋到政府決策當局；所以政府的

統治運作，實際上是在輸入與輸出間，經由週而復始回饋運轉的施政過程。因此，現代政府的施政，並非是一種靜態的運作，而是一種配合廣大而複雜環境的動態作爲，在週而復始的動態作爲中（陳秉璋，1984: 150），我們可用圖 2 來表示。

圖 2 的「內在社會性環境」，是指與政治體系屬於相同的社會，而不在政治體系範圍之內的社會和物理環境，包括生態體系（自然資源、氣候、地形、動植物等）、生物體系（人的身體和生理狀態）、人格體系（人的動機、性向、情緒等）與社會體系（文化體系、社會結構、經濟體系、人口體系及其他次級體系），這些內在社會性環境一旦有所變動，常常會影響到政治體系的政府運作，例如當我們的生態環境受到天災的衝擊產生危害時，政府的施政便會思考在對高山開發的方式是否必須修正；而在社會對本土文化關懷加重時，政府的文化政策也須調整，做到對各族群文化的均衡關

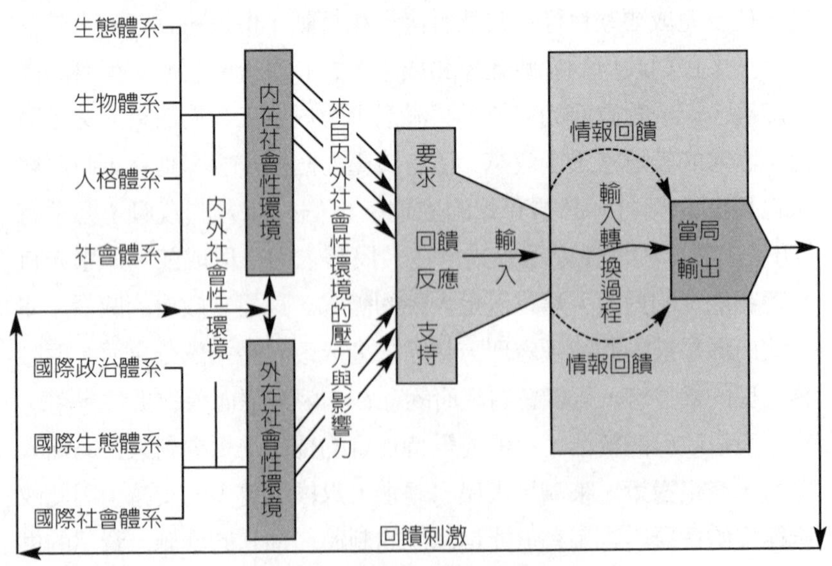

圖 2　政府施政動態運轉圖

資料來源：陳秉璋（1984），頁 151。

注。

至於「外在社會性環境」，是指與政治體系屬於不同社會的國際社會，包括國際政治體系（像聯合國、北大西洋公約組織、歐洲議會、東南亞國協等次級體系）、國際生態體系（全球的自然資源、氣候、地形等）、國際社會體系（可細分國際文化體系、國際社會結構、國際經濟體系、國際人口體系及其他國際次級體系等），這些外在社會性環境，有任何一部分變動時，或多或少，直接間接的會影響到國內政治體系（政府）的運作（陳秉璋，1984: 139）；例如我們要加入聯合國，聯合國對我們的接納態度，會影響到我國政府的策略；又如我國近年加入世界貿易組織（WTO），使得我們透過規範運作，得以有限度的和一些無邦交的國際社會交往，不至於被摒除在國際經貿體系之外。

參、現代政府的統治特質

現代化的政府是國家目標達成的主要機構，而國家的主體是人民，政府只是配合性的運作組織（客體），因此政府的統治權行使也必須符合於「以民為本」的規範，不可本末倒置。故其統治模式，必須遵循下列各點：

一、民意依歸

民主政治即是民意政治。民意雖非全體國民的意見，但它是代表不同之公眾對某一時間內特定問題形成的看法，如台灣民眾對兩岸關係的看法、對國會改革的看法，有些產生較大的一致性，有些則意見分歧，甚至對立，政府施政必須謹慎抓住重點，以為決策之依據。

通常民意的發生到政策的擬定，是由多數之「大眾」、少數之「意見領袖」到極少數之「政治決策份子」交互影響而形成之過程。大眾之意見是量重於質，較少結構性和系統性，較傾向一種流動的心境，但此種心境卻是國是之最後制限，逾此制限或忽視其重要，可能產生政治統治的危機。意見領袖之意見則質重於量，他們不但能抓緊問題，且能提出方案，同時將公眾流動之心境，型製爲系統性見解，故意見領袖乃構成阿爾門（G. Almond）所謂的「質之市場」；政府決策須依民意擬定，同時向「質之市場」推出，如不爲「質之市場」接受，那政策可能尚未掌握眞正民意，以致難以順利推行（羅志淵主編， 1973: 91）。

民意既是施政的重要準據，那麼如何知道民意，掌握民意呢？那就必須有社會環境和法令制度相配合，亦即社會必須是開放而多元的，統治階層和社會間有暢通的政治溝通管道；同時法律也要保障言論的自由，才能使各種民意呈現；當然，在政治文化中，如何塑造民性之「言其所當言」，而不是沉默大眾，這方面也是民意能否眞正展現之關鍵。

二、憲政主義

現代民主國家，多有一部憲法，此部法典規定公民的政治權利，以及政治制度的功能與相互間的權力關係。所有政治的統治權必須依據憲法的規定行之；所以憲政主義（constitutionalism）乃是以憲法爲基礎，規定政治過程與制度，從而構成正式政治制度的模式和社會基本政治規範；藉由憲法的規範，不但規定各部門之關係，也限制各部門的職權，以保障人民的權利。而這些規定與限制，必要時也由若干司法部門來仲裁，如美國的法院和德國的憲法法院對政府法令有所謂司法審核權（林嘉誠等， 1990: 63）。其目的乃是在民主政治多數決原則下，政府統治權來自多數之授予，但

為更嚴密保護國家主體——人民之權益，因之而有另道守護關卡——司法審核權，來制約行政或立法可能的違憲行為。

三、有限政府

在民主政府演變過程中，政治與經濟的關係，曾引起極多的討論；其中有理論認為，沒有經濟自由，就沒有政治自由，故民主政治必須建立在政府不干預經濟生活的前提上；此一論點主要是從個人經濟生活的相對自主性出發，亦即群體生活中，雖有政府統治，但其成員應有維持本身經濟生活的能力，而不絕對受制於特定的權威。

從民主政治的發展初期看，自由經濟制度確曾發揮過可觀的激勵作用；其後民主政治之蛻變，相當程度也來自人們對經濟不公與政治弊端的不滿，因此政治與經濟之關係是相互影響的，而經濟生活合理程度之多元與民主，實乃民主政治建立的重要一環。

由此可知，政府的統治，不但須依憲政規範運行，同時也是有限制性的，尤其近代經濟自由思想興起，強調政府是配合性的客體屬性，不應干預過多的事項，特別是人民的經濟生活方面；於是有限政府之理論成為現代政府之統治特質。

四、結構分殊

現代政府經由制度化的規範施行統治，制度的設計必須依照事務的性質加以分工設職；但早期的政治環境及社會狀態較為單一；伴隨著社會變遷，政府的處理事務面向趨向複雜化，於是政府結構功能亦產生分殊化（differentiation）的結果。

政府組織結構的分殊化，意味著社會中從事政府公務之人員增加。以歐洲為例，早期封建社會事務單純，政府從事之事務有限，

從事政府公務者僅是少數，他們較欠缺專門的知識技能，其職務也沒有明確的保障；然而現代社會，國家爲處理各種新生事務，統治功能擴增，於是從事政府的公務人員也不斷增加，這些公務人員，必須擁有一定的客觀條件與資格，其任職也受到制度和規範的保障，尤其二十世紀中葉以後，政府官員及其雇用之人員，在社會構成上之重要性和比重，均不斷增加。

同時政府結構的分殊化，也導致政府組織對層級與內部控制的強化；亦即現代政府內部分工愈細，必然造成行政組織層級化的結果；同時由此種上下層級的關係，可確保政府統治效力的一致性，而達到統治的預定目標。這種層級化發展更具體的結果，則是現代政府的統治機制，往往以官僚體制（bureaucracy）爲主要的架構（任德厚，2001: 133）。

五、權力分立

前已述及，現代政府統治須以民意爲依歸，而當社會各種民意擴大對政府施政的參與程度時，隨之而來便形成「權力分立」的觀念與制度。

當民意參與逐漸成爲政治事務中不可或缺的要項時，其主要的表現便是透過選舉方式建立代議制度；如此，則政府的構成與作用，乃不再局限於「統治」一事，亦即政府體制不僅是承襲既有統治作用之行政權，也包括了反映民意與監督行政的立法權，現代國家政治事務的處理，乃大多集中於行政與立法互動的關係中。

但現代政府之權力運作，並非僅是行政與立法兩者，所謂權力分立，至少尚需包括司法權。司法權原屬國家統治作用之一，它主要是經由審判以處理爭訟，所以在現代國家的演變中，乃逐步成爲一種「非政治」的領域。此時該領域的法官地位特別受到保障，他們居於超然公正的立場，依法律規範審理各種訟案，以維護社會成

員的權益，來達成群體生活中對於社會公道正義的期盼（任德厚，2001: 133~134）。

所以，現代政府統治的權力分立原則，大都落實在以行政、立法、司法三權爲核心的互動關係中，由於三權互動關係所產生的特質不一，因而產生目前世界上幾種不同類型的中央政制體制。

肆、中央政府的類型

今日世界各民主國家的政府體制，可劃分爲內閣制、總統制、委員制與混合制四個類型。

從概念的基本意涵看，內閣制可說是政治領導與統治作用來自「內閣」，總統制可說政治領導與統治來自「總統」，委員制可說行政權歸於「委員會」，而混合制則需有內閣制與總統制某些特徵的政府體制。

這些政府類型各有其思想淵源和發展軌跡，內閣制主要是指以英國近代政制爲標準，所發展出的政府型態；總統制主要是指美國制憲時設計的政府構成方式；委員制所指的乃是瑞士表現出的政府組成經驗；混合制的具體構成雖有差異，但一般是以法國第五共和的憲政體制的運作爲標準（任德厚， 2001: 276），我國行憲後的憲政運作也較偏向混合制。**圖 3** 則是這四種類型之形成時間簡圖。

圖 3 所顯示的，內閣制是十七世紀至十九世紀間英國政府制度演進的結果，到十九世紀中葉，英國的兩黨制度確立，才有明確的責任內閣制。而美國制憲建國時，尚未有今日的議會內閣制，故其制度主要是綜合孟德斯鳩（Baron de Montesquieu）三權分立學說、十六世紀清教徒移民美洲時認知的英國都鐸王朝重要政制，以及其後殖民地議會對抗總督的記憶，因此美國總統制未將國家元首與行政首長分開，行政與立法相互運作中，也無不信任和解散權的設

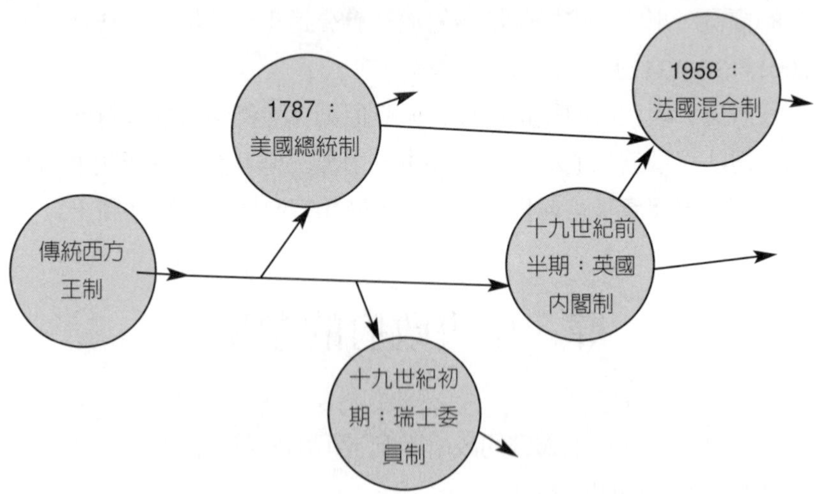

圖 3　四種民主政府類型形成時間簡圖

資料來源：任德厚（2001），頁 277。

計，亦即內閣制和總統制雖出同源，但因歷史經驗與環境的差異，產生不同的運作結果。委員制出現的時間，稍晚於總統制，原來瑞士小邦於中古世紀已有直接民主習俗，後來法國大革命時盛行的理念由拿破崙帶入，形成其行政由行政委員會負責，國會地位雖高，但一切法律均可由人民以創制複決方式改變之，具體表現出直接民主的制度。至於混合制，以法國爲例，因其自推翻王政後，前四個共和常搖擺於強人政治（總統）與極端議會民主之間，到 1958 年年初政局不穩時，戴高樂改變過去體制，設計了混合制，進入第五共和，他一方面設計總統擁有確保秩序的權力，對人民負責，另方面保留內閣處理日常政務，並能由國會以不信任投票倒閣的監督機制（任德厚， 2001: 278）。

至於這四種類型的運作特質，我們以任德厚教授所著《政治學》書中的圖形來加以說明。

一、內閣制（圖 4）

英國內閣制的運作，由人民選舉國會（下院）議員，選出方式以單一選區簡單多數當選為原則，此舉較有利大黨。國會的多數黨通常是擁有過半數席次，不必聯合其他小黨組成聯合內閣，因此多數黨領袖組閣即是內閣制的特質之一；由國會多數黨組成的內閣，其行政首長（首相）由該黨黨魁擔任，閣員亦由行政首長找尋；內閣閣員大都兼任國會議員，可以出席國會參加辯論和表決；內閣和國會的關係是既結合又相對抗，但透過政黨運作，串聯效果較明

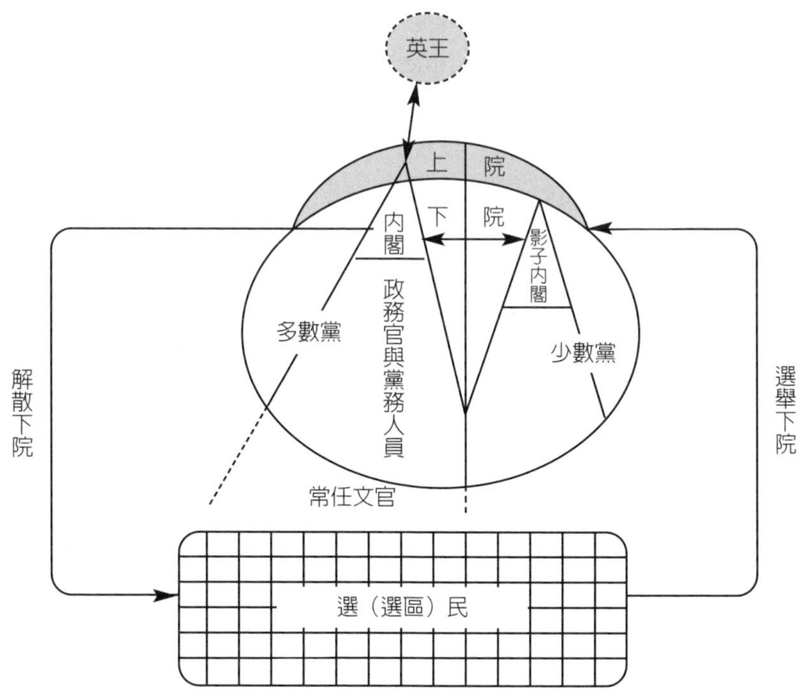

圖 4　英國內閣制

資料來源：任德厚（2001），頁 281。

顯；而兩者透過不信任案或解散權的運作，可使政局較不易陷入僵局；當多數黨主政時，在野黨一方面代替人民監督政府，另方面組成影子內閣，以備執政黨一旦垮台時，可以立即接任，同時也顯示在野黨負責且有執政的企圖心，這種影子內閣的精神，值得我國學習。另外高高在上的國家元首（英王），是統而不治，象徵性的虛位元首（titular head），只有些許的被諮詢或特殊環境時的激勵作用（如戰時）。

英國內閣制的優點是，行政立法打成一片，行政效能可以發揮，政局調整較為敏銳，出現政治僵局機率較小；但好的內閣制，須有一定條件環境的配合；條件不同時，可能出現獨裁或政潮起伏（如法國第四共和時期）之弊端；同時其他內閣制國家的運作內涵，有些也和英國不盡相同，如德國為調適其特殊的政黨狀況，而有建設性的不信任投票（constructive vote of no confidence）設計，即是一例。

二、總統制（圖 5）

總統制的特徵大部分和內閣制不同，美國的總統制，其總統的身分是兼有國家元首與行政首長，並獨享行政權，閣員對總統負責，和內閣制的內閣對國會負責不同；人民透過選舉直接選出總統和國會議員（美國總統形式上間接選舉，但具直選意涵），所以總統的行政權和國會（參眾兩院）的立法權，各依憲法規定行事，相互對抗、不相統屬，也不能串聯。閣員身分不得兼任國會議員，也不能出席國會（可出席國會委員會及聽證會），因之無法為其政策面對面的辯論。總統和國會不能運用內閣制的不信任案或解散權來解決政治僵局，僵局發生時只能彼此忍耐，俟各自任期屆滿，才由人民改選來裁斷對錯，但某方面人員有具體的違法失職行為時，可由國會依彈劾權加以懲處去職。另外總統制中，不但行政和立法不

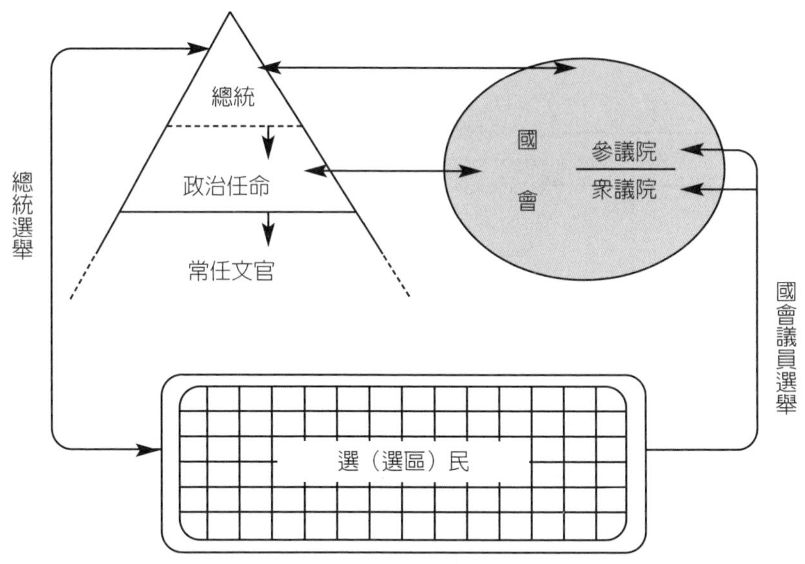

圖 5　美國總統制

資料來源：任德厚（2001），頁 281。

能串聯打成一片，因爲奉行孟德斯鳩三權分立學說，所以行政、立法和司法之間有相當嚴格的制衡關係。

美國總統制的設計，表面上較不易解決僵局，但此一缺點，在美國民主的容忍妥協精神下，透過「協調以達統治」（government by coordination）的機制，倒也使政府運行順暢；不過其他模仿美國總統制的國家（如拉丁美洲國家），由於沒有美國的民主素養或文化輔助，常使缺點擴大，造成政局動盪不安。可見制度的好壞不是絕對的，須有配合的其他因素，才能發揮制度的效果。

三、委員制（圖 6）

瑞士委員制的特徵是表現直接民權，所以只有在小國寡民，而且民主素養高的地區，才能施行。

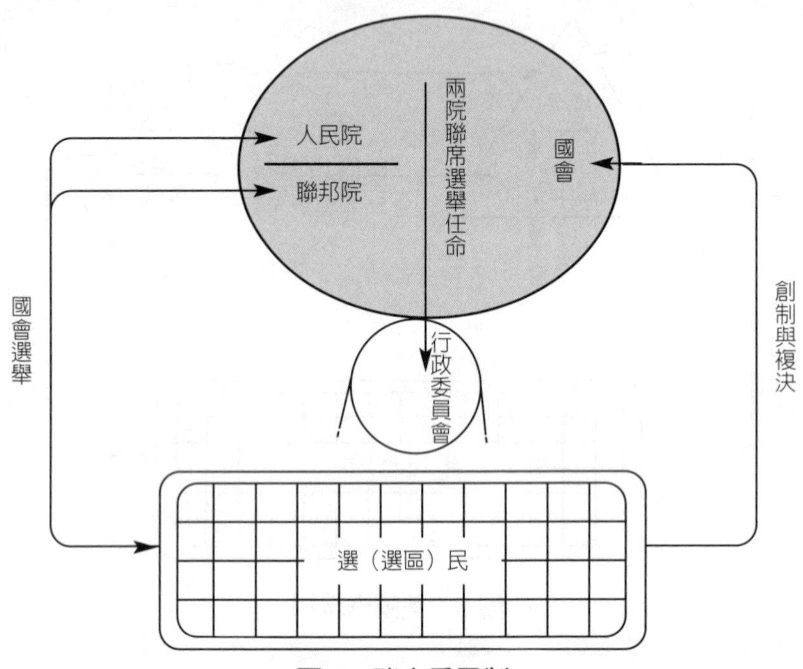

圖 6　瑞士委員制

資料來源：任德厚（2001），頁 282。

人民可以運用創制、複決權控制議會，議會又可控制主掌行政權的委員會，所以委員會權力很小（不同於內閣制的內閣、總統制的總統，均凸顯其大的行政權），但其委員會強調的是專家治理，防止公共事務過度政治化。

掌理行政權的聯邦行政委員會，由國會兩院聯席會議選出，委員七人來自不同各邦，且不得爲議員或法官，委員會成員各兼部長，但政策由合議制集體決定並執行，委員會隸屬在國會之下，兩者既不分離也不對抗。此一制度和內閣制、總統制均不同。其優點在可防止行政專制，但缺點則責任不明，故其施行須在特殊的政治環境區域爲之，仿效此制者，目前十分不易。

四、混合制（圖 7）

法國第五共和混合制，主要是鑑於第四共和內閣制的行政權薄弱、內閣更替頻仍、政局不穩的弊端改革而成，其改革的重點，除保留原有內閣制的基本運作外，同時強化原屬虛位元首的總統，使其產生之過程具有民意，來建構其權力正當性合法基礎。由於國家元首的總統和行政首長的總理均有民意支撐，也各擁權力，所以此制有人稱為「雙首長制」，有別於內閣制與總統制的掌權者均是「單首長制」，但因總統與總理的權力分工，在法國似乎總統較重，因此有學者以「半總統制」名之。

總統由選民直選產生，必須過半數當選，如第一輪無人過半數時（事實上至今無人第一輪過半數當選），取得票前二名，於二星期後決選，此即兩輪投票制（目前我國採一輪投票比較多數當選

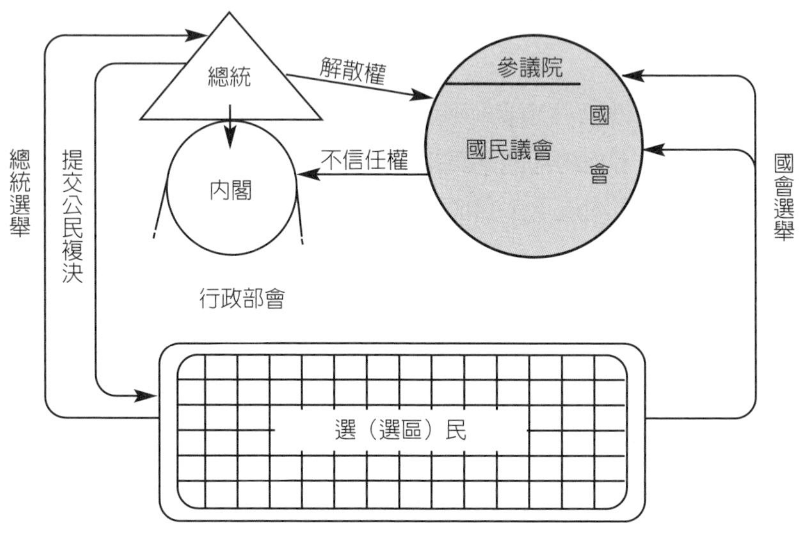

圖 7　法國第五共和混合制

資料來源：任德厚（2001），頁 282。

制）。總統有召開國務會議、發佈緊急命令、解散國會、提交公民複決等運作權力，所以政府決策分兩個層次，即總統界定基本秩序，內閣負責行政；總統對全民負責，內閣對國會負責。

由於內閣對國會負責，內閣之施政須有國會之多數支持方可順暢，故總統之所屬政黨和國會之多數黨（或集團聯盟）相同時，總統對行政有較大的影響力；但國會的多數和總統不屬同一政黨（或聯盟）時，依過去慣例，總統須任命國會多數支持的人組閣，形成左右共治（cohabitation）現象，目前已出現三次左右共治。而左右共治可能導致政策較大的對抗或僵局，但法國在三次左右共治中，卻使得不同的意識型態有相融合與交流的機會。

我國在民國八〇年代以後，經過七次修憲（即憲法增修條文），相當程度模仿法國第五共和體制，但法國制度背後的一些運作經驗和精神，似亦值得我們去研究和注重。

伍、地方政府的形式

若干區域性公共事務與服務，由區域性部門所負責執行與管理，負責這些事務的部門稱爲地方政府。各國對於地方政府的職權與功能，有不同的規定，其形式可分二大類別。

一、單一制

單一制國家，權力集於中央，地方政府自治權較低，地方政府權限來自中央政府的授予，地方政府在法規下有若干自由裁量權；大多數地方事務由地方政府管理，但若干地方事務（如地方司法業務），仍由中央政府在地方的分支機構管理。

例如我國地方制度屬單一制，在憲法第十一章有專章規定地方

政府的層級、組織及職權；另外第十章亦涉及地方制度的規定，主要是說明中央與地方權限的劃分，此章共有五條（107-111 條），第 107 條是純粹中央事項，第 108 條是中央與地方共管事項，第 109 、 110 條是地方自治事項，第 111 條是未規定之補充事項。

我國地方政府，如與中央政府體制相比較，也可能有類似總統制、內閣制或混合制的設計。如地方行政首長由當地人民直選產生（地方制度法第 55 條第 1 項），地方政府的行政權由民選地方行政首長掌握，只有部分人事任命權受到法律限制（地方制度法第 55 條第 2 項）；而地方議會亦由當地人民直選產生（地方制度法第 33 條），行使立法權、預算議決權等；地方府會之互動也有類似覆議規定（地方制度法第 39 條），這些均傾向於總統制的運作。另外地方議會對地方政府的質詢制度，則傾向內閣制的運作（地方制度法第 48 條）（林子儀等， 2003: 398）。

二、聯邦制

聯邦制國家，地方政府的自治權較高，中央給予地方甚多的權限，讓地方與中央共同行使國家權力，且保留自主自治的權限（陳新民， 1999: 397），有些權限，中央政府尚不能干涉，如美國、德國、瑞士等國家。此制之優點大體有：

1.可依地方人民需要，採行切實有效之政治措施。
2.地方人民自治，養成人民參政興趣，強化民主政治。
3.地方人管地方事，關係密切，自能熱心服務，促進地方發展。
4.地方官吏民選，對人民負責，須隨時體察民情，較無獨斷專橫之虞。

但此制亦有缺點如下：

1.各地我行我素，法令規章混亂不一，造成各自爲政局面。

2.較易形成地方褊狹觀念，國家興革有時難期一致。

3.地方權力易爲少數富豪或派系所操控，如果腐化，對地方利益反而不顧（謝瑞智， 1991: 164）。

陸、現代政府統治與國家發展

韋伯（Max Weber）將統治模式分爲三種型態，這三種型態的不同是基於各自的正當性信仰，其內容簡要分述如下：

1.傳統式統治

此種統治係基於一種日常的合法性信仰，這種信仰認爲傳統具有神聖性，生活在這傳統之下的人，對於與傳統有不可分關係的首領，有著習慣性的服從；其管理幹部與首領之間，沒有官職上的關係，只有個人間的主僕關係。

2.首領魔力式統治

此種統治之正當性，是以對一位超凡的神聖性格、英雄能力或典範人物的一種無條件獻身精神爲基礎，從而連帶信仰這個人物所支配或創造的社會秩序，這個超凡人物就稱「克力司馬」（charisma），如先知、祭司、狩獵首領、戰爭英雄、教條理論家等，現代民選政治領袖，依其個人魅力，也有成爲「克力司馬」的可能。

3.合理式統治

此種類型又稱合法式統治，其正當性是基於對合理所建立之秩序的信仰，同時也是對行使權威者具有合法性的信仰；合理式統治與前述兩種統治型態皆不相同，合理式統治與人的因素不發生關聯，亦即，人們服從的對象乃是非人身的權威，從權威的掌握者而言，其行使權力，與個人天賦、血緣及財產關係無涉，而是以形式上的合法性爲依據，服從對象可稱之爲形式上的法，這個法表現於

成員的一致合意，或者像國家的成文憲法；此種統治，韋伯又稱之爲「有官僚化管理幹部的合法性統治」（吳庚， 1993: 62~70）。

由上述三種統治型態，我們可以認知，現代化國家已由傳統式統治、首領魔力式統治，走向合理式統治，當然前兩種統治型態，在現代社會中有時也會含混在合理式統治的外衣內運作。但無論如何，合理式統治是現代國家的必要統治模式。在此模式下，欲求國家發展，我們認爲責任政治與政黨政治之運作是否良好，是成敗之關鍵。

一、責任政治與國家效能

民主政治亦是一種責任政治，政府由人民同意授予統治權，其統治的目的是要展現國家效能——達到促進人民福祉爲目標，而非爲自己擴權，逞其私慾，不顧大眾利益。因此，現代政府統治，首重政治責任，責任須從心理上的自我約束，擴衍到行爲上的忠誠服務；任何政府施政須有積極心態，防患未然的準備；政治責任的標準，不是消極的對施政違失之追究而已，現代社會環境變遷快速，人民需求品質日益提升，政府運作須隨時思考可能的危機處理，施政效能不能馬虎，像某些天災的損害，平常就須研擬長短期預防措施，臨事推託即是失職，就須負政治責任，如此，國家效能才可有效發揮。

二、政黨政治與社會民主

現代政治運作，政黨是居於人民與政府間的媒介，政府將人民繁雜的意見彙整，成爲該黨的政綱政見，在平日或選舉中對選民公開訴求，政綱政見與多數人民利益一致者，必獲致多數支持而入主政府，將其政見變成施政政策，回饋給人民，以符民意政治的原

則。

但政黨除了有彙集民意的功能外，尚有宣傳觀念及監督的作用，這些均是民主社會所亟需的。但政黨相互競爭間，須依一定的規範和風度，亦即政黨以理念和能力競爭，而非以意氣和謾罵抗衡；尤其是政黨具有教育的功能，更須自我約束，作選民之導師，使社會民主成熟發展，而不致造成社會對立不安。

當然，政府統治之良窳，除了責任政治與政黨政治之課題外，主政者之胸懷和人民的民主素養亦有相當程度的影響；在多元的民主社會中，透過各種教育體系的有形無形薰陶冶煉，對政府統治品質之提升，恐怕是較有效而且是必需的管道。

問題討論

1.現代政府的統治特質中，因環境等客觀因素影響其施行效果，台灣在這個問題上是否也受影響，影響的內涵爲何？

2.內閣制與總統制的重大差異爲何？我國目前施行的制度屬於何種體制？未來較爲適合我國運作的體制爲何？請列舉實例說明。

3.政黨具有哪些功能？我國民主化過程中各政黨間的互動是否成熟？有哪些值得關注或改進之處？

參考書目

Dahl, Robert A. 著，易君博譯（1977）。《現代政治分析》。台北市：幼獅。

Shugart, Matthew S. & Carey, John M. 著，曾建元等譯（2002）。《總統與國會：憲政設計與選舉動力》（*Presidents and assemblies: Constitutional design and electoral dynamics*）。台北縣永和市：韋伯文化。

任德厚（2001）。《政治學》。台北：三民。

吳　庚（1993）。《韋伯的政治理論及其哲學基礎》。台北市：聯經。

呂亞力（2003）。《政治學》。台北：三民。

林子儀等（2003）。《憲法：權力分立》。台北：學林文化。

林嘉誠等（1990）。《政治學辭典》。台北：五南圖書。

陳秉璋（1984）。《政治社會學》。台北：三民。

陳新民（1999）。《憲法學導論》。台北：三民。

劉振強（1999）。《大法官會議解釋彙編》。台北：三民。

謝瑞智（1991）。《憲法大辭典》。台北市：地球。

羅志淵主編（1973）。《雲五社會科學大辭典——政治學》。台北：台灣商務。

民主政治、政治文化及民主的價值

楊泰順

中國文化大學政治研究所教授

作者簡介 楊泰順，國立政治大學政治系畢業，美國印第安納大學政治所碩士及博士。曾任教國立政治大學政治系及代表台北縣擔任第十屆省議會議員。現任中國文化大學政治研究所教授，並兼職台灣著作權保護基金會執行長、美國研究學會理事長、中國人權協會常務理事。

教學目標 台灣自威權體制轉型為民主政體，時間仍然相當有限，由於民主法治教育未能同步紮根，許多國人對民主的認識，若非受到誤導便過於理想化，造成民主實踐充滿了許多變數。基於對人性的不信任，憲政民主以重重關卡限制政府濫權，但同時也對人民干擾施政，設定有預防的措施。做為一個現代公民，不僅對政府的作為應注意監督，也不應迷惑於人民頭家，而逾越了法治界線。在國家推動改革的過程中，國人必須更明確的認識民主政治的核心目標與設計原則，才不至於受到掌權者的愚弄，成為他們追求私利的工具。

摘要 民主政治為西方文明的結晶，內涵多樣而複雜，由於希臘、羅馬與基督教文明的傳承，使西方思想家在多元本質的社會中，發展出平等精神、兩元制衡與憲政主義的基本框架。在此一框架下，十九世紀的自由主義思潮，揭櫫了主權在民、權力分立與保護個人基本權益的民主核心價值，使民主政治的發展有了奮鬥的目標。而為了達到這些目標，學者們又陸續的歸納了憲政主義、民主選舉、地方分權、正當法律程序、司法獨立、有限總統權、活潑媒體、保障利益團體、資訊公開、保護少年權益與文人掌控軍隊為落實民主理想的重要設計原則。這些原則或許不見得符合行政效率的提升，但如果明瞭實施民主體制的利處，這些表面效率的犧牲便顯得微不足道，因為只有民主才能為地球村帶來更為繁榮安定的長遠發展。

壹、民主的普及化

「自由之家」(Freedom House) 是前美國總統夫人 Eleanor Roosevelt，於六十餘年前所成立的國際人權組織，其宗旨在監督及鼓勵各國的民主發展與自由保障。該組織於 1972 年邀集專家學者，依據「政治人權」與「公民自由」的重要內涵，編制了兩套簡約的指標，並由次年起依據這兩項指標，評估世界百餘個國家的民主與自由狀況。三十餘年來，該組織針對各國人權自由狀況所做的評估，已成了許多傳媒與學者檢視一個國家是否屬於民主的重要依據。依據該組織所發表的評估報告，1973 年全球有 150 個國家，其中被評定爲完全自由的國家爲 43 個，部分自由國家爲 38 個，不自由的國家則多達 69 個。同樣的調查在 2008 年卻有相當不同的結果，依據該年對 193 個國家與地區的評估，被評定爲完全自由的國家已增加爲 89 個，部分自由的國家爲 62 個，不自由的國家則減爲 42 個。光就數字觀察，顯然自由民主的發展，三十年來已成爲人類社會一項共同的趨勢[1]。

民主既然已是人類社會的共同趨勢，不同理念的論辯空間自將受到限縮；在缺乏不同觀念的刺激下，民主的普世化或將使得歷史失去了推進的動力。學者 Francis Fukuyama 因此斷言，當民主成爲全人類的共同憧憬後，人類歷史將因民主的勝利而終結。但值得我們深思的是：民主是什麼？不同地區與不同文化的人，所憧憬的民主又是否相同？要由二十餘個指標數字來判斷各國的民主化程度，便必須具備一個前提假設，亦即我們對這個名詞的內涵有一個共同的認知。但遺憾的是，此一共同的認知其實並不存在。故而，在「民主國家」的計算上，許多學者與 Freedom House 便存在若干的差異。例如，民主理論大師 Robert Dahl 在 1969 年所計算的民主國

家為 24 個[2]；G. Bingham Powell, Jr.在 1982 年的著作中則表示全球有 30 個民主國家[3]；而 Arend Lijphard 在 1999 年統計有 36 個國家符合他的民主要件[4]。換言之，如果我們不能先釐清「何謂民主」，便等於讓研究者憑著自己的主觀來定義國家的民主狀況，學者間的觀點淪為各說各話的窘境。

貳、缺乏權威詮釋者的民主政治

然而，釐清民主的內涵卻非從表面上看來那般容易。學者研究發現，當民主這個名詞在西元前五世紀首度出現時，當時它的內涵便已頗具爭議性[5]。而在整個理念的發展過程中，它也從未依附或與任何一種教條結合，幾乎任何人都有權利，憑依自己的主觀詮釋「民主」的內涵。在近代的各種政治思潮中，民主思想的發展可謂最為獨特。因為無論是法西斯主義、共產主義、甚或是中國的儒家思想，研究者總不難找到幾位知名的詮釋者，為這些思潮的架構或內涵，提出權威性或代表性的說明，使得相關的論辯可以在確定的框架內進行。但民主政治則不然，回溯整個理念發展的歷程，不僅看不到權威性的「民主導師」，甚至連那些曾被公認為民主發展的重要思想家，民主信念也常受到質疑。

例如，馬基維利將政治與道德分離並強調人民參與的重要性，對後世民主思想有極大的啓發，但我們所熟知的他卻是個權謀野心家[6]。霍布士主張眾生平等與個人選擇權，鋪平了民主理論的溫床，但他卻也同時是個專制威權的辯護者。洛克的天賦人權說，掀起了自由民主主義（liberal democracy）的浪潮，但他打壓非新教徒的主張，卻很難讓人感受到民主的寬容[7]。盧梭主權在民的觀念曾經影響美國與法國的革命，但他主張個人應該屈從群體意志，卻使他成為近代馬克思極權主義的最佳化妝師[8]。如果連這些民主導

師的民主信念都還存有爭議，那麼今天大家朗朗上口的民主，究竟又該由誰來詮釋？

「民主」缺乏明確的架構與內涵，是造成民主實踐難以被客觀評價的主因。但缺乏共同認知的內涵，並未妨礙這個名詞自二次大戰以來便被人類社會當成神明般地膜拜；內容儘管誨澀，「民主」卻一直代表著進步、榮耀的褒揚。如同我們在廟寺所見，參拜者雖然動機、行爲、道德大相逕庭，卻都能從膜拜同一神祇各取所需。David Held 指出，「民主」在現代的政治領域中，已經被人視爲一種「合法化的煙障」(aura of legitimacy)，儘管政治體制南轅北轍，但它所象徵的至善境界，卻使得所有執政者都必須憑藉它來鞏固政權。故而，一個現代人，無論政治立場是左或是右，恐怕最不能忍受的，便是被人說成「反民主」[9]。正因爲如此，各方勢力也更不願看到這個名詞被清楚界定。有位學者指出：「民主缺乏共同認可的定義，原因之一便是任何釐清此一觀念的嘗試，必然受到各方的抗拒。許多自稱民主的權勢者擔心，如果這個名詞有了清楚的定義，他們便無法再隨性的使用這個[等同進步、光榮]名詞。」故而，一個有趣的現象是：儘管今天有許多人反對民主，但他們卻常是「躲在民主之後，借民主之名反對民主」[10]。在這樣的情形下，民主的內涵自然越發隱誨，甚至一些專制國家也常厚顏地自稱「人民民主」，讓這個存在兩千五百年的名詞，越發難以界定[11]。

缺乏明確的共識，使學者不得不承認，民主理論「並非一個，而是很多個理論」(There is no democratic theory — there are only democratic theories)[12]。而這些理論彼此間卻又相互衝突甚至敵對，所謂的「民主理論」只是這些衝突理論妥協下的結果[13]。民主既然是「一群[衝突]觀念的妥協」，當然任何人便可擷取對其有利的部分，並誇大之爲「民主的眞義」，使得民主一詞這些年來已有被濫用的傾向。爲了避免混淆，有些學者甚至拒絕使用「民主」一詞來描述相關的體制運作[14]。而 Giovanni Sartori 更痛心地表

示，「民主實踐的錯誤，正因爲被錯誤的民主觀念所誤導」（wrong ideas about democracy make a democracy go wrong）[15]。

參、民主：西方文明的同義字

任何理念能影響人類社會達數百年，必然有其豐富的內涵，缺乏權威的詮釋者，絕非意味民主不具備共同認可的原則。民主觀念的內涵所以如此分歧，因爲它的發展乃鑲嵌在西方的文明之中，屬於西方生活不可分割的一部分[16]。文明與生活均爲一種動態的指涉，其內涵因地區、文化、時間、甚至語言的不同而增加不少複雜度，民主既鑲嵌於西方的文明之中，當然便很難將其界定於一個固定的框架內。Held 因此指出，民主的內涵屬於一個「恆動的歷史」（active history），其「觀念的軌跡充滿驚奇，而其體制的發展則讓人困惑」（The history of the idea of democracy is curious; the history of democracies is puzzling）[17]。

本身既是一個「恆動的歷史」，發展的軌跡也非可以預測的線性關係，無怪乎民主政治缺乏權威的詮釋者。既是從生活實踐中所發展出來的理念，民主的內涵便是由許許多多學者、法官、律師、牧師、政客、公務員、理想主義者等，經過長時間的互動與衝撞，所累積而成的知識。問題是，思想不可能爲了衝撞而去衝撞，社會如果不存在多元化的環境或架構，成員也不可能因爲珍愛一己的信仰，而與他人產生衝撞，進而迸出思想的火花。如同 Held 所說的：「民主制度乃是經由綿密的社會鬥爭（intensive social struggle）所發展而成。」[18]而容忍多元與衝突，使社會不致在鬥爭中裂解，文化的影響便不可或缺。由此，我們觀察到政治文化對民主理念的影響，從而也體會到缺乏類似文化的東方社會，所必然面對的民主化難題。

誠如我們前述所提及的，文明的發展有其時空的特殊性。如果民主理念確實是西方整體文明的結晶，其理路發展與西方文明同壽，便等於假設在詭譎多變的發展歷程中，有些與民主相關的觀念，曾縱橫兩千五百年而未曾遭逢本質上的否定。換言之，雖然西方的政治體制，歷經了早期的希臘城邦民主、羅馬的帝國擴張、中古的神權思想、文藝復興的城邦共和、大航海時代、民族國家興起、與近世的民主發展，但有些影響民主的基本價值或觀念，並未隨這些體制的變革而受到排斥。它們或因無法見容於權勢者，而被迫潛藏於社會的底層，但卻未消失而只是伺機而動[19]。Harold Berman 在檢視西方文明的發展後，便做了類似結論：「[古典文明]對西方社會的主要影響，乃來自於它們的再發現、再詮釋、與對古經典的肯定」（rediscoveries, reexaminations, and receptions of the ancient texts）[20]。亦即，民主的發展只是「再詮釋」西方既有的觀念，而非創新。

學者認為，形塑西方文明的三大支柱，乃為希臘、羅馬與基督教。由這三個思想體系所發展的諸多觀念中，多元的社會認知、平等的人際關係、兩元論的制衡結構與憲政主義精神等，被認為與西方民主政治的發展有極密切的關聯。

一、多元本質的西方社會

中國的政治哲學視「國」為「家」的自然演化結果，所謂「國者家之積也」，指的便是這個道理。由於有親情與倫理的維繫，家庭生活在儒家看來，自然是和諧而溫暖，否則便是有人破壞了綱常。是故，如果希望政治井然有序，便應參考家庭的運作，將之擴充到非自然形成的政治關係。因此，依儒家的見解，「不好犯上而好作亂，未之有也」，「齊家」與「治國」並無二致，而家既是透過倫理維繫，治國當然也必須以「禮」而不能用「法」。更重要

的，家既然存在一元化的權威，國家秩序當然也必須「定於一」；在一元化的倫理關係下，天地君親師各有定位，「名不正則言不順，言不順則民無所措手足」，國家或政府的目的，即是爲了維繫這些名分的差異，所謂「政者正也，子率以正孰敢不正？」西方漢學家因此指出，「表面上看似不相容的現象，卻強調其內在的統一性」，乃是儒家思想的一大特徵[21]。

但類似「一元化」的思想，在西方社會卻似乎從未形成主流。古希臘因爲特殊的地形，形成許多以獨立城邦爲單位的政治體；由於各邦規模不大，希臘人並不需要藉由官僚來維持秩序或整合群體。對希臘人而言，更重要的是如何凝聚「社群精神」（communal spirit）以作爲區隔各邦的依據。要凝聚社群精神，自然便應該讓人民有參與公共事務的機會，而爲了讓這類參與具有實質的意義，公民大會（Assembly or Ecclesia）便必須尊重每位出席者表達意見的權利與公平的決策地位，「公民自由」（civic freedom）觀念因而在這個現實的需求下成形[22]。

允許每個人自由表達意見，當然便凸顯了觀念的差異；而爲了讓一己的意見能成爲城邦的決策，結合派系爭奪公民大會的主導權，便成爲希臘民主屢見不鮮的場景。爲了避免這類發展傷害社群精神的形成，希臘人只有培養坦然的態度，承認多元意見乃是社會必然的現象，參與者必須學習與多元衝突的意見共處，否則城邦將難以爲繼。必須特別說明的是，認知多元社會的本質並非只是「容忍」不同意見，因爲「容忍」多少還是認定唯一眞理的存在，但若能從本質上「肯定」社會的多元化本質，則使人更能以平常心謙虛對待不同的意見。

爲使權力的競爭不致撕裂整體，希臘人則仰賴法治觀念，將多元競爭約束在一個可以預期的範圍內。由於法律是由全部公民在公民大會上所參與訂定的，服從法律便如同服從自己，統治者與被治者的界限因而不復存在，社群精神也就不致因法律的執行而破壞，

使得公民自由得以與法律的限制並存，所謂「法律下的自由」（freedom under law）觀念開始在西方孕育[23]。

希臘的城邦民主最後雖然因爲被征服而告終，但其所發展出對社會多元化的理解，卻已深深的影響了西方人的思維，刻畫出東西文化差異的根源。隨後的羅馬雖然建立了大一統的帝國，但疆域內的多樣化卻使得羅馬人更能體會「法律下的自由」的重要性，不僅尊重多元，也將法治觀念推到極致[24]。十三世紀的 Thomas Aquinas 雖然試圖建立一元化的權威觀念，但神聖羅馬帝國的分崩離析，等於證明了是項理想與現實的脫節[25]。當馬基維利在十五世紀直言：「自由的基礎乃建立於衝突與差異」[26]，我們已可感受到多元認知在西方的根深蒂固，及其對後世民主的深遠影響。

二、平等的人際關係

上述對社會多元本質的認知，事實上已蘊涵了有關「人際平等」的理解。希臘城邦的公民所以服膺公民大會的決議，便因大會平等的對待每一位參與者。每位公民既然都具有同等的決策權，群體決議便自然的包含了自己的意志，就算決議對自己不利，邏輯上也等於是自己的決定，當然便有遵守的義務，此一思維使得雅典的直接民主因而可行。反過來說，也正因爲尊重每個人的平等地位，社會的多元本質乃成爲希臘公民必須面對的現實，民主的精神也才有孕育的機會。多元主義思想家 Dahl，便因此特別強調平等地位爲民主發展的根源[27]。

在堅持平等原則的前提下，希臘人最爲詬病的，便是公民缺席放棄參與的機會。因爲公民若是缺席未參與決策，則大會的決議便等於是旁人的決定，而非「自己的決議」，統治者與被治者的不平等關係也於焉形成。希臘政治家 Pericles 因此在演說中斥責那些缺席者，不夠資格作爲社區的一份子[28]。Pericles 所以如此氣憤，

Held 指出，因爲「平等在希臘是構成自由的實踐基礎與道德基礎，沒有平等，雅典將不可能有自由存在」[29]。Held 這句話也點出，平等是自由的先決條件，此一觀念對後世的馬克思顯然有很大的啓發，他強烈認爲經濟不平等的政治自由，等於提供資本家明目張膽進行剝削的機會，不能算是民主的實現。

由於平等只及於城邦公民，平等主義的宣揚便等於埋下了城邦民主崩解的因子，因爲具有公民資格的居民希望併吞其他城邦，藉奴役其人民佔有其財產而獲利；但不具平等權的外國人或奴隸，在平等主義的薰陶下，當然對現狀日益不滿，連帶造成城邦統治的正當性受到質疑。此一狀況，讓古希臘的歷史，宛如一場城邦間無止境的爭鬥，耗盡了所有希臘人的財力與精神[30]。

但平等的概念並未隨著希臘的覆亡而埋入故紙堆中，繼希臘而起的羅馬帝國，不僅承襲了平等的精神，甚至還突破希臘人的城邦界限，使被征服地區的人民也能夠享有平等的對待，「法律下的自由」概念在羅馬時期因而被推向了另一個巔峰。而爲了處理更爲多元的帝國統理問題，羅馬人也需要更爲精確與包容的法律體系，平等概念進一步推升了羅馬法學的研究，使羅馬出現了希臘所無的專業法律從業者，對西方文明的影響難以估計[31]。

一個宗教能被社會廣泛的接受，必然因爲其教義與社會的主流價值有一定的契合。基督教能夠在西元一世紀以後興盛於羅馬帝國，也是因爲教義能與當時社會主張平等的主流價值相互呼應。根據 Frederick Watkins 的分析，基督教將「基督王國」與「世俗王國」明確地劃分，使「人類的救贖」與複雜的政治糾葛脫離，讓多元本質的社會與不同階層的人，可以接受同樣的一個神祇[32]。換言之，在傳播一神論福音的同時，基督教並不急於統一俗世的多元價值，單一眞神與多元本質的社會實際上的相知共存的。

在平等觀念上，基督教義反而更進一步的強化了希臘人的傳統。基督教認爲，人不分貴賤，在上帝之前皆爲平等，死後也同受

最後的審判。此一平等的概念，呼應了希臘與羅馬的主張，但俗世所賴以整合分歧個人的是法律制度，在上帝國度則是唯一的神與自然法。平等的主張雖在中古黑暗時期受到壓抑，但在馬丁・路德發動宗教改革運動後，又再度獲得彰顯。由於強調人皆可以直接與上帝溝通，宗教改革運動等於又為往後強調平等的啓蒙運動，進一步奠下了良好的立論基礎。

三、兩元論的制衡結構

希臘城邦實踐民主的一大盲點，便是「誰來監督多數濫權？」這當然也包括誰來監督受到多數擁戴的權勢者。如果無法解答此一盲點，民主一詞便如十八世紀前許多思想家所質疑的，只是「暴民政治」的同義字。幸運的，由於基督教義所發展的「兩元論的制衡結構」，使得此一困局獲得解決，否則也許民主迄今仍然只能存在於烏托邦的世界中。

在初民社會，政治領袖常藉助宗教的神秘力量來鞏固專權地位，故而由官方負責宗教儀式的主持，乃成為普遍的現象，如中國皇帝主持祭天大典便為熟悉的例證，但政教界線也因此趨於模糊。基督教的出現，使得西方社會成了這個普遍現象的例外。由於強調「上帝之事歸於上帝，凱撒之事則歸凱撒」，基督教的信徒相當排斥參與官方的宗教禮拜，許多人因此受到迫害，甚至犧牲生命。但正由於教徒的堅持，當基督教成為羅馬國教以後，兩元論思想便在西方社會形成牢不可破的概念。 Watkins 指出，此一獨特的「社會兩元論」(social dualism)，是除了法律觀念以外，形成西方文明特色的最主要因素[33]。

兩元論的發展，或許是基督教面對多元本質社會時，為了建立其一神論的獨尊地位，而必須採行的策略。但既然分離屬靈與俗世為兩個不同的領域，教會便具有合理化的基礎，去發展獨立的行政

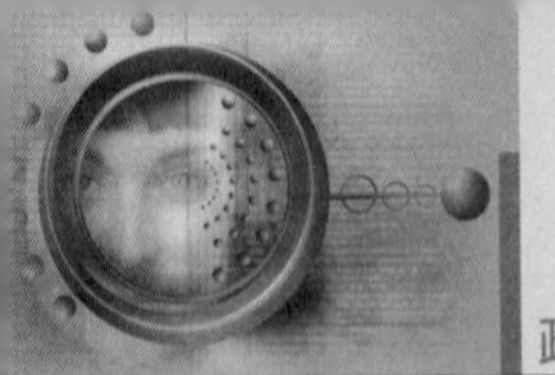

管理體系，甚至法律體系。西羅馬帝國崩解後，蠻族的政權大多脆弱而鬆散，這使得基督教的管理統合能力一枝獨秀，教皇因此成爲「近代第一個偉大官僚體系的主人」[34]。具備卓越的組織管理體系，教會一方面有能力向政府壟斷公眾事務的功能提出挑戰，另方面也提供人們另一個發揮社會抱負的途徑。有很長的一段時間，俗世的統治者甚至必須仰賴教會，維持社會的穩定與秩序。Watkins指出：「自古以來，政治所享有的無上地位突然被推翻，國家被貶爲次要的機構，必須臣屬於另一組織的道德權威下。」[35]此一狀況，不僅使得教會在特定的領域內，有能力拒斥國家的干預；同時，也使得教會，及其所代表的勢力，得以成爲俗世統治者的行爲監督者。

但教會過度涉入俗世事務，使教會面臨了世俗化的威脅；此外，俗世統治者當然也不會甘心受到教會的支配，相互調整的結果，便是使兩元勢力有了更爲清楚的界定。到了中古末期，雙元的人類社會觀已成了西方政治生活的常態，每個人的一生，均被認爲分屬於兩個各有特定公共責任範圍的領域：國家的功能是以強制力量維持社會生活的秩序與環境，並保護基督徒生活不受各種形式的暴力干擾；但國家的活動雖重要，卻應以執行而非制定政策爲目的，因爲決定人類生存的終極目的並指導國家完成這些目的的，乃是教會的職責所在。國家若曠忽職守，所有基督徒應幫助教會，對國家施加有效的道德壓力，統治者若拒絕接受，有良知的基督徒甚至應放棄對國家的忠誠，擔起建立新政治秩序的革命責任[36]。

此一兩元思想，確立了「國家」與「社會」對立的觀念，解決了古代民主思想缺乏監督機制的困境。而在兩元觀念之下，政府的職權不再是無所不包，爲後來「有限政府」（limited government）的民主概念，奠下了重要的基礎。由中古基督教的兩元思想，到往後的行政、立法制衡論，當然也不是一蹴而至，但限於篇幅，本文只能略而不述。

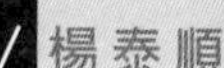

四、憲政主義精神

憲政學者 Harvey Wheeler 曾說，憲政主義能夠成功簡直就是「神話」（mystique），因爲它假設自利個人的努力，可以達到公共利益的實現；尤其，它竟然能使權勢者，心甘情願受到百年前文件的約制[37]。分析成功的民主憲政國家，他們的國民都有遵奉憲法的共識，而且這項共識強得足以約制有權者的私心，學術討論稱此爲「憲政主義精神」（constitutionalism）。由於這項共識的形成並非朝夕間事，故學界對其根源的看法也十分分歧。David Fellman 因此稱其爲：「與歷史糾纏不清的複雜觀念。」[38]換言之，此一精神乃存在於文明的體系之中，透過政治文化影響民主運作的成功。

遠從希臘時期開始，西方人便相信人世間存在一種自然法。希臘人認爲，宇宙乃爲一有組織的秩序，依既定的規律運作，人類社會有能力察知此規律性，並能據此預測未來掌握社會的脈動。人類社會所以會發展出許多的慣習，便等於印證了這類宇宙秩序的存在；而一些異常狀況的出現，乃因人類尚未瞭解這些秩序運作的法則，而非宇宙未依法則運行。人可以憑依理性（reason）去發現這些運行的規律，但人只能發現規律，卻不可能創建之。故而希臘人，與其後繼的羅馬人，深信有一法則高於人的制定法，他們稱之爲「自然法」（natural law）；由於社會慣習趨近自然法，西方人也因此培養出對習慣法（common law）或傳統的尊重。

但習慣法畢竟是人所形成的，故仍可以立法來改變，自然法則不同，具有永恆不變性。這個自然法的觀念並非超社會的「冥律」（supernatural law），而是存在於國家內之道德。故而，其作用不在約束「來世」，也不是以死後的審判實現道德規範，而純粹是入世的觀念，相信人可以憑依理性發現人與社會互動的法則。一旦法則被發現，就連統治者也同樣受到約束，不得以政治權力企圖改變。

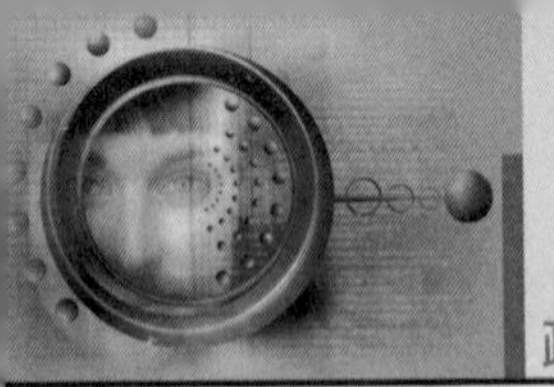

「人必須遵守契約」便被認爲是其中一種維繫社會秩序的重要法則，屬於統治者不得違反的自然法[39]。

除了自然法觀念，基督教文明中的「盟約觀念」，也與憲政主義精神的形成有密不可分的關係。盟約（covenant）乃是「一群平等而獨立的個人，根據自願及相互的原則，在某種權威的見證下，所簽訂具有道德約束力的協定。」雖然在不同時間與不同地區的各種文化中，我們均隨處可以見到這類協定出現於人群社會之中，但依據 Daniel J. Elazar 教授的研究，在基督教文明的傳統下，此一觀念更是根深柢固[40]。

雖然遠在聖經出現之前，西亞游牧民族便慣常使用協定，維繫各部落與大小宗主間的關係。但盟約觀念強調簽訂者處於自願而平等的地位，且願意服從一個更高權威爲見證，非基督教文明因不重視人際間的平等關係，這類盟約便只能偶然的出現，且往往也因雙方地位的改變而難以持續，遑論發展成可以約束權勢者的依據。Elazar 因此指出，人類所有發展成功的盟約傳統，均毫無例外的可以回溯到聖經的影響[41]。

由於強調平等及自願的原則，希臘人所鼓吹的「法律下自由」的概念，便有了結合的空間。盟約既然是在平等原則下，由參與者所自願簽訂的，盟約的限制便等於是自己對自己的限制，就算貴爲統治者，在違反盟約時也很難尋得合理的藉口。但爲了強調「平等」與「自願」，資訊的流通便又成爲重要的因素；畢竟，受欺騙而簽署的約定不必遵守，這是任何社會都承認的原則。是故，伴隨盟約觀念而來的，便是對資訊流通與意見表達自由的高度保障[42]。我們由此不難體會，在西方民主傳統下，意見表達自由並不僅只是實踐民主的工具，也是構成民主文明不可分割的要素。

這類「盟約」與「自然法」的觀念，啓迪西方人認知在人爲訂定的法律之上，還存在一個「更高的法」（higher law）。其不僅具有穩定性，任何與它牴觸的制定法也終將被證明爲無效，由於只能

透過理性發現，這個「更高的法」絕非任何俗世統治者說了便算。十一世紀政教分離後，雙元制衡觀念復甦，使得這個「更高的法」取得執行能力；十六世紀宗教改革風起雲湧，平等精神再次抬頭，盟約觀念也能以政治神學（political theology）的面貌，重新引起世人關注。而這波觀念的再生，啓迪了西歐與北歐的政治思潮，產生如 Thomas Hobbes 與 John Locke 的契約論，爲後世民主憲政的發展，奠下了重要的里程碑[43]。

肆、民主價值的體現與觀念的落實

探討了西方文明與民主發展的相關政治文化後，民主價值如何落實於現實的制度設計上，是我們關切的次一個重要課題。但正如本文所反覆強調的，民主一詞在現今世界已遭到濫用，當許多統治者都誇耀自己的體制最爲民主時，究竟又應以哪一種運作中的體制，作爲理解民主落實的依據？

由於長期以來美國便自詡爲民主陣營的領袖，美式民主的設計，對包括台灣在內的許多新興民主國家，影響也最爲深遠。尤其，美國獨立時的憲政辯論，迄今仍被視爲是西方在落實民主價值上，最爲深刻與豐富的討論；美國憲政設計之父 James Madison，更被譽爲是集自由民主主義之大成的重要思想家[44]。因此，本文對民主定義與相關制度的討論，便援引美國學者的觀點作爲依據。

一、民主的定義

在民主政治的研究上，Joseph Schumpeter 於 1943 年對民主所提出的簡短界定，迄今仍是法政學者引述最爲廣泛的一個。Schumpeter 認爲，所謂民主：

> 乃一種達成政治決策的制度設計（institutional arrangement），透過這項設計，政治人物所以能獲得決策權力，乃因他在競爭性的選戰中，獲得選民的支持。[45]

這個簡短的定義，凸顯了選舉在民主制度中的重要性，但對於公民的角色似乎著墨不多。Held 因此將 Schumpeter 歸類爲「菁英理論學派」，因爲 Schumpeter 所認知的民主價值，似乎只在提供一個競爭的場域，讓政治菁英彼此競爭。爲了競爭選民的支持，政治菁英必然使出渾身解數，證明自己的適任性；公民因此可以以逸代勞，利用有限的時間與精神，選出優秀人才擔負治國安民的責任。至於公民的參與，依 Schumpeter 的觀察，不僅因人性的弱點而徒具形式，過度的參與反而會造成民主穩定的傷害[46]。

Schumpeter 將民主簡化爲選舉領袖的程序，不僅忽視「決策必須向選民負責」的民主重要原則，且選舉也絕非民主競爭的唯一方式。Philippe C. Schmitter 及 Terry Lynn Karl 因此稍加修正，提出更爲完整的民主定義：

> 現代民主政治乃指一種治理的系統（a system of governance），在此系統下，統治者在公共領域中的行動，可以受到公民的監督。而公民的監督，乃透過民選代議士間的競爭與合作，間接的施加在統治者身上。[47]

所謂「治理的系統」，指的是一群行爲模式的組合（an ensemble of patterns），它們決定哪些人可以以何種方式獲得重要政府職位，及一旦據有這些職位他們進行決策時所必須依循的法則。爲了讓這個系統運作順暢，這個組合必須制度化（institutionalized），使得相關的行爲模式具有可預測性，並被多數參與者所接受。制度化的最佳方式，當然是透過憲法所規定的程序，以成文法明訂，但也不排除某些傳統或慣習也可以形成這個制度化的依據。

但這項定義爲了力求簡明，仍然充滿許多言猶未盡之處。「美國國務院國際資訊計畫處」（Office of International Information Programs, U.S. Department of State）所主編印行的《民主說帖》（*Democracy Papers*）中，由 Melvin I. Urofsky 教授執筆的〈民主基本原則〉（"The Root Principles of Democracy"），透過對美國民主體制運作的觀察，所歸納出的民主目標與原則，或許正可以爲我們補充上述定義的不足。

民主既爲一種「恆動的歷史」，將民主制度鎖定在特定時空與政權加以討論，似乎有以偏概全之虞。但 Urofsky 指出，民主儘管仍在持續的發展中，美國憲政的外在形式，自獨立制憲以來便沒有太大的變動；尤其，多數美國人相信，制憲者在 1787 年所揭櫫的政府設計原則，迄今仍被奉行不渝，故以美國落實民主的制度來補充民主的定義，應該具有說服力。美國實施成功的憲政，雖然不見得可以成功的移植到其他的地區，但民主國家間的差異應該只在形式制度，如國會制或總統制，觀察美國憲政運作所歸納出的重要原則，應該屬於所有民主國家的通則[48]。

二、民主政治的三個目標

Urofsky 觀察美國民主運作，歸納了十一項民主基本原則，而這十一項原則均環繞於三個目標在實現。發展背景與美國不同的國家，在十一項原則的表現上，當然不可能與美國一致。但 Urofsky 認爲，政權的運作如果逸脫了三個目標的內涵，便絕對稱不得是民主。

民主的第一個目標，也是最重要的目標，便是實現主權在民的理想，所有政府的權力均是來自人民的授予。美國憲法開宗明義指出：「我們，美利堅合眾國的人民…明白指示建立這部憲法。」便清楚的表達了這項主權在民的概念。爲了落實這項目標，乃有立法

程序與公平自由選舉的原則。

民主的第二個目標，則在建立分權的政府，使沒有任何一個政府的部門，可以強大到挑戰人民的意志。在美國總統制下，總統的權力雖然十分可觀，但仔細分析憲法的規定與美國的社會結構，如果沒有國會與司法的支持，許多的權力根本難以運作。例如，美國總統雖貴為三軍統帥，但在歷史傳承與政治文化下，我們幾乎無法想像，總統敢於利用這項權力圖謀己利。除了政府部門間的分權，中央與地方的分權也是十分重要，它使得人民能更貼近與其生活有關的政府決策，也使得中央的權力競爭不致過度影響人民的日常生活。Urofsky 指出，在民主制度下，不同的政府部門必須處於權力的平衡關係，而這些部門也必須認清分權的必要與智慧，不應動輒將其他部門視為是施政的擋路石頭[49]。

民主的第三個目標，則在於保護個人與少數族群的權益，防止多數族群運用權力剝奪任何人的基本自由權。在強調多數決的民主運作下，此一目標顯然知易行難，尤其在人口結構分歧的社會中，要消除族群歧見更非一蹴可及。然而，多數族群如果以事不干己的態度，縱容政府剝奪其他族群的權益，自己的權益便也可能成為下一個受害者；國民如果有此認知，保護少數族群的權益，便等於保護自己的權益。但要有這樣的自覺（vigilance），政治文化還是扮演了一個關鍵的角色。

三、民主制度設計的十一項原則

為了落實上述三個目標，Urofsky 認為民主制度的設計必須依循十一項原則：

(一)憲政主義精神（constitutionalism）

民主政治的第一項重要原則，便是應該存在高於一般法律的憲

政規範，此規範必須規定政府機構的職權及政府權威的範圍。透過這個憲政規範，法律的制定與修正，便可以限定在一定的範圍內，使得某些個人的權利不致因多數人一時的想法而受到侵犯。此外，憲法也須規定法律的制定與修正的程序，以保障民意可以在這個程序中得到充分的反映。

爲了避免憲法成爲限制國家發展的桎梏，憲法當然必須隨著環境與觀念的變遷而修正。但爲了避免少數野心人士利用憲法的修正，實質達到擴張私利與破壞民主的目的，憲法的修正便不能過於輕率，故而許多國家均要求高於過半民意，或額外複決的程序，來防止憲法的草率修正[50]。美國行憲迄今超過兩百年，但憲法修正也僅只 27 條，充分體現了憲政穩定的必要性。

(二)民主選舉（democratic elections）

民主必然有競爭性的選舉，這已是一般性的常識。選舉的制度儘管各地不同，但合格公民應具有投票權、投票時不應受到不當的影響、選票的計算應依循公開公平的原則，則是民主國家所必須遵循的標準。

必須提醒的是，選舉絕非民主的充分條件。許多人以爲，只要有公平公開的選舉，便可以證明民主的存在，學界稱此爲「選舉主義」（electoralism）。但選舉只發生在固定的時間，且選民也只能選擇被政黨篩選過的對象，選民如果沒有其他經常性表達意見的管道，如利益團體，民主顯然並不充分[51]。

(三)地方分權（federalism）

有些民主國家將政府權力多數集中於中央，地方只是下屬單位；有些則採地方分權制度，如美國，採聯邦制度予以地方更大的自主權。雖然中央與地方的分權方式，並不致否定一個國家追求民主的理想，但美國的經驗證實，政府如果距離人民越遠，其效率與

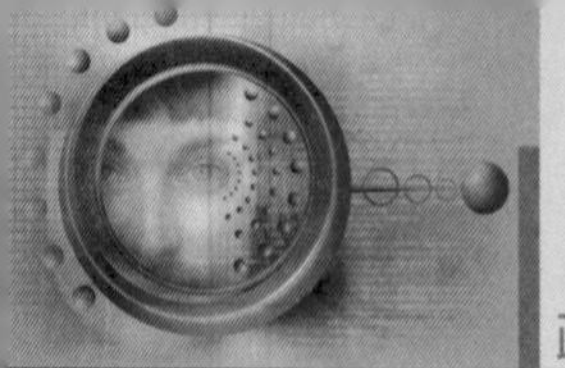

人民的信賴感也會越低。地方民選官員與人民間的近距離接觸，使得政策的擬訂與執行，讓人民有切膚的感受，也鼓勵人民更樂於投身公共事務。是故，民主大師 Alexis de Tocqueville 嘗謂，美國的小鎮民主，便猶如小學教育之於科學，如果沒有參與小鎮決策的練習，美國人不可能體會民主的可貴並發展出傲人的民主成果[52]。此外，分權的政府也較不容易被不當的手段所篡奪，這使得民主更能維持穩定。對小國寡民的國家而言，是否分權也許不是那麼重要；但對多元文化、廣土眾民的國家而言，分權與否卻直接關係到民主的品質。就此而言，台灣主政者這幾年來一直積極推動廢除鄉鎮市長與民代選舉，不禁讓人擔心與民主的原則有所背離。

(四)法律的制定（creation of law）

民主國家任何法律的制定，必須直接或間接的取決於民意，這是不辯自明的道理。是故，制度的設計上必須讓立法機構的掌控者瞭解，如果他們所通過的法律未能反映選民的需求，他們便可能在下次的選舉中失敗。立法是否符合民主，關鍵不在於是否有論辯的園地，也不在於是否有三讀的程序，而是在立法者是否有向選民負責，並以民意為依歸的觀念。

(五)司法獨立（an independent judiciary）

司法雖然只能被動的行使職權，但卻具有使憲法產生實質限制的功能。在美國，由於法官享有終身任期，可以不必承受政治性壓力，故而也成了個人權利最主要的守護神。各國雖然制度不一，但民主國家沒有例外的，都必然有個機構，擔負起解釋憲法及釐清政府部門爭議的責任。畢竟，憲法條文是死的，但社會與環境的變遷卻是永不止息，欠缺司法解釋的功能，憲法的有效性也將受到質疑。

(六)總統的權力（powers of the presidency）

政府工作包羅萬象，從一般的專案計畫到組織三軍保家衛民可謂鉅細靡遺，故而現代國家必然都設有最高行政首長負責這些工作的推動。但政府權力的集中，也讓有識者擔心，獨裁者可能就在一線之外。爲了防止總統濫權，美國憲法設計總統必須與立法或司法部門合作，才得行使部分的權力。故而，談到美國的總統權力，焦點不在憲法到底授予總統多少的權力，而在於總統能否運用技巧，突破三權制衡來發揮抱負。故而，民主國家總統如果不能贏得國會與民眾的支持，就算憲法承認他是最高行政首長，也可能因令不出總統府而寸步難行。

(七)媒體的角色（role of a free media）

由於民主國家主張民眾有知的權利，故而不受控制的平面與電子媒體，便成爲民主社會的重要特色。在後工業社會，並非每個人都有時間出席法庭審判、旁聽國會辯論，或甚至研究政府政策。媒體因而扮演了國民的代理人角色，它爲國民深入探討政府的運作，然後透過報紙或廣播報導，使國民行使權利時能具備充分的知識。媒體甚至也能協助民眾，發掘政府的貪瀆、錯誤的執法、與缺乏效率的運作。故而，自由的國家不可能沒有自由的媒體，而政權是否獨裁，最大的特徵也在於媒體是否受到控制。

(八)利益團體的角色（role of interest groups）

在十八世紀及十九世紀初，選民若對某些政策有特殊的偏好，往往可以和他們的代議士或地方政府，進行直接的溝通。這是因爲當時選民數目有限，而國家施政的內容並不複雜。但二十世紀後情況有了很大的改變，不僅選權普及、社會日趨複雜，政府的功能也因福利政策擴張而日漸龐雜。故而，現今的公民若希望政府能聽到

他們的心聲，無論事關公益或僅只為了私利，均必須透過某些中介團體的幫助。此一情況曾使民主的運作遭受嚴厲的批評，因為為了讓意見獲得決策者的重視，有些團體常常不惜重資，使得意見競爭往往由金錢，而非內容，來決定結果。但退一步來看，如果有上百個團體為了一些特定議題，願意花費大筆經費教育國民及立法者，並協助社會底層的觀點可以上達天聽，則對民主運作而言顯然也不是壞事。

(九)人民知的權利（people's right to know）

一個世紀以前，公民如果想知道政府做些什麼事，只要到市政廳或議會走一遭，大概便可以有個粗淺印象。但今天公務體系過於龐雜，法令滋生多如牛毛，而立法程序也複雜得讓人如墜五里霧中，一般公民恐怕難以掌握政府的工作內容。公民若因此對政治產生疏離感，民主政治的理想自然漸行漸遠。為了避免此一態勢日益嚴重，政府便有責任將其業務公開化、透明化。當然，政府不可能把所有業務透明化，但選民有權瞭解政府運作的情形，這也是民主政治的重要原則。

(十)保護少數權益（protecting minority rights）

如果「民主」意指「多數統治」，則「少數」應該受到何種的對待，便成了民主制度下的重要問題。所謂的「少數」，指涉的並非議事中或選舉中落敗的一方，而是語言、種族、宗教、血緣與多數人不同的族群。例如黑白間的差異與對立，迄今便都還困擾著美國。任何社會若有系統的排斥某一族群，使他們不能受到法律的平等保護，則這個社會便沒有資格自誇為民主。而所謂保護少數，並不僅是讓他們免於受到迫害，而是應積極的協助他們，使得少數族群能全面而平等的，共同參與社會的事務。

(十一)以文人控制軍隊（civilian control of the military）

在傳統社會中，領袖的主要職責，便是領導軍隊保護國家的安全，或是以武力為國人攫取資源。故而，一個備受尊崇的將軍，往往也容易透過軍事武力掌控政府，「槍桿子出政權」便是個最佳的寫照。甚至在二十一世紀的今天，許多開發中國家的軍官，仍常透過軍事政變推翻文人政府。故而，民主政府要能穩定運作，光是由文人控制軍隊還是不夠的，而是這個社會必須存在政治文化，使軍人認知他們是捍衛社會的公僕，而非統治者。要形成這樣的認知，軍人的來源最好是來自社會的各階層，而非由特殊階級或世襲族群所充任，這樣的「公民軍隊」（citizen army）在服完役後便又融入社會，使軍隊對文人政府的威脅大為降低。對岸中共政權以貧下中農子弟為主要的兵源，便自然對其民主化的發展，形成難以言喻的障礙。

伍、為什麼實施民主？

如果民主的實現是西方文明的結晶，如果民主的制度是西方根深柢固價值觀的落實，身為東方社會的成員，在缺乏類似文化傳承的前提下，我們便不禁要問：是否值得放棄傳統的價值觀來追求民主？尤其，民主是條顛簸蜿蜒的崎嶇路徑，選擇了這個方向，社會就算付出相當的代價，卻也無法保證一定可以到達目的地。Urofsky 指出了十一項民主政府的原則，但卻未告訴我們，應該如何著手、循序漸進地完成這十一項原則。在一個非西方文明的社會中，誰能保證這十一項原則不會受到曲解？此外，政治不可能從零開始，實現這些原則，必然會與現存的權力關係產生衝突，這其中又將如何妥協？

與十九世紀末及二十世紀初的那波民主潮相比，1974 年開始的第三波民主化顯然面臨更多的不確定因素。在上個世紀初歐洲的民主化過程中，多數國家屬於西方社群，價值體系的衝突幾乎不存在，而且享有較長的時間，可以逐步改革並強化代議體制。但在這一波的民主浪潮中，驟然的開放迫使東歐與亞非國家，必須同時解決政黨建立、利益累積與社會運動等問題。且傳媒的發達又大大提升了人民的期望，全球化趨勢也使得這些國家無法決定自己的步調，過去花費百年完成的民主化歷程，現在卻必須在擠壓的時間中完成[53]。如果不能有效掌控，以穩健的步伐推動民主改革，這些國家恐怕在未蒙受民主之利前，社會已因失序而受到傷害。

但非西方國家難道眞的有所選擇？如同本文所指出的，民主已成了普世化的價値，就算我們明知缺乏體現民主的政治文化，恐怕也只能義無反顧的勇往直前。Dahl 認爲，與其他曾經存在的政治制度比較，民主至少具有十大長處。或許在瞭解這些長處後，我們可以更清楚的瞭解，何以我們必須承受的代價，努力的追求民主化。

一、民主有助於避免獨裁者暴虐及邪惡的統治

歷史上有太多的事例說明獨裁政權的可怕，但癥結是，民主又是否可以避免這些人類的宿命？事實證明，由民意統領的政府，同樣也會對外國人或殖民地人民，進行不公平而殘暴的壓迫。但就算這樣，這類的壓迫通常也比獨裁政權來得溫和，因爲民主國家的領導者瞭解，過度漠視人權也會反噬自己的統治基礎。對於政權體制內的人民，民主也可能出現「多數暴力」，形成對部分人民的迫害。但由於憲政的實施與選舉權的擴張，這類的傷害也不可能超過專制政權的程度。

二、非民主制度不會如同民主國家保障公民的基本權利

基本權利是構成民主政治的重要成分，例如，如果要達到「有效的參與」，便勢必要保障公民意見表達自由、同票等值、集會結合自由等權利。故而，人權保障是任何自詡為民主的政權，在施政上的天職。此一狀況，與一些專制國家將權利的給予視為恩典，或政治的裝飾，有著巨大的差別。再者，民主既然是一種由下而上的體制，我們便可以假設，這種權利的意識也普遍存在於國民的心中，故而也不可能容許統治者做權宜的改變。正如 Dahl 所言：「如果公民不理解民主需要某些基本權利，不支持保護這些權利的立法、行政和司法制度，且這樣的公民又不在少數，民主便已出現警訊。」[54]

三、較之其他制度，民主保證公民擁有更廣泛的個人自由

有人認為，無政府主義或許提供人民更廣泛的自由。但就人性觀點來看，無政府制度根本不可能存在人類社會；就算有這樣的制度，某種非正式的支配關係，也會在人群中形成。民主制度的可貴，在於它保障的某些基本權利，也允許權利可以有發展的空間。例如，言論自由保障不同意見可以自由交流，透過交流，某些今天被否定的權利，也許便會成為明天的重要人權。這在憑依「天啓」治國的專制體制中，是完全無法想像的。

四、民主有助於人民維護自身的根本利益

生存、食宿、健康、愛情、尊重、愛情、安全、家庭、朋友、工作、閒暇等，幾乎人人都需要，但人人也都有不同的需求模式。

由於每個人的目標、偏好、口味、價值等不同，人當然希望自己能決定這些需求如何滿足，或其間的比重如何分配。但在諸多政治體制中，只有民主制度承認：「人是他個人利益的最佳判斷者。」而允許人有權選擇最符合自己利益的決定，也正是民主制度的精髓[55]。而爲了要防止他人的選擇可能傷害到自己的利益，人只有積極的參政，J. S. Mill 因此結論：「只有容許所有的人都共同分享了國家主權，[人才可以免於受到他人侵害]，人[的利益]才是終究可以想望的，」而這就是民主政府[56]。

五、只有民主政府才能為個人提供最大的機會，可以在自己選定的規則下生活

人必須與他人交往、參加團體活動、生活在社會之中，但也因爲如此，自由便必須受限，以避免與他人產生衝突。但在民主體制下，(1)任何法律生效之前，所有公民都有機會表達觀點；(2)由於有討論、協商、談判、妥協的機會，也較有可能產生一部人人滿意的法律；(3)最後也必然是獲得大多數支持的法律，成爲對個人自由的限制。是故，儘管法律的限制不可避免，但民主體制與其他制度比較，顯然允許個人有較多的空間去選擇限制自由的規則。

六、只有民主政府才為履行道德責任提供了基礎

所謂「道德責任」，意指我們在自主的前提下，對各種的選擇進行縝密的思考，並分析各種可能的結果，然後才做出行動的決定。由於這是自己的自主決定，我們便應對行爲的結果負責，因爲承擔「道德責任」，我們行事也會更謹愼。然而，在現實社會中，由於我們很少能選擇支配我們的法律，我們所必須負起的道德責任也相對有限。但由於民主制度允許我們對法律有較多的決定權，既

然有自主參與的成分，道德責任也因此較其他制度爲高。而由於有較高的道德責任，當然也就使法律的施行少了些強迫性，降低了公權力的成本。

七、民主更能使人性獲得充分的發揮

每個人的人性均同時具有好與壞的成分，如何發揮好的成分及壓抑壞的衝動，是社會形成的主因。但多數政權面對這項問題，其處理的方式多只著重消極地限制公民的活動，使得公民無法培養自己長遠利益的認知、無法主動關切他人的利益、不能爲重要的決定承擔責任、更沒有意願與他人進行自由的討論。唯獨在民主制度下，個人可以透過充分的討論培養「同理心」，因而使性善的潛能可以得到較爲充分的發揮。

八、只有民主政府才能造就相對較高的政治平等

一如本文所反覆強調的，平等的觀念是民主發展的重要基礎。既然是體制的核心價值，民主政府當然比其他形式的政府更爲重視平等的保障。這並不是說民主社會的公民就必然平等，我們不應忽略，美國黑人到一九六〇年代、瑞士的婦女到一九七〇年代，才取得平等的參政權。但無可置疑的是，平等的理念與言論的自由，的確讓這些族群更能振振有詞的爭取平等權。

九、代議民主國家彼此沒有戰爭

在 1945 到 2009 年間，人類一共發生近 40 場大小戰事，但沒有一場是發生在兩個民主國家之間。「民主國家之間，幾乎不會想到要打仗，也不會進行備戰」，此一觀點甚至推到 1945 年前也同樣

成立。民主國家間所以不打仗，原因不一而足，但民主國家間頻繁的國際貿易，或是使他們寧可容忍相處也不願訴諸兵戎的可能理由。此外，在民主的洗禮下，民主國家的公民和領袖大多也能掌握妥協的藝術，傾向透過和平談判與協定解決問題，使得兩者沒有必要走向極端。最後，如果爭執雙方都是民主國家，人民會以對自己政府的信賴，投射於對方的政府，戰爭也就進一步的獲得避免。

十、民主政府國家一般享有較繁榮的經濟

約兩百年前，哲學家有個共同的假設，便是認爲民主較適合一個節儉的民族，只有貴族制度或君主制度，才合適於一個富裕的社會。但這兩個世紀的實驗證明，眞實的情況正好相反：民主國家常常較爲富裕，非民主國家總體上卻比較貧窮。此一現象，我們可以由代議民主制與市場經濟間的共通性，找到合理的說明。市場經濟鼓勵資源更有效的運用，使得潛在的財富更容易被開發，這已是不爭的事實。實施市場經濟的國家雖未必民主，但實施民主的國家卻毫無例外的，都仰賴市場機制來調節供需，故而民主致富的可能性當然也就較高。此外，民主國家關切人民教育的提升，提供高素質的勞動力；重視法治，使得財產權與契約權更有保障；強調言論自由，使資訊流通更爲順暢，這些無疑都直接有利於降低市場運作成本與刺激經濟的發達。

註釋

[1]http://www.freedomhouse.org 上網檢視時間：2009 年 4 月 15 日。台灣在 1996 年總統大選後，便首度被該組織評定爲完全自由的國家。

[2]Robert A. Dahl, *Polyarchy: Participation and Opposition*, New Haven & London: Yale University Press, 1971, p.11.

[3]G. Bingham Powell, Jr., *Contemporary Democracies: Participation, Stability, & Violence*, Cambridge, Mass.: Harvard University Press, 1982, p.1.

[4]Arend Lijphart, *Patterns of Democracy: Government, Forms and Performance in Thirty-Six Countries*, New Haven & London: Yale University Press, 1999.

[5] "Democracy," *The Blackwell Encyclopedia of Political Science*, Vernon Bogdanor, ed., Oxford: Blackwell Publishers, 1991, p.166.

[6]David Held, *Models of Democracy*, 1st ed., Stanford, California: Stanford University Press, 1987, pp.45-48.

[7]江宜樺，《自由民主的理路》，台北：聯經，2001 年，頁 59-60 。

[8]Held., pp.77-79.

[9]Ibid., p.1.

[10]Giovanni Sartori, *The Theory of Democracy* Revisited, New Jersey: Chatham House Publishers, Inc., 1987, p.4.

[11]Robert A. Dahl, *On Democracy*, New Haven: Yale University Press, 1999, p.3.

[12]Robert A. Dahl, *A Preface to Democratic Theory*, Chicago & London: The University of Chicago Press, 1956, p.1.

[13]Dahl, 1956, p.4.

[14]Robert Dahl 即爲一例，在它所著的 *Polyarchy* 一書中，他便表示：「眞實世界沒有一個大型系統是屬於完全的民主化，我因此寧可將眞實世界趨近[民主]的體制，稱之爲『多元政體』(polyarchies)。」(Dahl, 1971, p.8.)

[15]Sartori, p.3.

[16]「西方」其實是個複雜的全稱，在冷戰時期英文的 West 並不是個地理上的指涉，而是代表非共或自由國家。故而，若當時貨品由布拉格運到東京，便應說是： a shipment of goods from East to West ，但

事實上東京在東半球，而布拉格卻屬西半球。本文所指的「西方」，較爲貼近英文的 Occident ，有些中譯稱爲「泰西」。Occident 代表那些受到希臘、羅馬文化影響與傳承的社會及地區，有別於受伊斯蘭、印度與遠東文化影響的 Orient 。然而，十一世紀的政教分裂後，泰西文化又分爲羅馬天主教與希臘正教兩大文化系統，影響民主理念的，其實只限於泰西世界中的羅馬天主教文明。故嚴格而言，「西方」爲一社群、文明的代名詞，代表特定的結構性歷史，而非指涉地理區劃，故「西方」不僅有別於「東方」，也有別於1050-1150 以前的西方。（Harold J. Berman, *Law and Revolution: The Formation of the Western Legal Tradition*, Cambridge: Harvard University Press, 1983, pp.1-3.）

[17]Held, pp.1-4.

[18]Ibid.

[19]英國議會制度的發展便可以視爲是一個例證，學者研究發現：「在1066 年以前，盎格魯薩克遜的居民便處於一個平等和自由的社會，他們透過代議機構管理自己的事務。征服者諾曼大公剝奪了他們的自由，建立了一個外來的君主專制政體。但多數人並沒有忘卻他們所失去的權利。他們持續的奮鬥爭取，終於以大憲章的簽訂迫使統治者讓步。盎格魯薩克遜古老的自由傳統，無疑扮演了一個重要的角色，它使得英國人願意不計代價積極的向統治者爭取讓步。」見 Christopher Hill, *Puritanism and Revolution*, London: Secker & Warburg, 1958, p.57.

[20]Berman, p.3.

[21]Watkins Frederick Mundell, *The Political Tradition of the West*, Cambridge: Harvard University Press, 1967, p.11.

[22]Ibid., pp.6-9.

[23]Ibid., p.15.

[24]Ibid., p.27.

[25]Samuel H. Beer, *To Make a Nation: The Rediscovery of American Federalism*, Cambridge: Harvard University Press, 1993, Ch. 1.

[26]Held, p.53.

[27]Dahl, 1999, p.10.

[28]英文譯本原文爲：「We do not say that a man who takes no interest in politics is a man who minds his own business; we say that he has no business here at all.」(見 "Pericles' Funeral Oration" in Thucydides, *The Peloponnesian War*)，or Held, pp.16-17.

[29]Held., p.20.

[30]Watkins, p.17.

[31]Ibid., pp.27-28.

[32]Ibid., pp.40-42.

[33]Ibid., p.31.

[34]Ibid., p.55.

[35]Ibid., p.49.

[36]Ibid, pp.58-59.

[37]Harvey Wheeler, "Constitutionalism," in Fred J. Greenstein & Nelson W. Polsby, eds., *Governmental Institutions and Processes*, Handbook of Political Science, Vol. 5., Reading, Mass.: Addison-Wesley, 1975, p.1.

[38]David Fellman, "Constitutionalism," in *Dictionary of the History of Ideas: Studies of Selected Pivotal Ideas*, Vol. 1, New York: Charles Scribner's Sons, 1973, p.485.

[39]Harvey Wheeler, "Constitutionalism," in Fred J. Greenstein & Nelson W. Polsby, eds., *Governmental Institutions and Processes*, Handbook of Political Science, Vol. 5., Reading, Mass.: Addison-Wesley, 1975, pp.7-27.

[40]Daniel J. Elazar, "The Political Theory of Covenant: Biblical Origins and Modern Developments," in *Publius: The Journal of Federalism*,

Vol. 10, (Fall 1980), p.6.

[41]Ibid., p. 13.

[42]楊泰順，〈美國人認同的形成〉，《美歐季刊》，卷 14 期 2 ，2000 年夏季號，頁 224 。

[43]Elazar, pp. 8-9.

[44]Held, p.89.

[45]Joseph Schumpeter, *Capitalism, Socialism and Democracy*, London: George Allen and Unwin, 1943, p.269.

[46]Held, pp.178-79.

[47]Philippe C. Schmitter & Terry Lynn Karl, "What Democracy Is....And Is Not," in Larry Diamond & Marc F. Plattner, eds., *The Global Resurgence of Democracy*, Baltimore and London: The Johns Hopkins University Press, 1993, p.40.

[48]Melvin I. Urofsky, "Introduction: The Root Principles of Democracy," in Urofsky, ed., *Democracy Papers*, Washington D.C.: Office of International Information Programs, U.S. Department of State, p.1.

[49]Ibid., p.4.

[50]學者 Arend Lijphart 指出，修憲的難易度也應該將修憲民代產生的方式列入考量，因爲修憲程序儘管複雜，卻可能因民代產生的方式使得政黨或少數菁英容易操控，而使得形式上的困難變得不具意義。（Arend Lijphart, *Patterns of Democracy: Government Forms and Performance in Thirty-Six Countries*, New Haven & London: Yale University Press, 1999, pp.219-20.）台灣的修憲程序，在民主國家中可以被歸類爲高度困難的一級，但過去十年卻也修了七次，其中癥結，便與修憲國代產生的方式與國人欠缺憲政主義的精神不無關係。

[51]Schmitter & Karl, p.42.

[52]Alexis de Tocqueville, *Democracy in America*, George Lawrence, trans.,

J. P. Mayer, ed., New York: Harper Perennial, 1969, p.63.

[53]Schmitter & Karl, p.44.

[54]Dahl, 1999, p.50.

[55]Vincent Ostrom, *The Political Theory of a Compound Republic: Designing the American Experiment*, 2nd ed., Lincoln & London: University of Nebraska Press, 1987, pp.77-78.

[56]Dahl, 1999, p.52.

問題討論

1.何謂民主政治？其關鍵的概念與體制的設計爲何？

2.民主思潮對人類文明的衝擊如此巨大，何以竟找不到眞正具有代表性的權威詮釋者？

3.基督教文明對民主政治的落實有何實質的貢獻？

4.希臘雅典所採行的民主制度，與文藝復興運動後所發展的民主體制，兩者的基本差異爲何？

5.何以採行民主制度的國家間，較不易發生戰爭？

公民投票理論的
辯證分析
曲兆祥
台灣師範大學政治學研究所教授兼所長

作者簡介

曲兆祥，政治大學法學博士（1991），著有《公民投票理論與台灣的實踐》（台北：揚智文化，2004）及《翻滾的蘭陽溪——宜蘭政治反對運動之研究》（台北：永業，1991），其他著作散見期刊及報章雜誌。

教學目標

本課程在深入探討公民投票制度的意義、種類以及功能，以期達成深入了解公民投票制度。

摘要

一、公民投票的意義
二、公民投票的種類
三、公民投票的功能
四、公民投票的問題

公民投票理論在本質上是一種直接民主的理論，它的歷史十分久遠，可以說是最符合人性需求的一種政治理論。不過隨著人類社會的發展，國家組織的規模逐漸擴大以及各種間接民主理論和制度的發展，直接民主理論至今仍無法取得政治理論的主導性地位。再加上直接民主理論本質上的爭議性，更加使得直接民主理論在理論發展上面臨許多的質疑和考驗。本文主要目的為討論直接民主理論的發展歷程、主要內涵，以及支持和反對直接民主理論的辯證論點，最後再就直接民主理論的合理論證提出筆者的看法。

壹、直接民主的理論

何種政體（form of government）最足以實踐民主根本的原則：人民主權（popular sovereignty）、政治平等（political equality）、大眾諮商（popular consultation）、多數統治（majority rule）[1]？這是政治學者們長久以來爭論不休且無一致答案的老問題。但大體上來說，十七世紀之後，西方政治理論家對此一問題約略分成兩派。一派可以稱之為直接民主（direct-democracy）派，或者可稱之為參與論者（participationist），他們以古典民主理論的政治思想家盧梭為首，其他如當代學者巴柏（Benjamin R. Barber）、李奧斯本（Lee Ann Osbun）、派特曼（Carole Pateman）等人都屬此派的學者。他們主張眞正的民主必須是由所有的人民直接、完全的參與公共事務的決策。也就是說從公共議題的提出到議程的設定、議題的討論直至最後的決策，都必須由人民直接參與。他們反對任何人民代表的越俎代庖，任何形式的代議民主都是不完全的民主[2]。

另外一派則可稱之為代議民主（representative democracy）派，或可稱之為負責的精英（accountable elites）派。他們以彌爾（John S. Mill, 1806-1873）、福特（Henry Johns Ford）、熊彼得

（Joseph A. Schumpeter, 1883-1950）、薛史奈德（E. E. Schattschneider）和薩托里（Giovanni Sartori）等人為代表性人物，或許柏克（Edmund Burke, 1729-1797）、孟德斯鳩（Charles Montesquieu, 1689-1755）也可算是他們當中的一員。這派理論家們根本認為直接民主是一種夢想，或許在古希臘的城邦國家裡，因為小國寡民的緣故，還有可能實施這種直接民主的政治模式。在當代廣土眾民的民族國家裡要實施這種政治體制根本就不可能。他們甚至認為這種主張是「與民主政治毫不相干的一種夢想」而且還是「愚蠢且完全沒必要的」[3]。由此可見，這兩派之間對直接民主的看法幾乎是毫無交集可言，而且這種理論上的爭議至今仍然是針鋒相對的狀況。

一、古雅典與古羅馬的直接民主理論

儘管直接民權的理論仍充斥著爭議，它卻是源遠流長的一種政治理論，遠在古希臘時期它就已經存在，而且還形成了古雅典的政治制度。這個政治理論之所以吸引人，原因就在於它是最能貼近民心並且制約政府權力的一種政治制度。尤其是在古雅典的時期，因為國土幅員不大，人與人之間幾乎是雞犬相聞，密切往來，再加上自由民（亦即公民）在蓄奴生產的社會與經濟制度下多有餘暇可以從事公共事務的參與，因此自然形成了直接民主的政治模式。古雅典逐漸沒落之後，代之而起的馬其頓王國取消了雅典的民主制度，直接民主的思想也漸趨沒落，但在斯多葛學派（Stoic School）裡，它卻轉變成自然法與自然平等、自然國家觀的形態依舊流傳著。古羅馬興起之後，斯多葛學派反倒成為羅馬思想界的顯學，西塞羅（Cicero）、塞尼加（Seneca）等人將斯多葛學派的政治思想發揮得淋漓盡致。及至羅馬法學家基本確立了人民主權的觀念，亦即「**在自然法的觀念下，人人平等，人人各有其自然權利，那麼人為的實**

定法也應當予人平等，所以法律之前人人平等，人人亦各有應得之一份權利，此非國家法律所賦予，乃人民所固有，故國家不可壓迫人民，不可剝奪人民應享的權利，皇帝如果侵犯了人民的權利，人民便可以革命，推翻其政權。」[4]羅馬法學家這種觀點明顯的是受到西塞羅等人自然法思想的影響，而羅馬法是西方最早的成文法法典，這種人民主權的觀點植入羅馬法思想中，其代表性的意義是相當大的。

二、對中古世紀神權思想的反動

中古世紀後政治理論家在思想上逐步擺脫了教會的束縛，但在「權力來源」這個邏輯難題上，這些理論家們必須提出一個合理的說法來填補「神」的位置。在中古世紀的政治理論中，一切權力均源自於上帝。西元第五世紀時，教皇葛雷涉斯（Pope Galesius）的「兩劍論」（the Doctrine of Two Swords）可以說是最具權威性的詮釋，他在西元494年寫給君士坦丁堡的皇帝安那斯塔涉斯（Anastasius）的信裡說：「世界主要地是受到兩種體系的統治，即教士的神聖威權及皇帝的權力。」[5]這兩種權力即為「兩把劍」，一把握於教皇之手，另一把則握於世俗國家的皇帝之手。這兩把劍究竟誰比誰高，此處我們不去討論它，但很清楚的是這兩劍均是出自上帝的賦予。所以世上之權均源之於神，此種理論即使是到了文藝復興之後依舊主導著西方的政治思想，所謂民族國家君主的權力乃受之於上帝的「君權神授」說，基本上仍是這種理論的衍生。

然而，文藝復興前後這套理論終究已無法滿足當時一些政治理論家如脫韁野馬般的政治思維，這些知識份子已無法再受教會那一套有關政治權力乃源於上帝的傳統束縛，他們寧可相信古希臘那些先哲們的理論，政治權力乃源於人民自身，他們更相信西塞羅的自然國家觀，也就是國家的威權與法律乃生於人民的自然需求亦即人

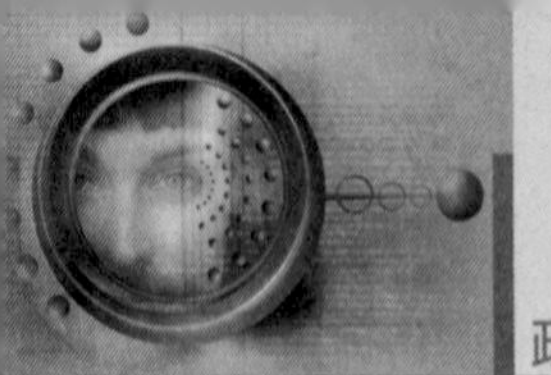

民的同意[6]。就在這種思想氛圍下，社會契約論也就應運而生了。

三、契約論與盧梭的全意志

霍布斯、洛克與盧梭是組成社會契約論理論的主要政治思想家，他們的理論主張雖然存在著相當的差異性，但也有著相同的大前提，也就是所謂的自然社會、自然權利以及社會契約。他們認爲在人類進入政治社會之前存在著一個自然社會，在這個自然社會裡人人都擁有自然權利，所以人與人之間是一種平等的關係。不過正因爲在自然社會裡人人是平等的，因此誰也不能強制誰，這在人類社會裡會造成各種各樣的問題，基於這些實質的困難，人類勢必要相互訂定契約放棄一部分的自然權利，然後才能進入政治社會[7]。在契約論這樣的基本假設裡實際上存在著幾個問題：第一，這種假設恐怕與人類社會的演進歷史事實是不相合的。第二，人類爲了進入政治社會到底放棄了哪些自然權利，又保留了哪些權利？姑且不論別的學者的主張，光是霍布斯、洛克、盧梭三人的說法就不一致。第三，放棄的權利可否收回？答案也不一致。由此以觀，社會契約論並不是一個有堅實基礎的政治理論，但是社會契約論卻是影響當代民主理論極其深刻的重要理論，其中以「天賦人權」、「人民主權」、「自然權利」、「權利平等」等影響最大，進而有關「憲法」、「人權」等等當代民主的重要概念也幾乎全部胚胎於此。

在霍布斯、洛克與盧梭三人當中要以盧梭的主張最具影響力。沈清松在〈社約論導讀〉一文中說：「**自由、平等是盧梭思考的核心。**」盧梭對契約論基本上已不再訴諸神人之間的盟約，也不再重視想像中政治社會的源起問題，他更加重視人出生的平等與自由的本質[8]。盧梭那句膾炙人口的名言「**人生而平等，但卻處處受到人爲鎖鍊的束縛**」[9]，同時道出了理想與現實。

盧梭反對亞里士多德的「奴隸生而爲奴」的主張，他認爲人生

而平等、自由，除了出生爲人而尚須受保護所以需要唯一自然的社會組織——家庭的限制之外，其他任何人爲的強制力都是非自然的。他堅信只有個人自己才知道什麼是自己最大的利益，即使是迫於現實必須放棄個人的自由也必須是基於個人對現實的判斷而願意接受的前提之下才能成立。因此就算有些人生而爲奴，那也是外在的現實所形成的，不能因此就認定有些人本質上就是奴隸，而另外一些人則本質上就是別人的主人[10]。不過，即使是被後人認定是「自由的使徒」的盧梭也不得不承認「人類有組成集體社會的必要」[11]，其理由不外乎是爲了自保（self-preservation）[12]。盧梭這種內在於他理論上的矛盾，其實在他那句膾炙人口的名言裡已經表露無遺。盧梭理論裡最大的一個難題是如何解決既有自由但卻又必須服從的矛盾。爲了解決「人人既服從權威而又同時可以得到完全的自由」這個難題，盧梭想出來的辦法是「每個人都把他自己以及所有的一切權利都讓給全體社會…，每個人都把自己交給全體也就等於並未交給任何人」[13]，這等於是說服從全體就是服從他自己。但何謂全體（community）？全體意志又如何表達？盧梭就以「全意志」（the general will）來解釋這個問題。然而何謂「全意志」，盧梭認爲凡一個社會或國家中，除個人私自的意志以外，每一個團體還有一種全意志。這種全意志完全在謀整體的利益……最理想的社會或國家應當完全受全意志的統治，大家都應服從這種全意志所立定的法律[14]。這就是說：「全意志必須來自大家全體的公意，並且大家必須有公共的目的，這個目的就是謀社會全體的利益。」[15]另外一方面，所謂的「全意志」與所謂的「總體意志」（the will of all）是不同的概念，「全意志是只顧慮公共的利益」，「總體意志則是部分的私利，所以只是特殊利益的總和」[16]，或者說把「總體利益」扣除後，剩下來的就是「全意志」[17]。而「全意志」既是如此的爲了公共利益，它當然是絕不可讓渡的（inalienable）、不可分裂的（indivisible）、不會錯誤的（infallible）以及不可破壞

的（indestructible）[18]。全意志之所以能有這些特質，就盧梭的觀點來說這是因爲他認同人是理性的物種，所以能理解道德。因而盧梭將自由又分成「自然的自由」（natural liberty）與「文明的自由」（civil liberty），前者是人在自然社會裡所享有的無拘無束的自由，後者則是人在有社會契約的政治社會裡所擁有的自由。全意志可以說就是這種符合道德原則所產生的集體意志，而且個人服從全意志就享有文明的自由，服從全意志個人就可達到「從心所欲，不逾矩」的境地。故而對盧梭而言全意志是既屬於整體亦屬於個人的，它是在無私慾的前提下才可能產生的。

不過，即使全意志解決了前述的「既自由又須服從」的矛盾，它還是無法解釋另一個衍生的難題：全意志該如何在具體的制度層面產生？從理論上來說似乎只要人人都無私慾即可求得全意志，但這種說法是從倫理上來說的，在政治制度上該如何做才能得到全意志？

盧梭對於這個問題的答覆似乎不像他在論述全意志時那麼的有信心，他有時認爲讓全體人民對政治有足夠的資訊但彼此不要相互勸服，然後在全體大會中投票表決時正負相抵後的差數就是全意志[19]。但全意志是不是就由選票的多寡來決定？盧梭又顯得有些猶豫。他說：「**做成全意志的要素並非投票時選票之多寡，而是被人民的公共利益所聯合起來的。**」[20]依照盧梭這個說法似乎又不能由選票數字來找尋全意志。那麼全意志到底該如何產生？只好由論者們自行詮釋了。總之，作者以爲盧梭的思想基本上是集社約論之大成的理論，尤其是他的「人民主權」（popular sovereignty）觀，更被視爲是直接民主的濫觴[21]。其實盧梭的理論雖然充滿了對人性的信任與浪漫，但同時也隱含了集體主義（collectivism）的因子[22]。盧梭全意志的主張並非必然是直接民主的主張，君主獨裁或極權政體一樣可以依據這個主張而做出他們自己的詮釋。英國自由主義學者柏林（Isaiah Berlin）即指出盧梭思想以全意志壓制個人，

因而帶有專制的隱含因子[23]，此言有其一定的道理。不過，盧梭畢竟是個人民主權論者，他說：「如果有一個屬神的國度的話，那他們的政府必定是民主的。」[24]由此以觀，即使有些集體主義論者也引述盧梭的理論作爲自己論說的依據，但筆者以爲盧梭本質上仍舊是個民主論者。他在政治制度的論述上雖然也著力甚多，但基本上盧梭在政治制度上的創見並不突出。因此，若謂盧梭醉心於直接民主，作者以爲這是過度推論，但直接民主若作爲受盧梭思想啓迪的結果，應是一種持平之論。

四、美國進步主義與參與式民主理論

美國在十八世紀獨立之後，在政治理論上雖高舉著契約論的大纛，但在實際政治制度上卻是採取聯邦主義和代議政治理論。到了十九世紀，部分政治理論學者對這種現象產生了一種反動，此即所謂的進步主義運動（Progressive Movement），此一運動於十九世紀的九十年代逐漸興起，至二十世紀初已蔚爲風潮，此一運動接受社會主義的思想而主張社會改革，尤其是針對勞工剝削的問題，他們極力主張必須改革，連帶的他們對經濟和政治問題也提出強烈的改革主張。在政治問題上，進步主義者則接受美國資本主義的傳統觀點，但卻要求加入更多直接民主的制度，他們希望引進罷免（recall）和創制（initiate）複決（referendum）的制度以制約代議士的自利行爲。此外他們主張開放婦女的參政權、擴大行政權以及政黨初選制（primary），同時他們亦主張行政改革，希望因此能夠提升行政效率，改革貪污腐敗現象[25]。

1960 年代美國政治學在芝加哥學派（Chicago School）的引領風潮之下開始了經驗主義（empiricism）潮流，這些強調經驗研究的政治學者一方面調整政治學研究的方向，二方面也在古典民主理論的價值引領下對美國政治制度進行反思。這股風潮配合著進步主

義的思潮，以及新左派（New Left）運動的影響，參與式民主理論（participatory democracy）就應運而生了。派特曼在 1978 年出版了《參與和民主理論》（*Participation and Democratic Theory*）一書，在該書中他強烈地批判熊彼得的精英民主理論（elite democratic theory），他認爲精英論者對普羅大眾政治知識與能力的不信任不應該成爲限制他們參與政治過程的理由，所以現代民主不但不應該限制人民的參政權還應該擴大政治參與，因爲他認爲透過政治參與人民反而可以經由學習而獲得訓練與教育的機會，而且人民越有機會參與政治過程越會有政治效能感，這可以改善人民對政治的冷漠與疏離，對政治穩定有相當正面的功能[26]。巴柏則提出了「強勢民主」（strong democracy）的概念，他認爲西方自由主義的傳統不論是早期的彌爾或是當代的海耶克（F. Von Hayek），基本上都犯了恐懼政府的毛病，因而希望弱化政府以免政府權力過度侵犯人民權益，這就形成了「弱勢民主」（weak democracy），反而限制了政府爲民謀福利的積極功能。所以巴柏主張強勢民主，他認爲不必恐懼政府的權力，但前提是公民必須有強烈的公民意識和積極的參與民主社群（democratic community），也就是在公民參與的條件下，政治過程可以被人民更有效的掌控[27]。這種人民直接參與到政治過程中的政治模式，巴柏以爲可以彌補代議政治的不足[28]，而且巴柏也相信只有透過更多的公民教育和直接的政治參與才能增加民主政治的效能，光是埋怨人民不適於參與民主政治那是非常不切實際的[29]。

貳、支持直接民主的辯證

支持直接民主（公民投票）的辯證其實相當大的理由是來自於民主的基本假設，亦即人在理性的基礎上應該是平等的。其次就是

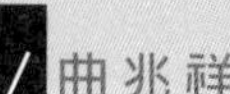

人類渴望平等而不願受他人宰制的心理。這兩種心理其實都是源自於人類秉性的一種利己情愫，它基本上不是什麼對錯或者有無事實根據的科學論證問題，它就是一種本能慾念，一種發自內心所想要得到的東西。就像人天生就希望被人愛、受人呵護與尊重一般，這沒什麼大道理可說，這就是人的天性。人類在政治上除非不得已，否則沒有人天生喜歡被人管，能夠自己當家作主，爲何要找個人來管自己。這種發自內心的需求其實正是自由的本質，而這也正是人類喜歡直接民主的原始動機。根據克瑞格（Stephen C. Craig）、柯瑞波（Amie Kreppel）、肯恩（James G. Kane）等人所引用的一份美國佛州（Florida）在 1999 年針對公民投票所做的一份民意調查資料顯示，有高達八成以上的人支持公投制度，即使沒有這麼多的人認爲人民有足夠的能力對複雜的政治或政策問題做出明智的決定，但是絕對多數的人還是支持公投制度[30]。丹尼史密斯（Daniel Smith）把這種現象稱之爲是一種「草根民主」（grass-roots democracy）[31]，而克瑞格則稱之爲一種「自利的民粹」（*faux* populism）[32]，多少都能顯示出直接民主這種出自利己動機的人類原始本能。理論的本質就是必須將原始動機合理化與類型化，因此論者對直接民主這個理念必須找到支持它的論證基礎。然而，不同的人對直接民主這個理念所做的論證或辯護，其所持之理由不完全一致。歸納起來可以約略整理如後：

一、直接民主最符合人民主權的旨趣

人民主權觀是古雅典政治制度的核心思想，雖然在那個時代裡，所謂的人民是指「自由民」，絕不包括奴隸和外國人在內。但從羅馬的西塞羅之後，因爲受到平等觀思想的影響，人民的概念就應該包括所有的人，不過這個觀念畢竟未能在羅馬共和時期被普遍接受。文藝復興之後的契約論思想不但確立了凡人皆應平等的觀

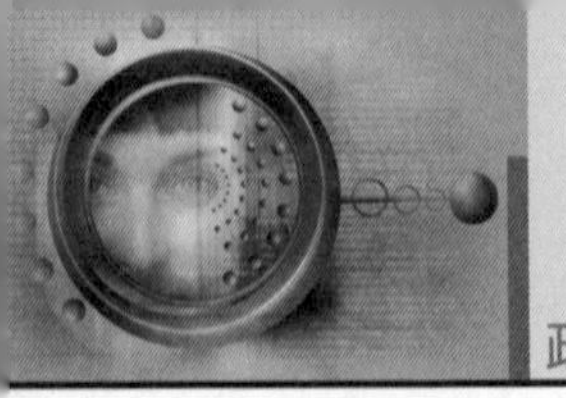

念，更進一步地，在契約論的理論裡，統治者的權力乃受之於人民放棄的一部分自然權利，所以權力的原始擁有者是被統治的人民，而非統治者。這種理論完全確立了「人民主權」的概念，形成近代民主政治思想中一種根深柢固的理想。

直接民權在本質上就是讓人民對掌握政府統治權的政府人事或重大政策擁有直接的參與權力，無須假手於他人。這種機制使得人民主權的觀念獲得最大程度的實踐，因此可以說是最符合人民主權旨趣的政治制度。當然即使是在此種機制下人民是否眞能掌握政府的統治權？實在是不無疑問，但無論如何這種機制的確最能滿足人民當家作主的慾念。從這一點來說，直接民權特別是公民投票的確是最符合人民主權旨趣的政治制度。

二、強化政府決策的正當性

巴特勒（David Butler）和蘭尼（Austin Ranney）認爲直接民權特別是公民投票的制度是最能極大化政府決策的合法性（maximizing legitimacy）的政治制度，這也就是說公民投票是最能強化政府決策正當性的政治制度。最關鍵的理由就是當人民以主權擁有者的身分以多數決的方式作出政治選擇的時候，以法律或政治的角度觀之，實在已經沒有比這個機制合法性或正當性更高的其他機制了[33]。

而換一個比較消極的角度來說，直接民權的公民投票雖然不能保證人民的多數選擇一定比間接民權的代議民主來得更高明些，但至少這是人民的抉擇，即使不是「最佳抉擇」，它也是人民做出的決定。就人民主權的觀點來說它的合法性與正當性也是最高的，這一點的確是無可置疑的[34]。換言之，即使在公民投票制度之下多數人民所做出的選擇不是最好的決定，它仍然是人民的決定，該一決定的正當性仍是無可質疑的。這也就是說即使從「理性抉擇」

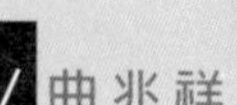

（rational choice）的角度來看並非最佳選擇的決定，但只要是人民以公民投票的形式所做出的決定，即便錯了也不能質疑其正當性。這種觀點雖然多少都會給人一點不切實際的感覺，但從人民主權的觀點出發，確實有一定的道理。

三、提高政治參與意願

政治參與基本上是民主政治過程中極具重要性的核心概念與機制，因爲只有透過成熟的政治參與，民主政治過程才可能順利、成熟地運作。所以巴特勒和蘭尼指出：「實踐民主的重要目標之一就是極大化所有公民的潛能，而直接參與公共決策的決定就是發展公民潛能的最佳途徑。」[35]換言之，公民直接參與公共政策的決定被視之爲最好的公民教育途徑，也就是擴大政治參與最佳的途徑。而巴柏則說：「只有直接的政治參與才是最佳的公民教育形式，且自盧梭、彌爾以及托克維爾（Alexis de Tocqueville, 1805-59）以來他們不斷地強調訓練直接參與才是最佳的公民教育。」[36]

依照前面論述的邏輯，吾人很容易的可以得到一個簡單的結論：公民直接參與度的高低將是決定民主發展良窳最重要的指標[37]。申言之，公民直接參與的程度越高則民主發展的體質越健康；反之，則表示民主體質出現問題[38]。這樣的結論是否妥切？其實是有一些問題的，因爲在一些極權國家裡公民參與公職人員選舉的投票率普遍偏高，如北韓、伊拉克等國[39]。所以單純以投票率高低來論斷一個國家的民主發展程度或者是所謂民主體質的好或壞，似乎太簡化了。其次，如果以公民投票的投票率來論斷直接政治參與的程度高低，吾人可以發現在一些同時存在公職人員選舉和公民投票的國家裡，幾乎沒有例外的。公民投票的投票率均低於同時舉行的公職人員選舉的投票率。巴特勒與蘭尼引用克里威（Ivor Crewe）的統計資料指出自 1945-1993 年的四十八年間共計有澳

洲、奧地利、比利時、丹麥、法國、愛爾蘭、義大利、紐西蘭、挪威、瑞典、瑞士、英國等十二個同時存在公職人員選舉和公民投票的國家裡，公民投票的投票率平均較公職人員選舉的投票率低約13％。而同樣的情形在克羅尼（Thomas E. Cronin）和麥格雷比（David B. Magleby）研究美國各州的情況也得到相同的結論，平均來看美國各州公民投票的投票率較公職人員選舉的投票率低約15％[40]。這個結果顯示吾人不能簡單地完全從投票率高低來論斷民主政治的發展或者是民主體質的良窳，但是筆者也必須指出政治參與的程度確實是吾人衡量一國民主發展程度的指標之一，只不過吾人不能完全以此單一指標作爲唯一的衡量指標。

另外，公民直接參與政治過程的效力也會影響公民政治參與的意願，亦即當公民投票的效力具有決定性效果時，公民的參與意願自然會提高；反之，則人民參與的意願就會降低[41]。這多少可以顯現出公民的政治效能感會影響他們的參與意願，同時也證明了直接民主機制確實有提高政治參與意願的效果。可是吾人不能因此即武斷地認定投票率越高即表示人民政治參與的程度也越高，其實當投票率到達一定的比例之後即會有停滯現象，這種停滯應屬正常的情形。因此當公職人員選舉與公民投票的投票率均達到一個穩定的水平之後，稍高或稍低的投票率增減其實並不具有太大的結構性意義。

四、避免民意代表、政黨扭曲人民意志

在代議民主的制度設計裡，人民意志或人民利益是藉由政黨或民意代表等中介組織來代表。換言之，政黨或是議員的功能即是匯集（aggregate）和提出（articulate）人民利益，並且在政治過程中完成人民利益的實現。可是政黨（不論是執政或在野的政黨）或者議員等中介組織一旦發生異化（alienation）的現象就可能會產生扭

曲甚或背叛人民意志的情形，此時所謂的人民代表或者屬於人民的組織——政黨，是否還能算是屬於人民並且忠實履行「代表」義務的中介組織呢？這一點確實是代議民主理論裡的盲點。

從組織理論的角度來看，組織一旦成形，久而久之就會產生一種異化的現象，也就是說該組織會產生自我的意識與自身的利益，該一利益極有可能會與組織創立時的宗旨相互矛盾，這種現象吾人稱之為組織的異化。這種現象在政黨或議員這種中介性質的政治組織中當然也是無可避免的，所以政黨或者議員本身乃至於由議員所組成的議會這類組織經常會遭到人民的抱怨[42]，其理由就在於這些政治性的中介組織違背或扭曲了人民意願，導致人民對該組織的不信任。況且，議會的運作經常會以協商、妥協的方式達成可行性最高的方案，但這類方案卻可能與人民的意願有一定的差距，可是人民一旦委任民意代表在民意機構中履行權力就很難收回當初的委任。再說，人民委託議員執行職權的範圍非常廣泛，人民不太可能每逢一個議題不滿意即更換議員（這還是在人民擁有罷免權的前提下才可能更換議員，在不少國家人民是不具有罷免權的），企圖以罷免的方式更換議員或淘汰政黨，除非是在定期的選舉中，否則是很難做到的。難怪有許多論者都抱怨說人民只有在投票的那一瞬間是真正在「做主人」，其他時間大多數是無能為力的[43]。

基於此，直接民主特別是公民投票多少能夠牽制政黨或議員的不當行為，也就是說至少在直接民主的機制中，人民有機會直接透過票決的行為規避政黨或議員扭曲人民意志的可能，將這些中介政治團體侵犯人民權益的機會降至最低，這對人民權利和人民意志的形成較為有利。

參、反對直接民主的辯證

反對直接民主（公民投票）的辯證其實就是代議民主的理論[44]。代議民主的理論基本上是目前民主政治理論中的主流思想，而且在目前世界主要民主國家中，代議民主政體也是主流的政治制度。代議民主理論雖然與直接民主理論是處於矛盾的關係，可諷刺的是這兩種民主理論皆是源自於相同的理論基礎，亦即古典民主的理論。他們的主張者都追溯古代希臘與羅馬的自然法思想，也都推崇洛克、盧梭等人的民主政治思想，但他們最大的差異是在於對個人的信任程度有很大的不同。在本文前一節的討論中，筆者指出支持直接民主的理論（公民投票）基本上是建立在以個人為核心的價值基礎上。而代議民主理論雖然也認同個人是政府統治權力的權力來源，但他們卻不認為人民應該全面的參與到政治過程之中。因為政治基本上是一種專業，它需要一定的專業能力，而每一位個人不見得都具備這樣的能力，也不一定都對政治事務充滿興趣，所以對個人而言最重要的是能掌握決定由哪些人參與政治運作的最高權力，然後讓他們依據憲法及相關法律的規定去運作。而憲法有關政治運作最重要的規則之一就是權力的分立（separation of powers），亦即只要政府的權力受到節制，並且政府各部門間的權力達到相互制衡（check and balance）的情勢，那個人就不必擔心政府的濫權或侵犯人民權益，此時即可放手讓政府去發揮他的職能，人民（亦即個人）只要定期檢視政府的績效並在必要時更換組成政府的政黨或執政者即可，實在沒有事必躬親的必要。

所以，對代議民主理論的支持者而言，他們對個人全面參與政治過程的能力是抱持著懷疑的態度，同時也質疑個人全面參與政治過程的必要性。以下即就代議民主論者反對直接民主（公民投票）

的主要論點歸納如下：

一、個人是否都具有直接參與民主政治過程的能力

在公民投票這類的直接民主過程中，需要由人民參與決策的事務往往都涉及專業性極高的爭議，無論是與國家主權、憲法更動或是公共政策、社會道德等相關的議題爭論，它們所牽涉的專業範圍恐怕都不是一般公民所能輕易理解的。再者，在一些與公民投票相關的實證研究當中也發現，公民在一些複雜性和專業性較高的議題中不但投票率偏低，而且往往也會發生投錯票的情形。麥格雷比有關美國各州公民投票的研究就發現有一部分選民在一些廢止型（abrogative referendum）公民投票中，明明是支持法律原來的規定，想要否決掉廢止該法律的提案，但因爲理解上的誤差而誤投贊成否決該法律案，其實這些選民本來應該投反對票的，但因爲他們支持該法律案而錯誤理解成支持就投贊成票，使得投票的結果剛好與其意願相反[45]。這種情形還不只在美國發生，在許多執行公民投票的國家中都曾出現此種情形。爲了避免錯誤的發生，所以公民投票在議題的設計上經常是簡化成「贊成」「反對」兩種簡單的選項，但許多議題的選擇其實可以有更多的選項設計，可是爲了怕選民搞錯，也就只好將之簡化了。

另外本章也曾引用麥格雷比的研究指出美國各州的公民投票投票率平均較公職選舉低約 15 %，而且他還發現一般會積極參與公民投票的選民在年齡層上偏向中高齡，教育程度、社經地位也都偏高，而且也較積極參與政治活動[46]。這表示政治能力較不足的選民一般來說較無興趣參與公民投票，這與直接民主理論支持者的主張是存有矛盾的。所以巴特勒和蘭尼在討論反對公民投票的理由時，用「由無知且不了解情況的選民來決定公共政策」的辭彙來說明這種情形[47]。巴特勒和蘭尼的用詞或許嚴苛了一些，但就各國

行使公民投票的情況來看，似乎也不是無的放矢。因為公共議題的選擇往往不是簡單的贊成—反對的選擇模式即可輕易解決。早在蘇格拉底的時代，當他與詭辯學派（sophists）的學者史拉希馬徹斯（Thrasymachus）論辯哲君（philosopher king）的必要性時說：「當人們想要聽好音樂時都知道要找最好的樂師，看病想找最好的醫師，吃飯又要找最佳的廚子，那麼統治人民當然要找最好的統治者。」[48]蘇格拉底基本上認為政治是一種技藝（art），它不是人人都有的一種能力，所以必須將政治工作委諸有此能力的人去做，才可能做得好。蘇格拉底或許稱不上是一位民主論者，但他對於政治本質卻有相當的洞悉能耐，他這個論點多少道出了直接民主論者在面臨事實考驗時的缺憾。此外，當代精英民主理論的主要論者熊彼得在他的名著《資本主義、社會主義與民主》（*Capitalism, Socialism and Democracy*, 1950）中提出類似於蘇格拉底的論點。熊彼得說：「**民主的方法乃是一種為達成政治決策所做的制度安排，在此一安排下，一些個人以競爭人民選票的方式獲取政治的權力。**」[49]換言之，以熊彼得的觀點來看，所謂民主的政體最關鍵的是，一些想要取得政治權力的社會精英或精英集團能透過制度性的安排，以透明、公開的競爭方式來爭取人民的支持。而人民有權依自己的自由意志和喜好選擇自己支持的精英獲取政治權力即可達成基本的民主，熊彼得這種論點也被稱之為「民主的程序論」[50]。當然，熊彼得還是提出了一些民主過程必須具備的其他條件[51]，不過最關鍵的還是民選政治精英以及精英的素質才是民主過程成敗的決定因素。可見得熊彼得與早他數千年之久的蘇格拉底都認為政治精英才是政治良窳的關鍵因素，因而開放普羅大眾參與政治決策對他們來說不但無此必要，甚而還有點愚蠢。

二、公民投票容易形成多數專制

公民投票制度的基本用意就是讓公民能夠在公平的基礎下參與公共事務的決定，但是在一些異質性較高的社會裡，稍不留意就可能形成多數專制（majority tyranny）的情形而形成另外一種形式的社會不公。這種現象在同質性較高或者社會共識較強的社會裡，其為害程度還不算嚴重，但在異質性社會或社會整體共識基礎較薄弱的社會裡卻極可能會構成解構性的危機。這是因為在異質性社會裡，不同特質的社群之間本來的互信基礎就很薄弱，如果居於多數地位的社群動輒發動公民投票，尤其公投的議題又是一些極具敏感性與衝突性的議題，那麼居於少數的群體必然會以更激進的手段來對抗多數的暴力。

另外，在同質性較高的社會裡，公民投票所可能形成的多數專制情形，其嚴重性雖不若異質性社會高，但也並不表示它不會發生。事實上在這些社會裡多少也會發生以公民投票形式侵犯人權的現象。根據巴特勒和蘭尼的描述，在美國部分的州確曾發生過由公民提出的創制案侵犯了少數者人權的情事。例如 1988 至 1990 年期間，美國有六個州以公民創制的形式提出公投案，給予法官得以在正式審判程序開始之前拒絕保釋若干被法官認定會在候審期間有再犯可能之嫌犯的權力。類似的侵犯嫌疑人人權，加強受害者與檢察官權力的情形在其他州也發生過。當然也有一些侵犯人權的提案遭否決的情形，如限制貧困婦女使用公共基金進行墮胎手術的提案，除了在阿肯色州（Arkansas）獲得通過之外，在科羅拉多（Colorado）和密西根（Michigan）兩州都遭到否決。另外一些增進人權的提案，如緬因（Maine）州通過預算讓州憲修改有關涉及兩性的文字使用以達性別中立化的目的，這個案例說明了公民投票不見得全然會侵犯少數的權利，不過發生多數侵犯少數權利的情形的

確是公投制度隱含的一項危機[52]。

三、公民投票會危害代議民主

代議民主是當代民主政體中的主流體制，即使是有部分民主政體在施行代議民主的程序中允許直接民主的機制存在，但基本上也只是以直接民主爲輔，也就是在必要時允許以公民投票來決定公共事務。不過即使是必要時的輔助措施，依然會發生影響甚至危害代議民主機制正常發揮的情形。

以公民投票的主要種類來說，由政府發動的公民投票或許對代議政治的危害度較小，因爲無論是政府的行政部門或議會機關發動公民投票時，基本上表示用正常的立法程序已無法順利完成涉爭問題的解決，所以才需要引進公民的裁決來解決紛爭。不過這只能說是在此種情形下，直接民主對代議政治的危害性較輕微，並不表示它毫無傷害。特別是像法國的制度允許總統可以直接發動公民投票並由總統單方面決定議題的論述方式，且無須國會的同意。這種情形極可能會致使行政部門在遇到國會對議案強力杯葛時，逕行訴諸公民投票，這會造成國會的弱化，使代議政治的功能被破壞殆盡。所以即使是由政府行政部門發動的公民投票也必須有國會的同意，否則對代議政體的傷害將是毀滅性的。至於由國會發動的公民投票雖然對代議政治的破壞性相對較小，但是對政治責任還是有一定程度的傷害。

其次，由公民直接發動的公民投票，無論是創制案、複決案或其他種類的公投形式，都無可避免的會造成政府的行政、立法部門權威和功能的損傷[53]。因爲創制案的發動基本上是肇因於立法機關不願意訂定某項法律或是政治情勢不宜訂定該項法律，立法機關於是採取一種消極性態度因應。此時公民若以公投方式迫使國會立法或者強行立法，其所造成的後果將破壞立法機關的主體性，也可

能形成政治責任的問題。當然人民發動創制案也有可能是肇因於立法機關的立法懈怠，在這種情形下發動創制公投確實可以彌補代議民主之不足。但問題是如何去判斷立法機關的不作爲是基於單純的立法懈怠，還是有其他的政治原因？這一點確實很難做出合理的判斷。

至於複決形式的公民投票則肇因於人民不願接受立法機關所訂定的法律，因此直接提案廢止該項法律繼續執行。但這種公民投票可能會導致議會機關內部好不容易所形成的妥協方案遭到否決，這使得議會被賦予甚至是被要求的職權會遭到破壞，而且這種破壞的結果所形成的政治責任將由誰來負責？這似乎也是一種無解的難題。當然，如果議會所訂定的法律根本就是議員或政黨基於私利所做的利益交換，那複決案的發動將有絕對正面的功能。可是問題又來了，到底該如何判斷議會的妥協性方案是基於私利還是公共利益？這又是一道難題。

總之，公民投票的直接民主形式或多或少的都會傷害到代議民主的機制，但是代議民主體制也確實存在一些本質上的缺陷致使人民不滿。如何使兩種制度能夠在運作上產生互補而非相互扞格的作用，這將考驗著民主制度支持者的智慧。

四、公民投票會破壞政黨政治、責任政治

政黨政治與責任政治基本上是民主政治運作非常重要的原則，特別是在內閣制國家裡，這些原則更是政府運作的基礎。而在總統制或半總統制的國家裡，政黨政治和責任政治的重要性雖然不如內閣制國家，但其重要性仍是相當大的。所謂政黨政治最主要的就是經由競爭性政黨體系（competitive party system）的公平競爭而產生責任政府（或稱責任內閣），朝野政黨之間透過議會裡的攻防或選舉中的競爭來爭取選民的支持，因此在競爭過程中政黨的立場與表

現是決定其選舉勝負，甚至是執政還是在野的主要依據。在內閣制的國家裡，政黨在議會中的攻防甚至還可能引發閣潮導致政府的更迭。所以在議會內閣制的運作過程中如果導入公民投票將相當程度地扭曲責任的歸屬，因此內閣制國家對公民投票制度一般都採取比較保留的態度。

當然這種情形在 1970 年之後稍有轉變，特別是義大利在 1978 年之後舉行過十五次公民投票，對義大利政治改革產生極大的影響[54]。而老牌議會內閣制國家英國至今雖然只舉行過一次全國性公投（1975）和二次有關中央權力下放蘇格蘭（Scotland）與威爾斯（Wales）的地方性公投（1977 ， 1997）[55]，但很明顯的連英國這種議會內閣制的起源國家都有些擋不住公民投票這股風潮的勢頭。由此可見即使公民投票制度可能會影響政黨政治與責任政治的運作，但是公民投票依然有其一定程度的影響力[56]。

除了在政治體制的層次上，公民投票會造成政黨政治與責任政治的不良影響外，公民投票也會衝擊政黨的功能以及政黨應負的政治責任。就政黨的功能來看，它應該負有利益的匯集和利益的提出等功能，換言之政黨應該對爭執不下的公共議題產生匯集民意和提出政策的責任。可是政黨往往會在黨內意見分歧甚至面臨分裂的危機時將這類爭議以公投案的形式交付公民投票。其實前述英國兩次的公投都是在工黨執政時期，工黨首相威爾遜（Harold Wilson）爲避免工黨的分裂所採取的一種策略。所以柯樂根（James Callaghan）說：「此舉是爲自己（按：指威爾遜）預留後路，避免分裂（按：指工黨）所致。」[57]其實何止英國是如此，在不少國家裡由政府發動的公民投票實質上都是因爲政黨想要規避政治責任或避免黨內分裂所採取的一種策略運用。這表示政黨可能會因爲種種自身的因素而將問題丟給人民，而一旦人民以公民投票方式表達了意見，那相關的政治責任也就跟著模糊掉了。難怪芬納（S. E. Finer）會說：「這是英國政治上的彼拉多（Pontius Pilate）。」[58]換言之，

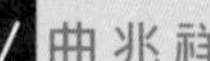

這些政黨就像聖經中所說的執行殺害耶穌的羅馬執政官彼拉多一樣，在行刑前兀自洗手以表示流此義人的血非其本意，將一切責任諉諸他人。

在所有對公民投票制度採取批判態度的論點當中，幾乎都有一個共同的出發點，也就是對個人能力的質疑以及對代議政治的破壞。而直接民主理論本質上確實也存在著這兩個問題，直接民主論者幾乎都存在著盧梭式對人性的浪漫，而且公民投票制度也確實會給代議政治帶來一定程度的衝擊。所以一味地對直接民主抱持著過度樂觀的浪漫，確實是有些不切實際。

肆、直接民主的合理論證

直接民主與代議民主論者之間形同水火的爭論雖已經歷兩個世紀以上，但此爭議似乎還未停止，特別是在一些民主政治仍處於快速發展階段的國家，這類的爭議仍是方興未艾。對直接民權論者來說，因爲他們著眼於政治制度必須對人民的意見做出迅速且全面的回應，不滿於代議政治之下議員和他們所從屬之政黨的顢頇和自私，因此希望讓政治制度能夠達成符合民意的變動性、大眾參與、意見衝突與競爭和多數決等目標[59]，故而堅決主張直接民主，尤其公民投票是表達直接民主的主要形式，因此公民投票制度是直接民主論者堅持主張必須納入政治決策程序的制度。但相對的，從代議民主擁護者的眼光看來，直接民主論者簡直就是「要命的樂觀論者」，他們對人性和個人能力過度的樂觀導致他們不能看清事實與理想的分別。再者，因爲代議論者著眼於調和立場、利益分歧的團體和個人，希望求得社會整體利益的極大化，因此特別重視政治制度的穩定、溫和和妥協[60]，不希望動輒就以公民投票多數決的方式迫使少數屈服於多數的暴力，所以堅決地排除任何直接民主的形式介入政治決策的過程。

直接民主與代議民主之間的爭議，難道完全無法解決？巴特勒和蘭尼在《全世界的公民投票：增加使用的直接民主》（*Referendum around the World: the Growing Use of Direct Democracy*, 1994）一書中有關公民投票理論的結論中說：「民主論者仍將某些直接民主的形式視之爲偶爾彌補代議政治之不足的重要機制，但絕非全然的取代代議民主。」[61]筆者以爲巴特勒與蘭尼此言確爲中肯、持平之言，因爲就現實來看眞正的直接民主確實在當代民族國家的規模中很難實踐。再者，事事都要人民以公民投票或群眾大會來做出公決，的確有些不切實際，也似乎無此必要。但在必要時由人民以最高主權擁有者的身分對爭議性高的議題做出整體意志的裁決，確實可以彌補代議政治在本質上的缺陷。不過緊跟著的問題是：何謂「偶爾」？又何謂「必要時」？這的確會形成進一步的爭論。

首先在設計直接民主的公民投票時，第一個要考量的問題就是由誰提出公投的議題？這個問題的本質其實就是前所論及的「必要性」的問題。換言之，該由誰來確認已到達必須祭出公民投票的時機？從公民投票的本質上來看，公民本身應該是最具資格提出公投案的，這一點大概在採取公民投票制度的國家裡都可原則性的接受，不過在接受程度上仍有不小的差異。一般來說各國對由人民提出的修憲或法律的複決案接受度較高，但由人民提出的修憲或修法的創制案則較傾向於採取保留態度。這種情形在公共政策的相關提案中也有相同趨勢，亦即由人民提出重大公共政策的複決案一般接受度較高，但由人民創制提出重大公共政策案則各國相對的保留。這表示由人民主動提出複決形式的公投案，比較受到支持，但相對的創制性質的公投案因爲可能涉及政府的職權的運作，所以持保留意見的相對較多。另外就是政府提案，而政府提案又可分成行政部門提案、議會提案以及由行政部門向國會提案三種次類的形式。其

中第一種單純由行政部門提案，可能會涉及行政部門引進人民力量反牽制國會的情形，它會造成較大的問題，所以除法國等極少數國家外少有採用者。而單獨由國會提案交付公民投票的形式相對於單純由行政部門提案的情形要多了許多，而由行政部門向國會提案，經國會同意之後再交付人民舉行公民投票的情形則是內閣制國家的常態，而且成功的比率也較高[62]。在一般情況下有權提出議題者往往也有權主導議題的論述，不過議題論述的技術性問題往往也會形成爭議，尤其是在對公投議題訂有法定排除條款的情況下，議題論述很可能需要一個中立機關或法院做必要時的仲裁。

其次，哪些議題不能作爲公民投票的標的？這也是一個需要認眞考量的問題。採取最開放態度者認爲所有議題只要依程序提出皆可作爲公民投票的議題，但實務上大概除瑞士之外，鮮少國家採取如此開放的態度，多數國家對公投議題或多或少的會採取若干的限制，至於如何限制以及用何種機制來限制，則各國規定有很大的差異性。內閣制國家多採取由國會來做決定，如英國即爲最明顯的例證。也有一些內閣制國家因爲允許人民提案所以另訂有法定的排除條款，將政府預算、財稅或其他如赦免、減刑以及環保之類的專業議題排除在公投的範圍之外；如果訂有排除條款則法院將可作爲確認公投議題是否違反排除條款規定的仲裁機關，如義大利即爲明顯的例子。

其三，爲了避免處於多數地位的群體侵犯少數群體的權利，是否應賦予法院司法審查（judicial review）的權力？這也是一個值得關注的問題。一般來說，對公民投票機制採質疑立場的理由之一就是公民投票的多數決原則有可能產生多數專制，因而侵犯少數群體的權利。因此，法院是否可在公民投票舉行之前或之後介入裁定公投案是否有違憲之嫌，的確值得吾人深入考量。依據義大利憲法第75 條之規定，憲法法院對由人民提出的廢止型法律複決案擁有實質的審查權，除審查是否牴觸排除條款的規定之外，對訴求內容是

否違憲也有權進行實質審查[63]。義大利憲法此一規定等於實質賦予憲法法院司法審查權，這種規定對異質性高或社會基本共識較低的社會來說，確實較能消弭居於少數的群體對公民投票制度的狐疑，對公投制度本身的公信力來說反而較爲有利。

在本節開始討論時，筆者即提出一個問題：「直接民主與代議民主之間的爭議，難道完全無法解決？」討論至此，一個明顯的圖像其實已經浮現，在直接民主與代議民主之間是應該有一個折衷的空間，那就是在代議民主的基礎之上加入直接民主的公民投票形式，以加強代議民主對民意的即時回應功能，同時亦可彌補代議政治之下政治精英對民意的壟斷和扭曲所產生的缺憾。總之，筆者十分認同巴特勒與蘭尼的話：「民主論者仍將某些直接民主的形式視之爲偶爾彌補代議政治之不足的重要機制，但絕非全然的取代代議民主。」

註釋

[1]有關民主的根本原則政治學者們的論點不完全一致，此處採用 Austin Ranney & Willmoore Kendall, *Democracy and the American Party System* (NY: Arcourt, Brace Jovanovich, 1956), chaps1-3.的觀點。

[2]David Butler & Austin Ranney eds., *Referendum around the World: the Growing Use of Direct Democracy* (Washington, D.C.: American Enterprise Institute for Public Policy Research. Co., 1994), p.12.

[3]David Butler & Austin Ranney eds., op. cit., p.13.

[4]林如娜，〈直接民主理論發展之研究——兼論我國 2003 年公民投票法〉，台灣師範大學政治學研究所碩士論文，2004，頁 16。

[5]國立編譯館編著，《西洋政治思想史》，台修訂七版，台北：國立編譯館出版，正中書局印行，1977，頁 78。

[6]同前註，頁 63。

[7]請參閱 Ernest Barker ed., *Introduction, Social Contract: Essays by Locke, Hume and Rousseau* (London: Oxford University Press, 1947), pp.vii-xliv.

[8]沈清松，〈社約論導讀〉，收錄於盧梭原著，徐百齊譯，《社約論》，二版，台北：台灣商務，2000，頁 7-8。

[9]Ernest Barker ed., op. cit., p.169.

[10]Ibid., pp.169-70.

[11]國立編譯館編著，前揭書，頁 174。

[12]Ernest Barker ed., op. cit., p.170.

[13]Ernest Barker ed., op. cit., pp.180-1.

[14]Ernest Barker ed., op., cit., pp.180-2.

[15]國立編譯館編著，前揭書，頁 179。

[16]Ernest Barker ed., op. cit., p.193.

[17]Ibid., p.194.

[18]Ibid., pp.190-3.

[19]Ibid., p.194.

[20]Ibid., p.197.

[21]林如娜，前揭文，頁 35-6。

[22]曲兆祥，〈論盧梭與中山先生平等觀之異同〉，《三民主義學報》，台北：台灣師範大學三民主義研究所，1992，期 15，頁 80。

[23]黃克武，〈公民投票與盧梭思想〉，《當代》，1994，期 104，頁 199。

[24]Ernest Barker ed., op. cit., p.233.

[25]張斌賢，《社會轉型與教育變革——美國進步主義教育運動研究》，長沙：湖南教育出版社，1988，頁 27-9。

[26]Carole Pateman 原著，朱堅章等合譯，《參與和民主理論》，台北：幼獅，1990，頁 48-52。

[27]請參閱 Benjamin R. Barber, *Strong Democracy: Participatory Politics for a New Age* (CA: University of California Press, 1984).

[28]郭秋永，《當代三大民主理論》，台北：聯經，2001，頁88。

[29]US Congress, Senate Committee on Judiciary, Voter Initiative Constitutional Amendment, hearings before the subcommittee on the constitution of S. J. Res. 67, 95th Congress, 1st session, 1977, p.195.

[30]Matthew Mendelsohn & Andrew Parkin eds., *Referendum Democracy: Citizens, Elites and Deliberation in Referendum Campaigns* (NY: Palgrave, 2001), pp.34-6, table1-1.

[31]Daniel Smith, *Tax Crusaders and the Politics of Direct Democracy* (NY: Routle, 1998), p.45. 此處轉引自 Matthew Mendelsohn & Andrew Parkin eds, op. cit., p.27.

[32]Matthew Mendelsohn & Andrew Parkin eds., op. cit., p.26. *faux* populism 是借用法文詞彙的創造語詞，意指某些人、利益團體或政治團體藉用公投等直接民主的形式來達成其本身之私利目的。

[33]David Butler & Austin Ranney eds., op. cit., p.14.

[34]Ibid., p.15.

[35]Ibid.

[36]Benjamin R. Barber, op. cit., pp.235-6.

[37]David Butler & Austin Ranney eds., op. cit., p.15.

[38]Ibid.

[39]北韓、伊拉克等國並不存在公民投票制度，所以此處是以公職人員選舉的投票率來做論斷。

[40]David Butler & Austin Ranney eds., op. cit., pp.15-7, table 2-1.

[41]Ibid., p.15.

[42]請參閱楊泰順，《被誤解的國會》，台北：希代，2001，頁12-35。

[43]Benjamin R. Barber, op. cit., pp.XI-XIV.

[44]Maija Setala 原著，廖揆祥等譯，《公民投票與民主政府》，初版，台北：韋伯文化，2003，頁95。

[45]David Butler and Austin Ranney eds., op. cit., p.18.

[46]David Butler and Austin Ranney eds., op. cit., pp.18-9.

[47]Ibid.

[48]國立編譯館編著，前揭書，頁 10-1。

[49]Joseph A. Schumpeter, *Capitalism, Socialism and Democracy*, 3rd. ed. (NY: Haper & Row, 1950), p.269.

[50]呂亞力，《政治學》，五版，台北：三民，2001，頁 135。

[51]邱延正，〈精英民主理論初探〉，《復興崗學報》，1998，期 63，頁 138-9。

[52]David Butler & Austin Ranney eds., op. cit., pp.19-20.

[53]David Butler & Austin Ranney eds., op. cit., p.20.

[54]David Butler & Austin Ranney eds., op. cit., pp.20, 68-9.

[55]Ibid., pp.38-45. 同時請參閱蔡佳泓，〈試析公民投票對政治與政黨體系之影響〉，《台灣民主季刊》，2004，卷 1，期 2，頁 33。

[56]有關公民投票是否眞會影響政黨政治的功能，論者間存有不完全相同的看法。部分論者認爲公投對政黨政治的影響並不大，相關論點請參閱蔡佳泓，前揭文，頁 27-40。

[57]David Butler & Uwe Kitzinger, *The 1975 Referendum* (London: Macmillan, 1976), p.12.此處轉引自 David Butler & Austin Ranney eds., op. cit., p.39.

[58]S. E. Finer ed., *Adversary Politics and Electoral Reform* (London: Anthony Wigram, 1975), p.18. 此處轉引自 David Butler & Austin Ranney eds., op. cit., p.43.

[59]David Butler & Austin Ranney eds., op. cit., p.21.

[60]Ibid.

[61]David Butler & Austin Ranney eds., op. cit., p.21.

[62]David Butler & Austin Ranney eds., op. cit., pp.20-1.

[63]David Butler & Austin Ranney eds., op. cit., pp.63-4.

問題討論

1.公民投票緣起的概念和基本價值爲何？

2.公民票是發展中國家解決政治發展問題的萬靈丹？

參考書目

中文書目

Butler, David & Austin Ranney 編著，《公民投票的實踐與理論》，初版，台北：韋伯文化，2002。

Pateman, Carole 原著，朱堅章等合譯，《參與和民主理論》，台北：幼獅，1990。

Setälä, Maijä 原著，廖揆祥、陳永芳、鄧若玲譯，《公民投票與民主政府》，初版，台北：韋伯文化，2003。

石之瑜，〈壓迫性的自由主義——公民投票的政治涵義與制度之安排〉，《中國戰略學刊》，1998，卷1，期1，頁19-44。

曲兆祥，〈論盧梭與中山先生平等觀之異同〉，《三民主義學報》，台北：台灣師範大學三民主義研究所，1992，期15，頁80。

吳　村，〈公民投票平議〉，《中山人文社會科學期刊》，1994，卷3，期1，頁195-215。

呂亞力，《政治學》，五版，台北：三民，2001。

李俊增，〈公民投票之理論與實踐〉，《憲政時代》，1997，卷23，期1，頁35-52。

沈清松，〈社約論導讀〉，收錄於盧梭原著，徐百齊譯，《社約論》，二版，台北：台灣商務，2000。

林水波，《選舉與公投》（*Election and Plebiscite*），初版，台北：智勝文化，1999。

林如娜，〈直接民主理論發展之研究——兼論我國2003年公民投票法〉，台灣師範大學政治學研究所碩士論文，2004。

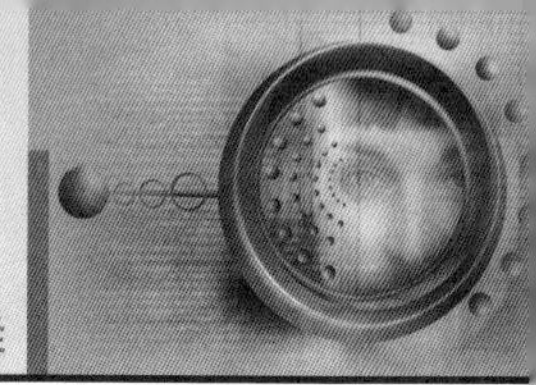

林治平，〈論國民主權原則與民主原則〉，台灣大學國家發展研究所碩士論文，1995。

法律小組編，《公民投票法立法資料彙編》，初版，台北市：五南，2004。

邱延正，〈精英民主理論初探〉，《復興崗學報》，1998，期63，頁138-9。

國立編譯館編著，《西洋政治思想史》，台修訂七版，台北：國立編譯館出版，正中書局印行，1977。

張斌賢，《社會轉型與教育變革——美國進步主義教育運動研究》，長沙：湖南教育出版社，1988。

曹金增，〈公民投票之理論〉，《憲政時代》，2002，卷28，期2，頁38-57。

曹金增，《解析公民投票》，初版，台北市：五南，2004。

許宗力，〈憲法與公民投票——公投的合憲性分析與公投法的建制〉，《新世紀智庫論壇》，1998，期2，頁35-51。

郭秋永，《當代三大民主理論》，台北：聯經，2001。

陳永芳，〈公民投票與民主政治之發展：我國實施公民投票之研究〉，東海大學政治研究所碩士論文，1998。

陳隆志主編，《公民投票與台灣前途——公投研討會論文集》，初版，台北：前衛，1999。

彭堅汶，〈公民投票與台灣地區的憲政發展〉，《中山人文社會科學期刊》，2000，卷8，期1，頁1-34。

黃克武，〈公民投票與盧梭思想〉，《當代》，1994，期104，頁199。

楊泰順，《被誤解的國會》，台北：希代，2001。

蔡佳泓，〈試析公民投票對政治與政黨體系之影響〉，《台灣民主季刊》，2004，卷1，期2，頁33。

謝復生，〈公民投票：主權在民的體現或民粹主義的濫用〉，《問題與

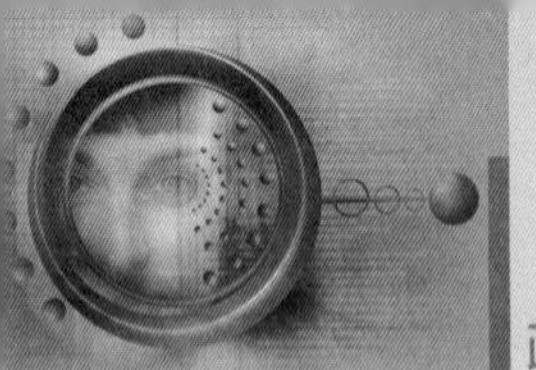

研究》，1995，卷35，期7，頁38-46。

蘇永欽，〈創制複決與諮詢性公投——從民主理論與憲法的角度探討〉，《憲政時代》，2001，卷27，期2，頁21-49。

英文書目

Barber, Benjamin R., *Strong Democracy: Participatory Politics for a New Age*, CA: University of California Press, 1984.

Barker, Ernest ed., *Introduction, Social Contract: Essays by Locke, Hume and Rousseau*, London: Oxford University Press, 1947.

Butler, David & Uwe Kitzinger, *The 1975 Referendum*, London: Macmillan, 1976.

Butler, David & Austin Ranney eds., *Referendums: A Comparative Study of Practice and Theory*, Washington D.C.: AEI Press, 1978.

Butler, David & Austin Ranney eds., *Referendum around the World: the Growing Use of Direct Democracy*, Washington D.C.: American Enterprise Institute for Public Policy Research. Co., 1994.

Gallagher, Michael & Pier Vinceuzo Uleri eds., *The Referendum Experience in Europe*, NY: St. Martin's Press, 1996.

Held, David, *Models of Democracy*, 2nd ed., California: Stanford University Press Co., 1996.

Mendelsohn, Matthew & Andrew Parkin eds., *Referendum Democracy: Citizens, Elites and Deliberation in Referendum Campaigns*, NY: Palgrave, 2001.

Ranney, Austin & Kendall, Willmoore, *Democracy and the American Party System*, NY: Arcort, Brace Jovanovich, 1956.

Schumpeter, Joseph A., *Capitalism, Socialism and Democracy*, 3rd. ed., NY: Haper & Row, 1950.

US Congress, Senate Committee on Judiciary, Voter Initiative Constitutional Amendment, hearings before the subcommittee on the constitution of S. J. Res. 67, 95th Congress, 1st session, 1977.

新興國家與政治發展──東亞經驗分析
葛永光
監察委員
台灣大學政治系暨國家發展研究所教授

作者簡介

葛永光，美國威斯康辛大學麥迪遜校區政治學博士，現任監察委員、台大政治系暨國家發展研究所教授。著有：《政黨政治與民主發展》、《文化多元主義與國家整合》、《政治變遷與發展》等書。

教學目標

本講題主要是以東亞國家的發展經驗為例，來探討新興國家的政經發展問題。希望透過此講題的講述，能讓學生瞭解新興國家的經濟發展經驗，及民主轉型的成因與問題。

摘要

第一章界定何謂「東亞」國家，及政治經濟的研究途徑和理論。第二章討論東亞國家的發展環境。第三章討論東亞國家發展的經濟、社會與階級面。第四章討論威權主義與東亞國家的發展經驗。第五章討論東亞發展模式的文化因素。

壹、導　論

在整個人類文明發展的過程中，東亞地區的發展經驗是二次世界大戰後人類歷史中的一個令人驚訝的現象。從東亞四小龍：台灣、新加坡、香港、韓國，到泰國、馬來西亞、印尼、越南，以及中國大陸的飛躍發展，加上此區域中最早現代化成功的日本，讓人不得不興起嘗試去尋找答案的念頭。爲何東亞國家相繼走上經濟快速發展的道路？其政治經濟的解釋因素爲何？此區域的發展特徵爲何？與其他區域的國家的發展經驗相比，東亞地區國家的發展經驗有何異人之處？東亞地區的發展經驗有何值得其他國家學習之處？這些經驗是否可以轉移？這些都是本文有興趣研究和探討之處。

一、「東亞」的意義與範圍

究竟「東亞」的意義指涉爲何？其範圍有多大？包括哪些國家？這是我們在進入正式討論之前，必須要釐清的問題。

一般而言，在討論亞洲國家時，研究者多半使用下列的分法[1]：

(一)太平洋亞洲（Pacific Asia）

有一段時間，太平洋地區的研究成爲西方的顯學，有關二十一世紀是「太平洋世紀」的說法甚囂塵上，「亞太經濟合作會議」（Asia Pacific Economic Cooperation Forum, APEC）的成立，更是將這種「太平洋世紀」的概念落實成爲具體的政治經濟行動。

所謂的「太平洋亞洲」，此概念即包含「東亞」和「東南亞」。而「東亞」國家又包含：(1)中國及亞洲內陸地區：包括中國本

土、滿州、蒙古、新疆、西藏、香港及台灣；(2)「東亞」也包括韓國、日本及東西伯利亞。此處的「東西伯利亞」（East Siberia）範圍包括西伯利亞的東部，及前蘇聯的遠東地區。

至於「東南亞」地區則包括「東南亞」的內陸地區和島嶼地區兩大塊。前者指越南（Vietnam）、寮國（Laos）、緬甸（Burma）、泰國（Thailand）和柬甫寨（Cambodia）。後者則包括：印尼、馬來西亞、菲律賓、新加坡和汶萊（Brunei）。

(二)太平洋盆地（Pacific Basin）

所謂的「太平洋盆地」此一概念是指前述的「太平洋亞洲」，加上「大洋洲」（Oceania）（如澳洲、紐西蘭等國），再加上北美（如美國）和南美等國，範圍更大。

(三)南亞大陸

「南亞」地區包含印度、巴基斯坦、阿富汗、孟加拉（Bangladesh）、斯里蘭卡等國，一般而言，此一區域仍停留在貧窮、落後的階段。

就本文的研究目的而言，本文中所謂的「東亞」國家，主要是指涉前述的「東亞」國家，如中國大陸、台灣、香港、日本、韓國，但偶爾亦將「東南亞」國家加入討論，如泰國、越南、印尼、馬來西亞、菲律賓、新加坡等國，都在討論範圍內。

二、政治經濟的意義與研究途徑

政治經濟的研究在二十世紀的末期，受到了社會科學界的廣泛重視。尤其是在東亞和拉丁美洲的發展研究中，政治和經濟因素的結合，常常是解釋這些國家發展成敗的重要關鍵。因此，政治經濟的研究，乃成爲社會科學界科際整合的一個重要領域。

(一)「政治經濟」的研究即是「發展」的研究

在我們探討什麼是政治經濟時，首先我們必須要討論「發展」此一概念。許多學者都曾對「發展」下過定義，如白魯恂（Lucian Pye）曾列舉學者對「發展」所下的十種不同的定義[2]。不過，此處我們對發展所做的界定，是指「經由一種進步的變遷所帶來的漸進的成長」（a gradual growth through progressive changes）[3]。這樣的定義，事實上隱含著「發展」即是一種變遷，是一種動態的概念，而且是一種「進步的」改變。這種改變，是一種漸進式的改變，而且隱含著「階段式」改變的可能性。因此，從政治經濟研究的觀點看，政治經濟的研究也是研究各個國家「發展」的研究。研究它們如何經由「進步的變遷」來達成「漸進式的成長」。

(二)「發展」的研究途徑

1.「正統的」典範（The Orthodox Paradigm）

「正統的」研究發展的學派，又可分成下列三種不同的研究途徑[4]：

(1)「放任式」的研究途徑（Laissez Faire Approach）：這一派學者主張自由經濟，認爲市場背後有一隻「看不見的手」，可以引導市場供需的平衡，政府不需要干預市場，應採放任的態度，讓市場自由運作，這樣才是發展的最佳策略。

(2)「計畫式的」研究途徑（Planning Approach）：這種發展的研究途徑，強調政府計畫經濟的重要性，亦即，政府在經濟發展的過程中，扮演著「火車頭」及「計畫者」的角色，當政府將經濟發展的計畫做好後，政府就像火車頭一般，拖著整個社會往前跑，帶動整個經濟發展的起飛。

(3)「均富」的研究途徑（Growth with Equity Approach）：這

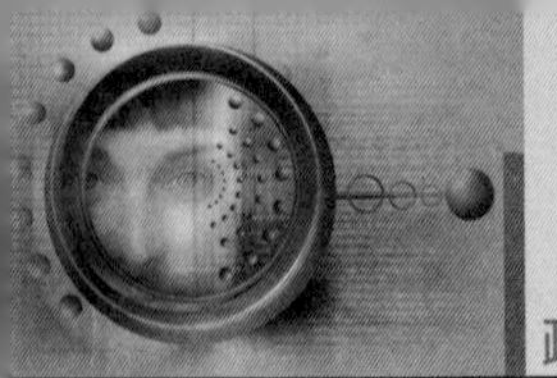

種發展的研究途徑，強調在經濟發展的過程中追求「平等」的重要性。一般開發中國家的發展所面臨的最大問題，乃在於經濟發展成功的同時，帶來了嚴重的貧富懸殊的問題，結果是發展的結果，雖然解決了「成長」的問題，卻未能解決「分配」的問題，反而造成社會嚴重的對立，帶來了政治社會的不穩定。因此，在發展過程中同時注意去解決「平等分配」的問題，乃成爲解決開發中國家政治經濟問題中一個重要的方法。在所有戰後經濟發展成功的案例中，台灣的「均富」傳奇，是人類發展史上的一個範例，也是台灣能夠維持數十年政治社會穩定的重要因素之一。

2.「政治經濟的」典範（The Political Economy Paradigm）

「政治經濟的」典範，主要關心的是完成經濟發展的「過程的本質」，換言之，與「正統的」典範相比，前面幾種研究途徑關心的是發展的目標：如何達成經濟成長和平等的分配，而「政治經濟的」典範關心的則是發展的過程與方法、一個國家是如何取得成長、使用的方法與策略爲何，這些才是「政治經濟的」典範所關心的內容。

此外，對政治經濟學家而言，他們所關心的另一目標是如何促進與形塑人們的核心價值，於是，發展對他們而言，成爲促進與形塑人們核心價值的手段，而非目的。

(三)政治經濟研究的學派

有關「政治經濟的」典範，主要有兩大學派與此研究途徑相關：

1.「馬克斯」學派

這一派的學者從「階級」的觀點來研究政治經濟問題。其研究

焦點置於一個國家內部的階級結構，認爲階級結構是瞭解一個國家內部如何控制經濟剩餘價值的關鍵。

2.「依賴理論」學派

這一派學者主要是關心國家與國家的關係。其研究焦點置於國家與國家間是否存在著一種「依賴關係」，而這種「依賴關係」是否造成一種「依賴發展」的情境，這種「依賴發展」在兩者間存在著一種不平等的交換關係，造成依賴的國家，依賴情境愈深，發展愈倒退。

(四)「政治經濟」理論的發展

1.「正統的」自由主義（Orthodoxic Liberalism）

在「正統的」自由主義中，「個人」（Individual）才是研究的主要單位，與傳統的政治研究將「國家」視爲是主要的研究單位不同。對「正統的」自由主義理論家而言，每一個個人都在追求自己的利益，而政治與國家都不過是個人追求自我利益的工具與管道而已。

例如，詹姆士・史都華（James Steuart）曾說：「『經濟』是以最廉價的方式提供家庭的成員日常生活品，就此而言，經濟也可稱爲『家庭經濟』。當此一概念衍伸到國家時，就成爲了『政治經濟』」。換言之，「政治經濟」是以最廉價的方式提供國家的成員日常必需品。

亞當史密斯（Adam Smith）也提到：「政治經濟的目的有二：(1)使人民能過一個舒適富裕的生活；(2)使政府能得到足夠的財力來從事公共建設。」

從自由主義者的觀點看，政治經濟討論的是，如何增加政府的財政能力來從事公共建設，其目的是要改善人民的生活。就自由主義者的理論而言，政治和國家都是促進人民福祉的工具，人民生活的改善才是「政治經濟」的目的。

2.「激進的」典範（Radical Paradigm）

此一「激進」學派與前述的馬克斯研究途徑相同，強調「階級」的重要性，「階級」是解釋一個國家「政治經濟」的主要因素。

3.「新政治經濟」理論（Neo-Political Economy）

由於現代政府功能的擴大，政府介入經濟事務和市場運作的現象日益增多，使得政治經濟的角色日益密不可分。對經濟學家而言，他們也必須要研究政府在市場中的角色，研究公共財貨如何透過政府的機制生產與分配，以及政府對市場的干預會產生何種影響。同樣的，由於「新政治經濟」視政治系統和經濟市場是類似的，對政治學者而言，研究政治也必須運用經濟的理論與方法。

總之，政治經濟學的出現，係源於國家機關與市場兩者之同時存在，及兩者之間存在互動關係所致。若無國家機關，市場力量與相對價格機能，將透過個人追求自利的形式，來決定機關經濟活動之結果，這是一個純屬經濟學者的世界；若無市場，則國家機關將根據其政治與社會目的，透過預算的形式，對可用與稀少的資源加以分配，這是一個純屬政治學者的世界[5]。根據前面的討論，我們知道，政治經濟主要是討論發展，亦即，一個國家如何追求經濟成長與平等分配，其目的當然是要改善人民的生活。過去即曾有政治經濟的討論，如「正統的」自由主義學者，討論的即是如何運用政治與國家此一管道與工具，來促進人民生活的改善。一直到馬克斯學派的出現，不但使政治經濟學的研究受到重視，也豐富了政治經濟學研究的內涵。近年來，有關政治經濟學的辯論，和「新政治經濟」學派的出現，更是擴大了我們在政治經濟學研究上的知識領域。

三、東亞的興起與分析架構

(一)東亞的成長經驗

戰後的東亞國家，受到戰禍的波及，大部分國家都是經濟蕭條，百廢待興。日本從一九六〇年代開始，在美國的協助下，經濟逐漸復興，每年以 7 %的成長率快速的起飛。到了一九七〇年代，日本經濟已逐漸趕上歐美國家，而一九八〇年代後，日本已成為世界主要的經濟體。

緊接日本之後，東亞四小龍：新加坡、台灣、韓國、香港，也以同樣快速的經濟成長率發展經濟。在一九六〇到一九八〇年代間，東亞四小龍以每年平均 8 %的經濟成長率快速起飛，而美國和歐洲國家的經濟成長率僅維持 3 %左右。一九八〇年代後，泰國、印尼、菲律賓、馬來西亞等國也逐漸加入高成長國家的行列中，然後，中國大陸更以驚人的發展速度後來居上，並逐漸成為世界在二十世紀末期的一個新的經濟中心。

根據國際貨幣基金會（IMF）的統計，東亞國家佔有世界一半的人口，擁有世界 30 %的 GNP（美國約有 18 %左右），東亞國家控制 40 %左右的中央銀行儲備金，同時，擁有超過全國 GNP30 %的儲蓄率，東亞國家又是全世界最大的資本集中地，也是世界貿易的中心[6]，可見東亞國家的日漸興起，及其在世界經貿發展中所佔的重要角色。

(二)東亞政治經濟發展的分析架構

對於東亞國家政治經濟發展的經驗應如何詮釋和分析，學界一直有不同的看法。基本上，對於東亞發展的經驗，從學術的觀點看，確實有很多值得加以探討與研究之處。東亞的經驗有與其他國

家或區域發展經驗雷同之處，但也有其獨特之處，深入的瞭解與分析，有助於我們建立發展的模式，並進一步找到發展的秘訣。

大體而言，對東亞發展經驗的解釋，可分爲下列幾種分析架構：

1.「新古典經濟」理論

這是解釋東亞政治經濟發展的「正統」理論。新古典經濟學派學者在解釋東亞國家經濟發展成功的經驗時，多傾向於認爲東亞國家對於自由市場的依賴，是東亞國家成功的主因。例如，阿克曼氏（David Aikman）主張台灣與香港的成功應歸功於其統治者醉心於美國觀念的自由企業[7]。兩位弗利得曼氏（Milton and Rose Friedman）在《自由選擇》一書，也有同樣見解：

> 馬來西亞、新加坡、南韓、台灣、香港、及日本——廣泛依賴私人市場因而興旺；相對的，印度、印尼及共產中國均依賴中央計畫甚深，則感受到經濟停滯。[8]

依照自由市場理論，東亞的表現比其他新興工業國家爲優，因東亞國家幾乎完全不干涉所有市場的運作。費景漢亦曾指出：「東亞新興工業國家基本成功因素在政策方面，可追蹤其政府在外銷導向的市場經濟，甚少干涉。在台灣、南韓及其他近似新興工業化國家與拉丁美洲相比，對市場的干涉極少。」[9]可見新古典學派是強調自由市場的重要性，而根據新古典經濟學派，東亞國家成功的因素乃就是因爲執政者尊重市場的運作，很少用政治力去干預或扭曲市場的運作。

2.「現代化」（Modernization）理論

一九五○和一九六○年代，現代化理論甚囂塵上，一直到一九八○年代，現代化理論對於社會科學的研究仍影響甚大。現代化論者多半認爲，現代化的過程就是要從一個傳統社會轉型或過渡到一個現代社會。這樣的一個現代社會當然是以西方社會的模式爲範

本，其特徵爲高消費、高所得、自由經濟和私人企業。要達到以上的目的，就必須追求快速的成長，要追求高經濟成長，又必須學習西方的政經模式，尤其是在經濟領域中，必須採取資本主義的自由經濟模式。

3.「依賴」（Dependency）理論

當依賴理論在一九七〇年代後興起時，也有些學者嘗試從依賴理論來詮釋東亞國家的發展經驗。根據依賴理論，依賴國家在發展過程中如過於依賴核心國家，依賴的結果會造成成長停滯和所得分配懸殊。其中依凡斯（Peter Evans）對台灣的研究爲其中範例。依凡斯用依賴理論研究台灣時，發現依賴理論並不適用於台灣。台灣雖然在經濟發展過程中對美國有許多依賴，但並未造成台灣的成長停滯和貧富懸殊。

4.「國家」（The Role of State）理論

在解釋東亞國家成功的經驗中，也有一些學者從「國家」理論來解釋。這些學者認爲東亞國家經濟發展成功的原因，自由市場乃是一種僞裝，政府的介入其實扮演著經濟發展過程中極其重要的角色。例如，韓深（Parvez Hasan）即曾指出：「南韓的經濟依賴大量私人企業，但在高度中央政府指導下運作。南韓政府的角色極其直接，不僅於制定政策規則，及透過市場機能直接影響經濟，事實上政府似乎是參與者且在所有企業決策上做決定性的影響。」[10]

日本事實上也有類似的情形。日本政府不但在經濟政策上指導企業的發展，日本政府甚且介入企業甚深。羅斯瓦斯基（Henry Rosovsky）甚至說日本「這是世界上唯一由政府決定一種工業有多少廠商，並安排理想數額的資本主義國家」[11]。可見，東亞國家的成功經驗，不能僅從自由市場的角度來觀察，而必須由政府的角色去深入探討。根據「國家」理論學者，政府的指導，才是東亞國家成功的原因。

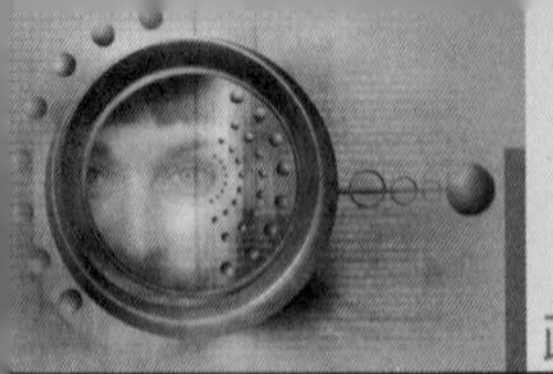

貳、東亞國家政治經濟發展的環境

一、東亞國家的發展環境

從政治系統理論來看，環境因素是影響發展的一個重要變數。不同的國家及不同的區域，所以會產生不同的發展結果，有時與面臨不同的發展環境，受到環境的制約，有密切的關係。

東亞的發展環境特徵，大致可以歸納成下列幾點[12]：

(一)兩極對抗到一超多強

在戰後，東亞是美國和蘇聯兩超級強國爭雄的局面，自由民主與共黨極權兩大陣營互相對抗。在發展的策略上，兩大陣營的國家受到美、蘇的影響，也分別採取了不同的發展策略。大體而言，在民主陣營的國家，多採取自由經濟的發展策略，而在共黨陣營的國家，則採行蘇聯的計畫經濟模式。

但是，到了 1989 年後，東歐的共黨國家開始解體，隨後蘇聯的共黨體制也開始崩潰，導致美國在東亞地區成為獨大的局面，美國的發展模式也逐漸的普遍推行到此一區域。隨著蘇聯、中共都逐漸的走向市場經濟，東亞國家的發展模式也日趨接近。目前雖然俄國、中共在此一區域仍具影響力，加上日本也是此一區域的強權之一，使東亞的國際政治經濟環境處於一種「一超多強」的環境，但無可諱言的，美國在此一區域的影響力仍是無與倫比的。

(二)安全威脅下的發展環境

東亞國家在發展過程中，由於受到冷戰的影響，多數國家都受

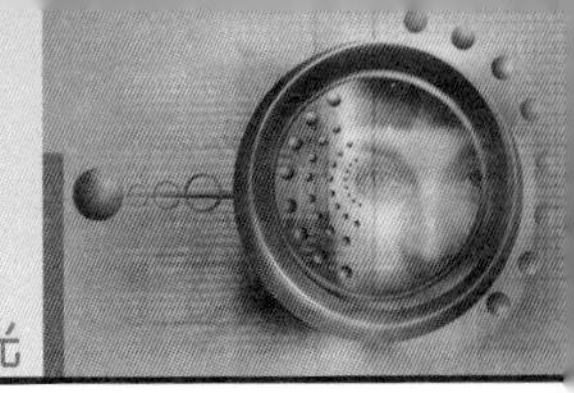

到共黨武力的威脅，如台灣、韓國、新加坡、馬來西亞、泰國、菲律賓等。這種在安全威脅下發展的特性，與其他國家或區域的發展經驗有很大的不同。即使在冷戰結束後，東亞國家在發展上仍面臨不同程度的安全威脅，如台灣面臨來自中共的威脅，南韓面臨北韓的威脅等。

(三)自由主義者和現實主義者對東亞安全環境的看法不同

自由主義者認爲，在一個領域中實行自由化，最終會擴及到其他領域。因此，經濟的自由化會影響到政治的自由化，而政治經濟的自由化會帶來一個更安全的環境。所以，自由主義者認爲，國家愈貧窮，則更具侵略性，更爲危險；一個國家愈富裕，則不易輕啓戰端。從此一觀點延伸，當東亞國家愈趨富裕時，自由主義者認爲，東亞地區的和平愈可能實現。根據此一假設，美國的政策即在協助此一區域的國家走向經濟繁榮，包括中共，當大家都脫離貧窮而走向繁榮時，政治民主的到來才有可能，而和平也才有機會。

但對現實主義者而言，別的國家成爲富裕的國家，並不符合其戰略利益，因爲經濟實力的增強，會增加一個國家的綜合實力，包括軍事力量的增強，因此，除非這一國家成爲外交上的盟邦，或是雖富裕但卻維持弱勢的軍力，否則，此一國家的富裕，會使這一國家更具野心和更具威脅。從現實主義者的觀點來看，在此一區域中，中國若愈富裕，則愈具野心與威脅，對東亞區域的穩定反而不利。同時，加強日本的軍備力量，也有潛在的威脅，屆時日本不但可能在東亞區域中與中國發生衝突，也可能挑戰美國在此一區域中的利益。

(四)東亞的新戰略環境

一九八〇年代末，當蘇聯瓦解和中共逐漸走向市場經濟及向國際開放後，東亞新的戰略環境出現。從冷戰走向後冷戰時期，東亞

的環境應如何評估，產生兩派不同的看法[13]：

1.樂觀主義派

認爲東亞區域正處在一種前所未有的和平狀態，區域中以出口爲導向的經濟和市場正欣欣向榮中，民主體制也在此一區域擴展中，而且，區域組織如亞太經合會（APEC）、東南亞區域論壇（ASEAN Regional Forum）都在成功的發展中，加上區域中的四個強權：美、俄、中、日，彼此間發生衝突的可能性較過去爲低，因此，東亞的新戰略環境基本上是較安全的。

2.悲觀主義派

這一派學者看到東亞地區其實有許多衝突的來源，例如：(1)美國力量的衰退和中、日的興起，可能造成強權間的衝突；(2)美、日之間的貿易摩擦；(3)中、日之間的歷史仇恨與地緣衝突；(4)俄、日之間的領土衝突（如庫頁島 Kuril Islands）；(5)美、中間對貿易、人權、武器銷售及台灣問題的爭執；(6)南北韓、台灣和中共、及南海主權問題等潛在的衝突。以上這些因素，都可能導致東亞成爲一極不穩定與不安全的地區。

雖然悲觀學派的說法不是全無根據，樂觀學派的看法也確實過於樂觀，但整體而言，東亞區域的戰略重要性日增，卻是不爭的事實。隨著區域中國家的日趨富裕，輕啓戰端的動機，確實也有自我節制的傾向。我們雖不能因此論斷和平的可能性大增，但減少戰爭誤判的機制和管道正紛紛建立，至少這是避免戰爭發生的重要一步。簡言之，東亞區域的和平與繁榮，應該是有助於此一區域中國家的進一步發展。

二、台灣的發展環境

(一)明顯的軍事威脅

中華民國政府在 1949 年撤退到台灣，從此，兩岸的對立迄今尚未結束。一九五〇年代，兩岸仍處於軍事對峙和衝突的時期，軍事衝突不斷。 1954 、 1955 年間，兩岸的軍事活動頻仍， 1958 年中共砲轟金門，使兩岸軍事衝突達到高峰。一九六〇年代後，中共因忙於大躍進、三反、五反及文革等政治鬥爭運動，使兩岸軍事衝突暫歇，唯迄今中共仍未放棄武力犯台的政策[14]。

台灣就是在這種長年處於中共安全威脅的環境下求生存發展，因此，台灣的發展是在國家預算多半投資在國防預算下所完成，與其他國家的情況有相當大不同。

(二)從無到有的發展環境

在遷台初期，台灣的經濟發展環境是一片廢墟。 65 %的交通系統及基礎建設都被戰爭摧毀，通貨膨脹嚴重，政府資金欠缺，農業也是百廢待興，台灣就是在這樣的條件下開始發展。

在政治上，政府組織和政黨組織都因戰亂之故，被破壞得殘缺不全。尤其是黨政人員的士氣、忠誠、素質、能力，都有待提升。如何改造黨政組織和加強黨政人員的素質，乃成爲當時政府重新出發的重要改革方向之一。

在國際關係上，政府遷台時，由於美國發表對華政策白皮書，將大陸淪陷歸責於國民政府，對國民政府的支持是極其微小，使台灣度過了一段風雨飄搖的時期。一直到韓戰時期，美國與中華民國於 1954 年簽訂「中美共同防禦協定」，才改善了台灣在安全上的不穩定狀態。

(三)以儒家為主的文化發展環境

國民政府撤退到台灣後，一心一意的以反攻大陸、收復國土為職志，在文化政策上以繼承中國文化正統自居，以儒家文化為教育文化政策之根本。儒家文化所傳授的價值觀，對台灣的經濟發展產生了深遠的影響，這點我們將在後面進一步討論。

(四)美援與日本殖民的遺產

美國於一九五〇年代開始對台灣提供的援助，對當時破敗的台灣經濟產生了極大的幫助。加上日本在台殖民統治時，對台灣所做的基礎建設，並未被戰爭破壞，也未隨著日本戰敗撤離而毀損。這些因素對當時國民政府的經濟發展和建設，有相當的助益。

參、東亞發展的經濟、社會與階級面

一、東亞發展的經濟面

根據新古典學派對東亞國家發展的解釋，東亞國家工業化的成就可歸納為下列四個因素[15]：

(一)自由貿易體制促進外銷

基本上，東亞國家的執政者是相信自由貿易體制的，這使得他們得以建立一個根據自由交換的市場運作體制，來擴大他們的比較利益，及創造一個互惠的勞力分工體系。

在自由貿易體制中，外銷的生產者欲享有自由貿易措施，應先具有兩種條件。首先生產者應能輸入多項投入用於輸出的產品（原料、中間產品及資本材)，無數量限制及關稅。此可使彼等依國際市價採購所有國際上能買到的商品及勞務，或與其競爭者支付相同的價格。其次，外銷者所支付之匯率與假定的自由貿易匯率相等(即消除所有保護措施並在國際收支上產生相等的順差或逆差)。

以台灣而言，在 1958-62 年間，凡外銷者自國外輸入用於外銷產品部分，均可免稅或退稅。就第二項條件而言，台灣官定匯率與假定自由貿易匯率兩者間的差距，與南韓、阿根廷等六國相比，乃是最小的[16]。官定匯率與假定自由貿易匯率兩者差距小，即顯示低度的保護。這些都表示台灣的外銷者所面臨的經貿環境是一個自由貿易體制，根據新古典學派的解釋，這樣的自由貿易體制是有助於外銷，而以外銷爲導向的經濟，創造了台灣的經濟奇蹟。

(二)自由的勞力市場

台灣的勞力市場接近所謂的競爭性市場，勞動的價格亦隨價格與生產力被動地在調整。在組織上，台灣有最低工資立法，使勞工有基本保障；其次，失業率低，此外，工資大體低於或等於勞動生產力的成長。這些因素說明台灣的勞動市場是一個競爭性市場，也可說明台灣外銷工業的競爭力。

(三)高利率

台灣是首先採用高利率政策的國家之一。高利率導致高儲蓄率，台灣在 1950 年只有 3 %的儲蓄率，但到了一九七〇年代末，儲蓄率增加到全國收入的 30 %，到了 1975 年更超過了日本(25.3 % vs.22.7 %)。由於享有高儲蓄率，使得通貨膨脹的威脅降低，也使得政府舉借外債的需要減少。

(四)保守的政府預算

以台灣爲例，自一九六〇年代中期開始，大多數時期政府都有

預算盈餘。就政府歲入而言，預算盈餘大多歸功於全盤開發政策的成就，乃使歲入快速成長。

政府預算盈餘有助於遏止通貨膨脹，轉而使外銷具有競爭力極高度的投資。預算盈餘可使金融組織有餘力貸放於非公共支出用途，並使儲蓄保存在金融組織內。

總之，以上我們雖然主要是舉台灣的例子作說明，但東亞國家的發展多半具有類似的特徵，如日本、韓國、新加坡等。這些經濟的因素，說明了東亞國家的發展基本上仍是建立在一個自由的貿易體制，和以外銷爲出口導向的經濟發展策略上。

二、東亞發展的社會與階級面

僅從經濟面來詮釋東亞國家的發展，必然會流於褊狹。新古典學派的解釋，對瞭解東亞國家的發展也必然有所不足，因此，除了經濟層面外，我們仍須尋求其他層面的解釋。

(一)社會面

我們可從下列三個面向來討論社會面的發展：

1.同質性的社會結構[17]

與歐美國家和其他區域比較起來，東亞國家內部的社會結構同質性是較高的。以日本、韓國爲例，內部種族分歧不大，因而也缺乏種族衝突，這給這些國家一個較穩定的發展環境。此外，台灣、中國大陸、香港、甚至新加坡等華人社會，相對而言，其社會結構的同質性都算高。

此外，東亞國家以家庭爲中心的社會結構，也可能有利於其發展。例如，這種以家庭爲中心的社會結構影響到企業組織，使其企業結構以中小企業爲主，而中小企業在因應經濟危機時，可能較具彈性。

2.具競爭性的工業結構[18]

台灣成功的主要因素爲彈性、經常費用甚低及企業少有獨佔的能力。其中尤以小型的家庭企業或工廠最具彈性，也是台灣製造業的中心。

此外，台灣的競爭文化乃源自於文化傳統中「寧爲雞首，毋爲牛後」的觀念。人人都想出人頭地，都想自己作老闆，使這個社會成爲一個具有強烈成就動機的社會，這種文化心理的背景，是台灣發展成功的重要因素。

3.非正式經濟（地下經濟）

所謂的非正式經濟，並不是完全指一些犯罪的活動，如走私、地下錢莊等活動，而且包括一些合法企業所做的非法的行爲，如逃漏稅，或隱匿不報自己的收入。

非正式經濟活動主要是建立在以家庭爲中心的關係網絡上，由於此種關係網絡具有一種信任的基礎，它成爲社會交換的一種重要方式。例如標會，就是一種社會交換的非正式經濟。當這種依據關係所建立的資本交換模式形成後，它有助於降低交易成本。例如，兩人在從事交易行爲時，因爲彼此信任，不需要找律師來簽約，只要寫張借據甚或口頭約定即可。

(二)階級面

與歐美國家比較，東亞國家的階級問題較少。不像歐美國家經常發生勞工階級和資本家的對立，東亞國家較少發生勞資對抗，這使得東亞國家的投資經營環境較穩定，有助於吸收外資和鼓勵企業投資經營。

爲何東亞國家的階級問題較少？主要可從兩方面來探討：

1.階級結構較單純

在殖民統治之前，韓國、中國都是地主階級的力量很強，而國家（state）的力量薄弱。但在殖民統治期間，地主階級被摧毀，國

家機關的力量開始強化，使得階級結構開始發生變化。戰後，韓國獲得獨立，台灣脫離殖民統治，兩者都開始進行土地改革。土地改革進一步改變了階級結構。土地改革基本上摧毀了地主階級，創造了小農階級。因此，當台灣、韓國進入一九六〇年代的經濟發展期時，兩者都沒有了大地主的上層階級，階級結構變得較爲單純，流動性較高，使兩者在追求以出口爲導向的工業化過程時，沒有遭遇到強有力的階級對抗。

在土地改革摧毀了大地主後，台灣的一些地主在取得政府以公債的方式償還後，轉而成爲台灣第一批的企業家，開始從事企業投資生產活動。而台、韓兩個社會在土改後，也都轉型成爲一個小資產階級的社會，這個社會中充滿了具有強烈成功欲望的小企業家，他們不斷的追求所得的增加，也帶動了經濟活動的起飛。

2.勞工的平和

大體上，東亞國家在發展初期，並無像西方國家常見的勞資衝突與大規模的勞工運動。由於受到國家機關刻意的控制，和對勞工的壓抑，使得這些國家的勞工運動並不嚴重。

此外，由於東亞國家在發展初期，在政治體制上多半是採行威權體制，對勞工運動有相當的限制，也使得勞工運動不易成長。

最後，東方的文化，基本上視勞工爲家庭的成員之一，公司或工廠就如同一個家庭，老闆就如同家庭中的大家長，有責任照顧其員工，因此，東亞國家的公司管理方式與西方不同，如日本公司採取的「終生僱用制」，使員工能安心工作，也因此產生對公司和老闆的認同，勞資衝突的可能性也因而減低。

以上，我們從經濟、社會和階級的角度來探討東亞國家的發展，下面我們將進一步再從政治體制的因素來討論。

肆、威權主義與東亞國家的發展

一、威權主義的意義與東亞國家的政治體制

(一)威權主義的意義

威權主義是一種政治體制，基本上，這種政治體制是一種權力向上高度集中，而且權力是集中在少數人或少數人的集團手中。在這種體制中，權力的取得基本上不是經由定期選舉的民主機制來完成，而是經由權力鬥爭、或是政變、革命等方式來完成。威權體制對人民生活的控制是局部的，而非全面的，只要不威脅到政權的生存，統治者基本上並不會作太多的管制。

裴馬特（Amos Perlmutter）曾將當代威權主義分爲下列幾種型態[19]：

1.布爾什維克共黨模式（The Bolshevik Communist Model）

這是一種黨國體制，列寧政黨統治國家機關，也統治整個社會。

2.納粹模式（The Nazi Model）

在 1919-1933 年間興起於德國。其主要特徵爲：(1)具有強大的組織能量，能充分動員選民；(2)擁有強大的宣傳機器；(3)擁有眾多有力的輔助工具，如青年團、民兵組織、特務組織（黑衫軍）等，有助於其威權統治。

3.法西斯模式（The Fascist Model）

主要是指義大利的墨索里尼。與前兩者不同，義大利法西斯模式的國家機關的權力要高於政黨，是以國領黨，而非以黨治國。

4.組合主義模式（The Corporatist Model）

這是一種法西斯模式的極端表現，主要發生在西班牙、葡萄牙和拉丁美洲國家。在這種模式中，組合主義的國家機關才是政治體系中的支柱，但組合主義並不是一種群眾運動，也不做經常性的群眾動員。組合主義的國家也不強調意識型態的重要性，而是與工會、商會等重要利益集團結合，來追求彼此的共同利益。

5.官僚威權主義（Bureaucratic Authortianism）

這種體制是由一群受過專業訓練的技術官僚統治，他們用一種理性的、非人情式的方式來制定政策和解決問題。官僚威權主義並不喜歡群眾動員，也不喜歡政黨或政黨競爭，對下層階級的反彈甚爲敏感，較喜歡與中產階級合作。

6.禁衛軍模式（The Praetorian Model）

這種模式強調軍隊的重要性，軍隊經常介入政治，而且控制行政，多數時刻是以軍政府的型態呈現。

(二)東亞國家的政治體制

就以上的幾種威權主義模式來看，東亞國家的政治體制在發展初期，多半是屬於「官僚威權主義」，如台灣、香港、新加坡，甚至日本在發展初期，也是屬於官僚威權主義的體制，不過在發展後，日本比較類似組合主義的模式。至於韓國是介於官僚威權主義和禁衛軍模式之間。

東亞國家的威權體制對東亞國家發展的影響，可從下列幾方面來討論：

1.以威權主義為推動現代化的工具

阿蒙和包威爾（Almond and Powell）在比較開發中國家的發展策略時，就曾指出台灣採取的是「威權—技術官僚—動員」的策略，而韓國採取的則是「官僚—技術官僚—平等主義」的發展策略[20]。事實上，研究日本的學者也指出，日本在發展初期也是以威

權主義爲推動現代化的工具。甚至，中共在一九七〇年代後期開始經改以來，「新威權主義」的辯論，主要也是要在政治上維持威權的體制，但在經濟領域中則採行自由經濟，以學習東亞四小龍的模式來推行中國的現代化。

2.一黨優勢制的政黨體制

在以威權主義爲推行現代化的發展策略中，政黨扮演著一個重要的角色。杭亭頓（Samuel Huntington）曾指出：在開發中國家，有一個強大政黨的存在，是必要的，而且有助於經濟發展[21]。

杭亭頓的理論對討論東亞國家的發展甚有助益。台灣的國民黨、新加坡的人民行動黨、日本的自民黨、甚至韓國在朴正熙總統執政時的民主共和黨，都是長期執政，而且任內都創造了高度的經濟成長。大體而言，此一一黨優勢制有利於政治穩定、人才甄補和維持政策的延續性、一貫性，這些都有利於經濟發展[22]。

二、東亞國家的發展模式

國家領導發展（State-led Development）是東亞發展模式的獨特性之一，即是國家在發展過程中所扮演的關鍵性角色。大體而言，日、韓、台灣、香港、新加坡、甚至近年來的中國大陸，都有一個非常強的國家機關。此一強有力的國家機關不但可使其在制定政策時能獨立於其他團體（尤其是利益團體）的影響之外，而且他們能夠改變團體或階級的行爲，並能改變社會的結構，以創造一個有力於發展的環境[23]。

台灣和韓國在土地改革過程中，摧毀了大地主階級，改變了階級結構，就是一個例子。此外，東亞國家對勞工階級運動的管制，營造了一個較有利於企業的環境，又是另一例子。至於日本政府在資訊收集、關稅控制、行政指導和財政補助上對企業的協助，更是日本經濟得以快速成長的原因。

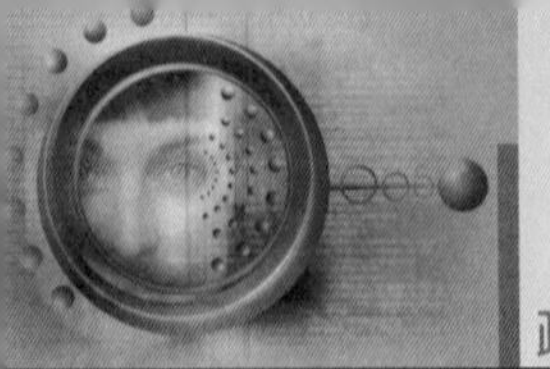

伍、東亞發展模式的文化因素

在東亞國家中，中國大陸、台灣、香港、新加坡、日本、韓國、越南及有大量華人居住的泰國、馬來西亞、印尼、菲律賓等，都多少受到中國文化中的儒家文化的影響。因此，從文化的觀點來探討發展，尤其是從儒家文化來討論文化因素對經濟發展的影響，在東亞國家中應該是具有意義的。特別是東亞之所以成為一個地區，其特色即是有一共同的儒家文化影響，儒家的價值廣泛的影響此一區域中人民的行為與態度，所以，研究儒家對東亞發展的影響，應該是深具學術價值的[24]。

一、儒家文化的內涵

我們可亦從下列三個層次來討論儒家文化[25]：

(一)倫理價值層次

如 Arthus Jones 所說的，儒家價值是教導人民要「忠於權威、忠於家庭、尊敬長者和勤勉」。又如 Herrlee Creel 所說的，儒家強調教育，堅持每一個人都應有機會根據其能力和品格向上提升。Peter Berger 提到儒家精神（Confucian Spirit），是指尊重上下有別、忠於家庭、儉樸生活、培養好德行、及一套要求個人紀律的規範。

總之，儒家的這些價值觀，對現代化有幫助。儒家的這些價值觀，教育人們成為集體或團體取向，而非個人主義傾向，這對服務業或製造業都有貢獻。

(二)權力的層次

儒家文化強調家庭的重要性，也強調尊重權威的必要。因此，所有的權力與權威都以一種上下階層體制呈現，政府的權威就如同家庭結構一般，統治者就如同家庭中的家長般，具有無上的權威。政府最終的價值，就如同家庭一般，是要在成員間維持穩定、和諧的關係，並照顧成員的福利[26]。

(三)制度的層次

從制度層次看，儒家最重要的制度就是家庭制度。儒家的家庭制度基本上是一種父權制度，父親在家中有無上的權威。在此一家庭結構中，孝道是家庭得以維繫的核心。家庭中有一非常清楚的權威結構，講求父尊子卑、兄友弟恭。

在官僚體系的層次，儒家文化依舊影響深遠。儒家教導學者「學而優則仕」，因爲儒者的訓練就是要爲政府服務。因此，儒家所學的最高的知識，都是與政府和行政的工作有關。

二、儒家文化與現代化

西方學者傳統的看法是，儒家文化是有礙於現代化的，韋伯是持此種看法的代表性人物。韋伯認爲，儒家雖是一種「現世的」（This-Worldly）宗教，但儒家缺乏「禁欲主義」的價值（Ascetic Values），它無法像西方的新教徒，因爲認爲人有原罪，必須禁欲和過儉樸的生活，因而導致新教徒容易累積資本，儲蓄和投資成爲基本價值。根據韋伯，儒家因不能提供類似原罪的心理焦慮感，因此也無法產生推動現代化所需的趨力與成就動機。

事實上，如前面 Arthus Jones, Herrlee Creel 及 Peter Berger 等人的說法，儒家不但是一個「現世的」，也是一個「禁欲的」宗教。

我們同樣可從上述三個層次來討論儒家對經濟發展的貢獻。

(一)就倫理價值層次而言

儒家強調節儉、勤勉、這些都是「禁欲」的價值。儒家又強調教育和追求上進的重要性，這都使得儒家學者容易養成強烈的成就動機。儒家價值強調穩定、和諧的重要性，這也有助於政治、社會的穩定與和諧。

(二)就權力層次而言

儒家尊重權威，這使得儒家社會的領導較易有秩序地運作。政府的權威受到尊重，也使得「國家領導發展」的模式得以成功的推行。

(三)就制度層次而言

儒家培養出一批具有政治和行政專業知識的技術官僚，對於領導和政府有效的管理能提供助力，這也是經濟發展成功的一項重要因素。

總之，文化因素是探討東亞發展經驗的重要變項，尤其是儒家文化，更是瞭解東亞發展經驗的深層結構的重要因素。

註釋

[1]參閱 Mark Borthwick, *Pacific Century* (Westview Press, 1992), Introduction.

[2]Lucian Pye, *Aspects of Political Development* (Little, Brown and Company, 1966), Chap. II.

[3]Robert Wade, *Governing the Market* (NJ: Princeton University, 1990), Chap.2.

[4]Ibid.

[5]Robert Gilpin, *The Political Economy of International Relations* (Princeton University Press, 1987)；周育仁，《政治與經濟之關係》，台北：五南出版公司，民82年。

[6]Robert Wade, Chap.2.

[7]David Aikman, *The Pacific Rim: Area of Change, Area of Opportunity* (Little, Brown, 1986).

[8]Milton Friedman and R. Friedman, *Free to Choose: A Personal Statement* (NY.: Harcourt Brace Jovanovich, 1980).

[9]J. C. H. Fei, "Evolution of Growth Policies of NICs in a Historical and Typological Perspective." Conference on "Patterns of Growth and Structural Change in Asia's Newly Industrializing Countries and Near-NICs in the Context of Economic Interdependence," East-West Center, Honolulu, 3-8 Apr. 1983.

[10]Parvez Hansan, *Korea: Problems and Issues in a Rapidly Growing Economy* (Johns Hopkins University Press, 1976).

[11]H. Rosovsky, "What Are the Lessons of Japanese Economic Development?" in A. Youngson ed. *Economic Development in the Long-Run* (London: Allen and Unwin, 1972).

[12]請參閱 Robert Ross ed. *East Asia in Transition* (NY.: M. E. Sharpe, 1995).

[13]Donald Zagoria, "The United States and the Asia-Pacific Region in the Post-Cold War Era," in Ross, ibid., Chap.6.

[14]Monte R. Bullard, *The Soldier and the Citizen* (NY.: M. E. Sharpe, 1997), Chap.2.

[15]Robert Wade, Chap.3.

[16]B. Balassa, et al., *Development Strategies in Semi-Industrial Economies* (The Johns Hopkins University Press, 1982).

[17]Frederic C. Deyo, *The Political Economy of the New Asian Industrialization*, Chap.1

[18]Wade, Chap.3.

[19]Amos Perlmutter, *Modern Authoritarianism* (New Haven: Yale University Press, 1981), Chs.2.3.

[20]G. A. Almond and G. B. Powell, *Comparative Politics: System, Process, and Policy* (Little, Brown and Company, 1978), Chap. XIII.

[21]Samuel P. Huntington, *Political Order in Changing Societies* (New Haven: Yale University Press, 1968), Chap.7.

[22]請參閱葛永光著，《政黨政治與民主發展》，第二版，空中大學出版，民90年。

[23]Frederic C. Deyo, *The Political Economy of the New Asian Industrialism* (Cornell University Press, 1987), Chap.3.

[24]Gilbert Rozman, ed., *The East Asian Region: Confucian Heritage and Its Modern Adaptation* (Princeton University Press, 1991).

[25]Tu Wei-ming, ed., *Confucian Traditions in East Asian Modernity* (Harvard University Press, 1996), Chap.14.

[26]Lucian Pye, *Asian Power and Politics* (Harvard University Press, 1985), Chs3,8.

問題討論

1.新興國家經濟發展成功的因素爲何？

2.新興國家民主轉型的原因爲何？民主轉型的困境爲何？

公共政策
詹中原
考試委員
政治大學公共行政系教授

作者簡介

1978 年中國文化大學英國文學系學士，1983 年國立政治大學公共行政研究所碩士，1989 年美國匹茲堡大學國際與公共事務學院公共政策哲學博士。於攻讀博士學位期間，同時輔修完成亞洲研究（Asian Study）學程認證，專研中國政府行政與人事制度改革。1989 年回國任教，兼任政大公務人員教育中心教務、研究組主任，現任考試委員、國立政治大學公共行政研究所教授。

主要研究領域：公共行政與政府再造、新公共管理、公共政策、全球治理、知識經濟與管理、危機管理等。

編著：《公共政策》、《民營化政策──公共行政倫理與實務之分析》、《權力遊戲規則──國會與公共政策》、《中共政府與行政制度》、《新公共管理》等書。

教學目標

本講題對於「公共政策」之概念進行深入淺出的介紹，除說明公共政策的發展與意涵外，並對公共政策制定的階段論進一步說明。最後提出公共政策的知識應用與個案之分析，希望能使跨領域學科的學生，對於公共政策有一普遍性的瞭解，並進而提升對我國政策制定的過程之關心。

摘要

公共政策的實務歷程和人類組成的歷史一樣的久遠。也就是說，自從人類有了機關組織的成立後，就有了公共政策運作的實務存在。不過就成為一門系統化的學科而言，公共政策只有五、六十年左右的歷史。一般政策研究者認為，一九五一年由賴納（Daniel Lerner）與拉斯威爾（Harold D. Lasswell）所合編的《政策科學：範圍與方法的最近發展》（The Policy Science: Recent Development in Scope and Method）一書，可以說是公共政策研究的里程碑，因為自此之後，美國許多大學才開始將公共政策、政策分析或政策科學的相關科目列入大學或研究所的課程內。

大多數的學者仍同意，研究公共政策的運作過程，大致可以分成五個階段：(1)政策問題形成階段；(2)政策規劃階段；(3)政策合法化階段；(4)政策執行階段；(5)政策評估階段。本文在討論完公共政策研究的五個階段後，按照知識應用之概念及理論，檢視我國政府部門知識應用之情況，點出我國研究發展之整體環境與先進國家之比較。

壹、前　言

公共政策是什麼？這個問題關切到是誰、在什麼時候、因為什麼原因、以及用什麼方式來解決眾人所關心的問題。明確的說公共政策的定義為：公共政策指政府機關為解決某項公共問題或滿足某項公共需求，決定作為或不作為，以及如何作為的相關活動（吳定，民91）。在過去二十年來，由美國前任總統雷根（Reagan）與英國前首相柴契爾夫人（Thatcher）所引領的一系列政府改革措施，暫且不論此波改革對各國形成的結果差異，甚至於若干國家是在不知政策哲學背景，或無知於自身系絡的狀況下，在政策的移植是如何的受到影響；但右派的個人自主、尊重自由市場機制、強調機會平等，及共同反對福利國等精神及主張，確實整合建構了公共政策的新走向（詹中原，民93）。於是乎，本文首先將介紹的是「公共政策」究竟意涵與發展為何，其次將討論公共政策與知識的應用，最後並將舉出近來實際的個案作為探討。

貳、公共政策的意涵與發展

基本上，公共政策的實務歷程和人類組成的歷史一樣的久遠。也就是說，自從人類有了機關組織的成立後，就有了公共政策運作的實務存在。不過就成為一門系統化的學科而言，公共政策只有五、六十年左右的歷史。一般政策研究者認為，一九五一年由賴納（Daniel Lerner）與拉斯威爾（Harold D. Lasswell）所合編的《政策科學：範圍與方法的最近發展》（*The Policy Science: Recent Development in Scope and Method*）一書，可以說是公共政策研究的

里程碑，因爲自此之後，美國許多大學才開始將公共政策、政策分析、或政策科學的相關科目列入大學或研究所的課程內（吳定，民91）。

政策（policy）一詞來自希臘文、梵文及拉丁文。希臘文與梵文的語根 Polic（城、邦）加上 Pur（城）演變成 politia（邦），後來再演變成中古世紀的英文字 policia，其意思爲「公共事務的處理」（the conduct of public affairs）或政府的行政（the administration of government），最後變成目前使用的 policy 一字（吳定，民 91）。

綜合言之，公共政策的研究約可分爲下列三個時期，略爲分述之：

一、起始時期

公共政策研究之開始，至少可以追溯至一九四三年，拉斯威爾與麥道格（Lasswell and McDougal）於〈法律教育與公共政策：公共利益的專業訓練〉（Legal Education and Public Policy: Professional Training in the Public Interest）一文中對公共政策內涵的闡述。在此文中，二位學者主要在研討法律、科學與公共政策的內涵其中，拉斯威爾與麥道格強調：「法律最生活化的概念就是一種權威性決策的過程，藉由這種過程，社群的成員可以澄清並探尋他們的公共利益。」（Brunner, 1996:43-45）從以上這段話我們可以發現，拉斯威爾與麥道格二位學者早在一九四三年就已經將公共政策視爲是釐清與探尋公共利益的機制，而法律即爲其具體表現。此種公共政策的內涵與拉斯威爾於一九五一年之後提出的「政策取向」、「政策科學」（Lasswell, 1951）等概念及其內涵是極爲相近的。而這一連串對公共政策的探究，即確立了公共政策研究之開端。啓始時期的研究焦點集中在政策問題之系絡性、政策解決取向與應用之目標澄清、趨勢描述、條件分析、未來發展的預測、方案發明、評估與選

擇等焦點，而這些焦點其實則代表了政策研究在「民主之政策科學」此一使命下，對於系絡價值之重視，以及對政策取向與應用主張之關懷。

二、傳統時期

經過初始時期之後，公共政策研究即以經濟學家或作業研究者爲主體的傳統政策科學家扮演主導的角色，此一時期公共政策研究之目的可以從當時著名的公共政策學者對「公共政策」之定義瞭解。

1.奎德（Quade, 1982）指出：政策分析是爲了對社會技術問題有更深入之瞭解，以及尋求最佳解決方案的一種應用形式，其目的則在於幫助公共決策者解決其所面對的問題。
2.戴依（Dye, 1976）則認爲：公共政策是政府選擇作爲或不作爲之行動。
3.賴契特（Leichter, 1979）明確的定義：公共政策乃是由權威性人員所採取的一系列目標取向之行動。
4.伊士頓（Easton, 1953）定義公共政策爲：公共政策即是政府對整體社會的價值做權威性的分配。
5.安德森（Anderson, 1984）對於公共政策之定義則爲：公共政策就是由政府機關或政府人員所發展出來的政策。

而早期我國公共政策之引介者湯絢章（民 70）亦指出：所謂公共政策也，乃政府機關與其他社會團體，作爲達成其業務目標與重心的長程計畫或工作綱領，而管理者確定與估計所負責任及進行程序的指針。從以上諸位學者之定義中可以瞭解，傳統時期公共政策研究之目的大抵都爲了權威性之決策者、政府解決公共問題，或提供政策資訊，並且將重心置於政府機關。此與起始時期之研究目

的，在於透過民主的政策科學以達到人性尊嚴的實現之間，有很大不同。

三、後實證論時期

對於政策分析與政策研究之大量反省始於一九八〇年代，並蔚爲後實證論之公共政策研究風潮（White, 1994），此一時期的內容，可由後實證論時期之學者對公共政策研究之目的有不同的看法來加以窺出：

1. 唐恩（Dunn, 1994）指出：主要的目的在於回答有關政策問題、政策未來、政策行動、政策結果，與政策績效等五項議題。爲了回答這五項議題，必須使與政策有關之資訊能被應用。換言之，政策研究最終之目的在於政策的知識應用。
2. 德李恩（de Leon, 1994）則強調：政策研究之目的應回歸到人性與民主的治理。
3. 史東（Stone, 1988）則指出：公共政策分析與研究應重視政治社群（polis）中之公共利益。
4. 費雪（Fischer, 1995）亦指出：政策研究應處理道德與倫理的世界觀，因爲此二者是判斷特定政策，甚至於是詮釋經驗性資料的架構。

由以上學者之看法可以瞭解，後實證論政策研究之目的有回歸早期拉斯威爾強調人性尊嚴與民主價值之趨勢，而此亦是德李恩（de Leon, 1994）所稱：後實證論之政策研究並不是一種創新，而只是「回到未來」（back to the future）的一種「再創新」。

如同費雪（Fischer, 1995）所指出的，政策研究應處理道德與倫理的世界觀，因爲此二者是判斷特定政策，甚至於是詮釋經驗性資料的架構。據此，吾人可瞭解其對於政策研究中價值議題之重

視。從以上學者所強調之政策研究焦點可以發現，各焦點間呈現環環相扣、相輔相成之特性，而此種特性無疑將使得政策研究更能反映多元觀點，更加周延，亦更能反映民主、人性尊嚴等價值。

參、公共政策的階段論

多數研究公共政策的學者主張把公共政策運作過程的研究，分成以下五個階段進行：(1)政策問題形成階段；(2)政策規劃階段；(3)政策合法化階段；(4)政策執行階段；(5)政策評估階段。儘管許多學者對於公共政策的運作過程能否順序性的分成五個階段表示懷疑，或覺得沒有意義，認為實際的公共政策運作可能是「跳躍式」及「反覆性」的，而非「順序性」的，但著者認為，為方便分析政策運作過程各相關要素起見，仍可以分成五個階段予以探討（吳定，民91）。而在認知公共政策的同時，也能藉由這個公共政策的研究架構，快速地對於公共政策運作有了具體的認識。以下將對五個階段做初步的定義：

1.政策問題：政策問題的分類可從問題的結構程度、層次性及特殊性三方面著手。在認定政策問題時，常受到錯誤來源的影響，而造成錯誤的認定結果。

2.政策規劃：政策規劃指決策者或政策分析人員為解決政策問題，採取科學方法，廣泛蒐集資訊，設計一套以目標取向、變革取向、選擇取向、理性取向、集體取向之未來行動替選方案的動態過程。

3.政策合法化：政策合法化是指政府機關針對公共問題規劃解決方案後，將方案提經有權核准的機關、團體或個人，例如立法機關、決策委員會、行政首長等，加以審議核准，完成

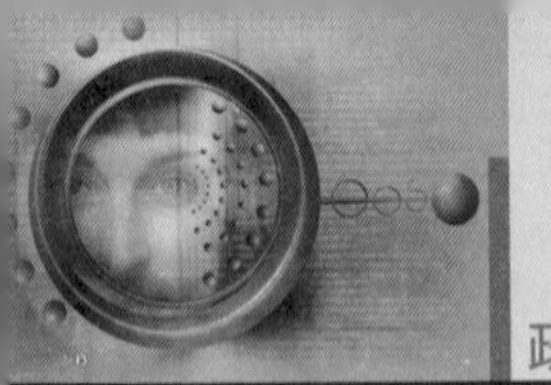

法定程序，以便付諸執行的動態過程。

4.政策執行：政策執行乃是指政策方案在經過合法化後，擬訂施行細則，確定專責機關，配置必要資源，以適當的管理方法，採取必要的對應行動，使政策方案付諸實施，以達成預定目標或目的之所有相關活動的動態過程。

5.政策評估：政策評估是指政策評估人員利用科學方法與技術，有系統地蒐集相關資訊、評估政策方案之內容、規劃與執行過程及執行結果的一系列活動。其目的在提供選擇、修正、持續或終止政策方案所需的資訊。由此一定義可知，評估活動並非單指政策執行績效的評估，也包含政策執行前及執行中的評估。此外，評估與評鑑（appraprisal）、評量（assessment）、衡量（measurement）、檢討（review）等字的意義大概相同（吳定，民91）。

基本上來說，我們每天翻開報紙收看新聞的時候，可以看到社會上發生許許多多的問題，然而並不是所有的問題都能受到政府或是政策制定者的重視，進而進入政策制定的階段。只有那種存在於社會且是受到大眾關注，並獲政府採納的問題才會變成政策問題。政府會因許多因素的考量，運用政府文宣、媒體甚至是學者團體促使或是遏止某項問題進入政策制定的階段。一般來說，我們稱政府這種遏止某項問題成爲政策問題的手法爲「遏阻性政策」。接下來我們專就「政策執行」的階段，進行探討。

公共政策的基礎是「民眾需求」（public needs）。而政府的主要任務及功能亦就在滿足人民的需求。由於公共政策的制定及執行能夠立即而明顯地關係到民眾生活品質的改善，因此人民亦經常以公共政策之規劃能力及執行能力來評估政府之施政績效。同時，就發展中國家經驗分析，一國的政治結構改革及憲政體制維護固然影響政府之合法性，然而公共政策能力的良窳，亦是決定國家發展的重

要關鍵因素。

我國日前正處於現代化發展過程中的轉型期，台灣社會亦正在快速之變遷中；因此若干轉型過程中的失調現象日漸嚴重地浮現在民眾的生活環境中（例如社會治安、環境保護等）。而社會失調的現象亦同時影響了人民生活的品質，增加了人民對政府施政的需求。因此爲求得社會的穩定，及國家現代化的持續發展，政府唯有以更積極及主動的精神，來發掘及認知（cognition）公共政策的問題，亦就是所謂「民眾需求」，並以大有爲的作爲，來推動公共政策的規劃及執行。如此方可能以嶄新的政治、經濟及社會結構，迎接轉型期所帶來之各種挑戰。

在公共政策的學理研究上，對政府的政策反應能力與國家發展及社會安定間的關係亦有充分之討論。政策研究者一致認爲，政府之政策方向倘若未能與民眾需求充分配合，也就是未能及時反映民意，則會增加社會衝突發生的可能性，進而影響到國家的發展。

兩位公共政策的研究學者寇伯（Roger W. Cobb）和艾德樂（Charles D. Elder）在論及公共政策議程設定（agenda setting）時指出，公共政策的制定必定經過議程設定的階段，而議程設定又可分爲以下二類：(1)系統性議程（systematic agenda）是政治系統內一般成員（例如社會大眾）所共同關心的公共政策議題，其問題發掘的主導力是在民眾本身；(2)制度性的議程（institutional agenda）是政治系統內的權威決策者（如政府主管部門）去主動認知公共政策問題，而經其制定及執行政策，加以解決問題。基本言之，任何一項公共政策的發展過程，均是按民眾或是權威決策者對問題關注的強度而變化，通常均是由低而高。然而亦有可能在問題發展的第一波過程中，因強度不足而失去了問題形成政策的機會。但這兩位學者提出制度性議程和系統性議程概念的主要目的在於強調政府的公共政策反應能力與社會安定間的相關（魏鏞等，民 81）。倘若一個政府對於某項公共議題（pubic issue）開始認知的時間及關注的強

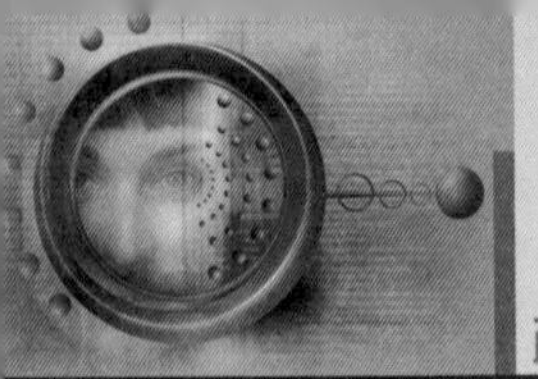

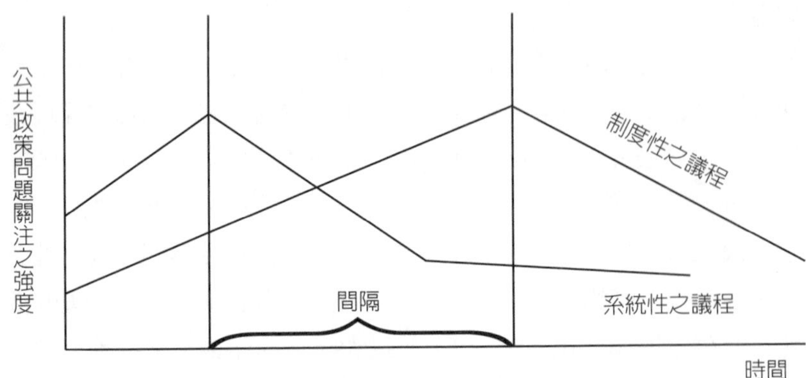

圖 1　政府施政與社會穩定

資料來源：魏鏞等，民 81。

度，落後於民眾關注的時機，而強度亦未及於民眾關注之強度，則兩類議程間就會出現所謂「公共政策認知的間隔」（the lag of recognition on public policy），其相關情況如**圖 1** 所示。

假設制度性議程與系統性議程間出現過大的「公共政策認知的間隔」，或是「公共政策認知的間隔」存在的時間過長，則均極有可能加大社會衝突發生的可能性，更嚴重的會影響到整個國家的發展走向。這也就是表示，政府公共政策的走向如果未能反映民眾需求，或是公共政策的反應能力未能配合民眾需求的現象存在過久，則一方面會逐漸失去民心，再者亦會增加社會之不穩定性，進而造成政府各項施政的困擾。因此，主政者實應關心公眾需求，掌握民脈，隨時將人民的需要，反映於公共政策的規劃及制定中。

肆、公共政策的知識應用

我國日前之社會環境正值轉型期，有許多之公眾問題（public issues）亟待政府之政策規劃來解決。然而我們亦經常可以在傳播

娛體中發現民眾批評政府部門之政策品質「粗糙」而「不夠精緻」，到底什麼原因造成公共政策產出不令民眾滿意呢？過去筆者曾按知識應用之概念及理論，檢視我國政府部門知識應用之現況，而歸納出一些綜合的問題[1]。首先我國研究發展之總體環境（研發總經費投入及對國民生產毛額比）均不及先進國家。其次政府研究發展推動機構的整體性及前瞻性規劃功能均嫌不足，因此在政策制定部門即經常出現知識之未應用現象（non-utilization）；第三項問題亦出現在政策制定界之重科技而輕人文社會科學之傳統觀念，造成許多的政策（例如環保政策）均只注意到科技面之影響，而忽略人文社會面之考慮。這也是政策經常遭到批評的主要源因。第四項問題出現在研究執行機構研究成果與政策實務需要之間之間隔亦相當嚴重。無論是研究機構之研究成果經常遭到「偏離實務」及「象牙塔內產品」之譏，而政策實務界亦經常受到本身組織之各種限制，而未能妥善應用各種知識。第五則涉及社會科學之產出缺乏配合實務界之評估標準。而最後就我國之知識擴散管道而言，亦發現資訊流通管道不充分之現象。

針對以上的諸項問題，爲有效提高我國公共政策之品質，由知識應用之角度分析，首先應該在整體之國家科技發展政策中，增加總經費之投入，其次並應鼓勵企業界增加研發投資，設置各種獎勵措施如相對基金（matching grant policy），並立法通過研發誘導法（Research and Development Incentive Act）。第三應強化全國科學政策規劃機構之功能，以規劃全國平衡之研究發展計畫，並督促全國科技研發活動之平衡發展。第四，許多知識應用之學者均強調知識界及政策界間之聯繫者功能極爲重要，我國亦應針對兩界之間隔問題，設立一個中介聯繫之機構，以溝通政策制定界之需要，並使知識界產生之結果能充分爲實務界所瞭解。最後，針對實務界與知識界有不同之報償系統，似乎在我國知識界中，亦有必要建立一項兼具學術標準及實用價值的評審制度[2]。

公共政策品質之提升，直接關係到民眾對政府施政之支持，由知識應用之觀點來解釋政府部門的政策制定環境並尋求改善之良方，對日後國家長期之發展應有相當大之參考價值。

伍、個案分析與討論

一、民營化政策

公營事業是一種相當特殊的企業經營體制，它的設立與存在，在經濟意義上，是政府公權力干預或介入產銷活動最直接的作法；在政治意義上，則隱含政府掌握及可運用較雄厚的社會資源。傳統經濟理論認爲，當市場機能不健全或失靈，如產品的生產或消費具外部效果，市場資訊流通不完全或市場不存在，公共財、自然獨占等，政府可適度干預或管制，以補市場機能之不足。除此輔助性干預外，經濟行爲宜由市場機能，即「看不見的手」(invisible hand)運作指引，以確保社會資源之高效率使用。因爲市場不完全總是存在，因此各國都普遍存在公營事業，只是隨著經濟發展階段不同而有數量之差異。社會主義國家更是直接從意識型態或政治上，肯定並採行以公營事業爲主的經濟體制。

但自一九七〇年代末期以來，世界上多數國家，皆如火如荼地推動民營化政策。此一世界性潮流，就經濟發展階段言，涵蓋已開發、開發中及新興工業國家等不同經濟發展程度之國家；在經濟制度上，不分資本主義、社會主義及相關經濟制度，皆有推動民營化事實；在地理分布上，不限於某一地區或國家，係全球性的分布；在各國民營化產業項目選擇上，亦未集中於某些特定產業，而係廣及於農、工、服務各產業。因此，此一民營化潮流，是超越地域、

經濟制度、產業及經濟發展階段的全球性行動（黃財源，民85）。

二、台灣公營事業民營化之歷程

(一)民國四十年至七十八年民營化推動情形

民國四十二年，政府爲推行耕者有其田土地政策，將政府持有的公營事業股權換取民間地主的土地，即已制定「公營事業移轉民營條例」，將台灣水泥、台灣紙業、台灣工礦及台灣農械等四大公司移轉民營。此次之民營化行動，與提升公營事業之績效無關，國際上亦無民營化潮流遂行之現象，因此，純係一土地政策的配合措施。

民國五十一年台灣證券市場成立後，公營事業如台電、台糖、台肥、台機、彰銀、一銀、華銀等七家率先上市。民國五十三年，股市看好，行政院乃通過決議，將公營事業透過股票出售方式移轉民營，使資金能循環運用，以發展新興生產事業；並將出售股票所得資金設立「行政院開發基金」。但是民國五十三年底，證券市場衰退，政府爲安撫投資人，又購回已出售的公營事業股票。此舉不但未能達成原先預期目標，對民營化的推動是一大打擊。

國際經濟在歷經兩次石油危機之後，造成世界性通貨膨脹及產業結構的轉變，比較不具市場競爭力、體質較弱的公營事業受到嚴重的衝擊。行政院在民國七十年至七十六年間，就當時的公營事業進行改善的整頓計畫，此爲我國公營事業最大規模的一次整頓。其較具成效者有中國石油化學開發公司（中化）合併台鹼、中磷與中台三家公司；及中鋼與台電分別代管台鋁與台金，並於七十六年結束兩公司業務。基本上，這一時期之公營事業整頓，著重公營事業間之產業結合，由體質及營運較佳的公營事業兼併營運欠佳的相關公營事業，並無移轉民間經營之政策（黃財源，民85）。

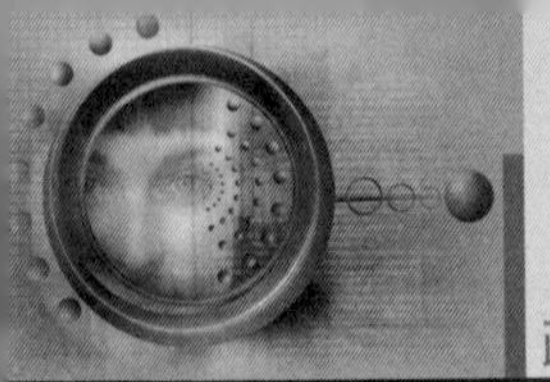

(二)民國七十八年以後民營化推動情形

政府自民國七十三年開始推動經濟自由化、國際化政策，行政院在民國七十八年採用經濟革新委員會（經革會）建議，儘量縮小公營事業範圍，落實自由化政策，加速國內市場的對外開放。民國七十八年七月二十五日，行政院為推動公營事業民營化，成立跨部會之「公營事業移轉民營推動小組」，其成員包括經建會、財政部、經濟部、交通部及省政府等各相關機關首長，由行政院經建會主任委員擔任召集人，並由經建會、經濟部國營會及財政部證管會共同擔任幕僚工作。該小組主要任務為：

1.擬訂民營化推動方案。
2.修訂或訂定民營化有關法令。
3.研提解決民營化時所遭遇問題之途徑。
4.審議民營化執行方案等，藉以統籌規劃與協調推動民營化各項事宜。

該小組運作後，提出「公營事業移轉民營條例」修正草案，於八十年六月四日經立法院三讀通過，頒布實施。經濟部所擬之「公營事業移轉民營條例施行細則」草案，也於八十一年二月由行政院頒布實施。自此我國公營事業民營化始具有較完備之法源基礎。

該小組於八十年八月十六日確定第一波十九家優先移轉民營之公營事業名單，其中屬於經濟部所屬事業有五家，即中鋼、台機、中船、中化、中華工程；屬於財政部者為中國產物保險公司一家；省營部分則有十三家，即高雄硫酸錏、中興紙業、唐榮、台農、台汽、台航、第一、華南、彰化三商銀、台灣中小企銀、台灣土地開發、台灣人壽及台灣產物。後因民國七十九年六月經建會主委人事異動，該小組即未曾再召集會議。此後推動公營事業民營化工作即委由各事業主管機關就其權責範圍內負責推動轄下事業之民營化。

經建會在公營事業移轉民營推動小組停止運作後，仍繼續扮演行政院層次之民營化幕僚單位，但其角色已由主動趨向被動，其主要工作係追蹤各部會執行進度及解釋移轉民營法令。通常是當事業主管機關於執行民營化時遇有「公營事業移轉民營條例」等相關法令疑義陳請行政院解釋時，由行政院協調各部會共同處理（黃財源，民 85）。

(三)台灣公營事業民營化推動成果

台灣公營事業主要有兩個來源，一為台灣光復，接收日本政府或人民遺留在台之產業，例如台肥、台電、台鐵、台機、台泥等；另一為隨政府由大陸遷台者，如招商局、中國石油公司等。在民生主義經濟政策之長期引導下，公營事業並未隨經濟之逐步發展而有明顯減少現象，以產業類別言，涵蓋農、漁、礦、製造、營造、交通運輸、電力、銀行、保險及服務等事業；以隸屬的政府言，有國營、省（市）營及縣（市）營者。四十餘年來，除民國四十二年移轉台紙、台泥、農林、工礦四大國營事業民營及民國六十年因中共欲接收海外的中國商業銀行，迫使政府倉促將該銀行移轉民營外，直到民國八十三及八十四年，始有中國產物保險公司（中產）、中化、中華工程公司（中工）及中鋼成功移轉民營。其中民國八十三年為民營化較具成效之一年，計有三家公營事業移轉民營（黃財源，民 85）。

三、小結

當黑爾德（Heald, 1983）指民營化是一個醜陋的字時，這在一九七九年以前的英國幾乎是很少聽到過的；之後，卻於現在快速地流行起來。作為一個意義包羅萬象的詞彙，民營化能夠被最好的定義為：「將形塑私有部門特徵的條件引入公有部門或之前是公有的

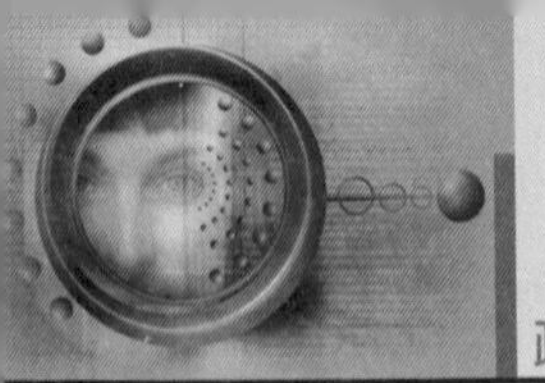

部門。」(Swann, 1993)

民營化政策在台灣也有十多年了，尤其是以公營事業的民營化，最受到社會各方的矚目，認為這是一種解制的民主象徵。民營化，簡單的說就是政府的持股低於百分之五十，但是一項政策並不應該是隨著所謂的世界潮流走，一項成功的政策要有其嚴謹的參照架構，才不至於產生移植、水土不服的問題。民營化政策當然不應該僅是單純地降低政府持股，還有許多的措施與法律必須修改配合，才能使這項政策能夠成功。

陸、結　語

正如本文一開始所言，公共政策研究這門學科在我國仍算是一門正在發展的學科，在此同時，我國公共政策研究必須特別注重系絡性，非僅由於公共政策的研究多借重其他學科，也因為我國公共政策學科發展係繼受自外國，因此過去我國有許多政策，都顯露出移植錯置的問題。有鑑於此，為確實解決公共問題，不僅應使用合適、成熟的方法，更應瞭解本土政策問題的根源，以避免「以正確的方法解決錯誤的問題」，這種錯誤又稱做「第三類型錯誤」。

如同本文所舉的民營化政策為例，在政府沒有一個清晰的參考架構下甚至是一個最高的政策哲學理念的引導下，實行民營化產生了許多的問題，不僅是整個公營事業的績效問題，還牽涉到人事、法規等弊病，公營事業的人事仍無法避免酬庸的疑慮，甚至民營化後該事業仍是需仰賴政府大量的資源挹注。

因此，我們在致力發展與學習公共政策之時，不僅要熟悉每個政策階段，更重要的是建立起每個政策背後的政策理念，才能使公共政策的基石更為穩固。對於公共政策未來無論在學術領域或是實務上的發展，也將更有所助益。

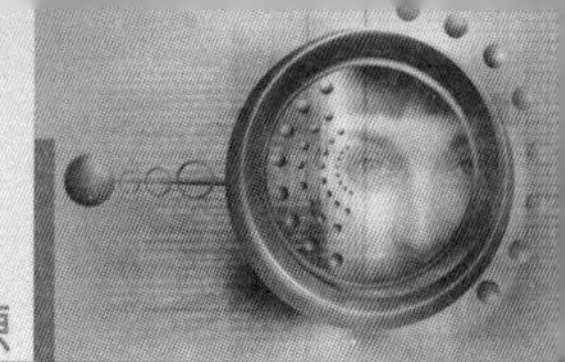

註釋

[1]William Dunn, Usable knowledge: A meta theory of policy research in the social science, Paper Prepared for a Conference on Non-Traditional Approaches to Policy Research, School of Business Administration, University of Southern California, November 11-13, 1981.

[2]本部分討論請參閱詹中原，研究發展與政策制定—我國科技動態與知識應用之觀察，民間國建會特輯(4)重建行政體制，台北：國家政策研究中心，1990年。

問題討論

1.何謂公共政策？公共政策的制定過程中受何影響？

2.國內公共政策爲何已無法自主？未來可如何改善？

參考書目

丘昌泰（民84）。《公共政策》。台北：巨流。

吳定（民91）。《公共政策》。台北：中華電視公司。

湯絢章（民70）。《公共政策之研究》。台北：幼獅。

黃財源（民85）。〈台灣公營事業民營化之理論與實踐〉。《經濟情勢暨評論季刊》，卷2，期1。

詹中原（民93）。《新公共政策：史、哲學、全球化》。台北：華泰出版社。

魏鏞等（民81）。《公共政策》。台北：中華電視公司。

Anderson, James E. (1984). *Public policy-making*. New York: Holt, Rinehart, and Winston.

Brunner (1996). "Book review: A milestone in the policy sciences", *Policy Science*, Vol.29, 45-68.

Dunn, William N. (1981). "Usable knowledge: A meta theory of policy

research in the social science." Paper Prepared for a Conference on Non-Traditional Approaches to Policy Research, School of Business Administration, University of Southern California, November 11-13.

Dunn, William N. (1994). *Public policy analysis: An introduction.* Englewood Cliffs, N.J.: Prentice-Hall.

Dye, Thomas R. (1976). *Policy analysis: What governments do, why they do it, and what difference it makes.* University, [Alba.]: University of Alabama Press.

Easton, David (1953). *Political system.* New York: Knopf.

Fischer, F. (1995). "Citizen participation and the democratization of policy expertise: From theoretical in query to practical cases," *Policy Science*, Vol.26, 165-187.

de Leon, P. (1994). "Democracy and policy sciences: Aspiration and operations." *Policy Studies Journal*, 22(2), 200-212.

de Leon, P. (1994). "Reinventing the policy sciences: Three steps back to the future." *Policy Science*, Vol.27, 77-95.

Lasswell, H. D. (1951). "The policy orientation." In Lerner & Lasswell (Eds.), *Policy science*. Standford: Standford University Press.

Leichter, Howard M. (1979). *A comparative approach to policy analysis: Health care policy in four nations.* Cambridge, New York: Cambridge University Press.

Quade, E. S. (1982). *Analysis for public decisions.* New York: North Holland.

Stone, D. A. (1988). *Political reason and policy paradox.* Illinois: Scott Foresman.

Swann, Dennis (1993). "Privatization, deregulation and the new right." In G. Jordan & N. Ashford (Eds.), *Public policy and the impact of the new* right. London: Printer Publishers.

White, L. G. (1994) "Policy analysis as discourse" *Journal of Policy Analysis and Management*, 13(3), 506-525.

「政治意識型態」大綱

盧瑞鍾

中國文化大學政治學系暨研究所教授

作者簡介 盧瑞鍾，台灣大學政治學研究所博士，現任中國文化大學政治學系暨研究所教授。著有《內閣制優越論》、《太平天國的神權思想》等專書及學術論文數十篇。

教學目標 使學生明白現代多種意識型態，以培養客觀比較及獨立判斷的能力，做一位具備公民文化的好公民，不被野心家與政客所蠱惑或利用。

摘要 第一段總論，介紹意識型態源於猶太教，次則介紹意識型態的意義、特性、起伏、控制、終結。

第二段各論，介紹民族主義、帝國主義、自由主義、保守主義、社會主義、馬克思主義、共產主義、法西斯主義。

第三段結語，並繪製「政治意識型態理性與和平量表」，比較各種主義的屬性。

壹、總　論

一、瞭解意識型態，人人有責

意識型態有人稱之爲「主義」，它是一種思想、一種信仰，也是一種力量。它能經由宣傳或傳播，輸入我們腦海，儲藏在腦皮質層中，記憶起來，在我們想有所行動的時候，會影響我們腦的決策中心——腦額葉——的決策，換言之，它可以操縱人們的行爲。

作爲民主國家的公民，必須要有充分的知識，有獨立判斷的能力，才不會被政客用意識型態來操縱選民，達成其狼子野心。像希特勒以「國家社會立義」即「納粹主義」，號召受挫的德國人民，追隨他建立「第三帝國」，而使幾千萬德國人信仰他的亞利安人「種族優越論」，想征服世界，因而擴充武力，對外侵略，死人無數，並且集體屠殺了六百萬的無辜猶太人，犯下了種族滅絕的滔天大罪。

民主國家的公民，要能認識各種主義的基本意涵，比較其優劣，才不致被政客矇騙，將神聖的選票投給他，讓他做一些爲害國家或社會的事，自己也成爲間接的幫凶。

二、意識型態淵源於猶太教

西方文化中持續發生作用的拯救傳統（salvationary tradition）[1]，發源於猶太教和早期的基督教《舊約聖經》中的先知傳統，隨著識字率和受教育階級的提升，以及政治的「知識化」，更擴大了意識型態信仰的接受程度。伴隨西方勢力和文化的傳播，也把這種意識型態的潛在性傳布到亞洲、非洲和美洲。

三、宗教改革造成世俗化危機，間接成就了政治性宗教

1517年德意志威登堡大學教授馬丁路德（Martin Luther）發表「九十五條論綱」，宣布羅馬教廷九十五條罪狀，從此掀起了宗教改革運動，並引發了新舊教勢力之間的「三十年戰爭」（1618-1648），死亡人數上千萬人。

宗教戰爭死傷慘烈，而且雙方都是信奉上帝耶和華，不由得使人們醒悟到底上帝在哪裡？何以袖手旁觀？自此人類理性漸增，而宗教權威一落千丈，形成了所謂「世俗化的危機」（crisis of secularization），人們宗教熱忱漸減，所形成的信仰眞空，就由「政治性的宗教」（political religion）即意識型態來塡補。

意識型態與宗教，有許多相似的地方，只差沒有「上帝」觀念，因此也可以稱它是「沒有上帝的宗教」，它跟宗教一樣，有聖經，有先知，有教團，強調信仰，甚至殉道，視死如歸，要傳播「福音」，以便拯救同胞。這種「政治性的宗教」，只要人們信仰，不太容許人質疑、討論（尤其是極權的意識型態如法西斯主義和共產主義）。

四、意識型態的意義

Ideology被譯爲意識型態或主義，「政治意識型態是一個信仰的體系」，它爲既存的或構想中的社會，解釋與辯護爲人所喜好的政治秩序，並且爲其實現提供策略（過程、制度、計畫）。政治意識型態包括一套與人性與社會有關的規範性與經驗性的基本命題。這些命題用來解釋與辯護人類的情況，及指導或維護人們所喜好的政治秩序之發展。意識型態提供了對過去的一種詮釋，對現在的一

種解釋，以及對未來的見解。它的原則表明了政治生活與權力的目的、組織與界限[2]。

1796 年法國的理性主義哲學家崔西（Destutt de Tracy）最早使用 idélogie 這個名詞，同年就出現在英文裡，並翻譯成 ideology，它的本意是「觀念的科學」（science of ideas）。其後拿破崙將之貶抑爲「空想家的學說」，使意識型態帶上抽象、空想及激進的意涵。十九世紀時，馬克思更將意識型態視爲幻想、虛假意識（false consciousness）、上下錯置之現實版本（an upside-down version of reality）、非現實等意涵。其實馬克思主義本身就是一種道地的意識型態，而非自詡的「科學的社會主義」（scientific socialism）。

派森斯（T. Parsons）把意識型態定義爲社會群體用來使世界更易於爲人所理解的解釋架構。C. 格爾茨（Clifford Geetz）從更爲中立的觀點把意識型態視爲文化符號系統（如宗教、美學或科學）中的一種。

五、政治意識型態的特性

儘管並不是每個意識型態都會顯現所有的特性，華爾澤（H. Waltzer）在其所著的《意識型態與現代政治》（*Ideologies and Modern Politics*, 1975）一書中，列舉政治意識型態的特性如下：

1.意識型態的範圍廣而不同，且包括幾個吸引力的層次。
2.只有極少數的人能有條理與清楚地表達瞭然於心的意識型態。
3.意識型態是一種有條理的、自制與自足的政治思想型式。
4.意識型態是簡單而抽象的。
5.意識型態有自稱是眞理且具有普遍性的傾向。
6.意識型態是具有說服力的論證，設計來引發積極的參與。

7.意識型態具有千年至福（millennium）的傾向。

8.意識型態是人格化與經典化的。

9.意識型態與政治運動交織成一體。

10.意識型態反映與反應其時代、社會系絡、與個別的發展者之特殊歷史環境。

11.意識型態反對重大的變遷，它仍不免於變遷[3]。

六、各種政治意識型態的起伏

十四世紀發生的文藝復興（直到十七世紀），使得理性主義逐漸抬頭，1517 年馬丁路德發動宗教改革，新教挑戰教皇權威，當此之時，中產階級逐漸興起，爲了階級利益，開始鼓吹民族主義，與國王聯盟，打擊封建貴族及羅馬天主教廷（X1 表示），三十年戰爭使得教皇權威一落千丈，國王勢力強大，統一國境，中央集權，淪爲君主專制，並興起帝國主義，窮兵黷武，發動殖民戰爭。國王專制，並爲戰爭需要，橫徵暴斂，使得中產階級結束與國王的平行

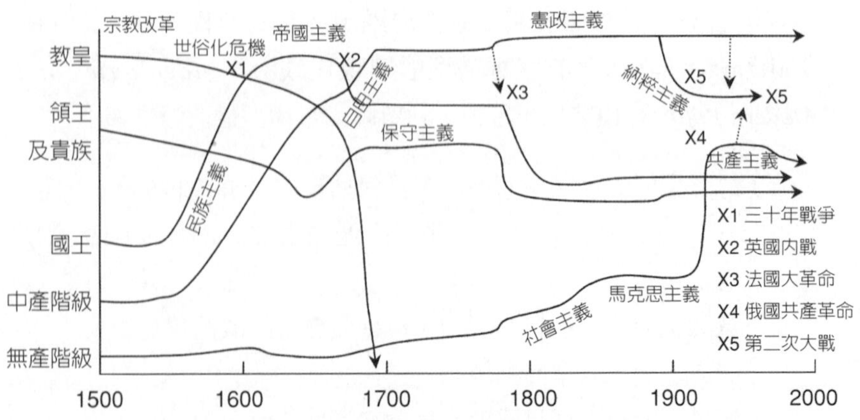

圖 1　近代政治意識型態興衰起伏示意圖

資料來源：作者自製。

利益，呈對立狀態，並在1642-47年英國內戰，國王查理一世被處死（X2表示），英國中產階級興起，控制國會，光榮革命（1688年）以後，更控制內閣，代表人民掌握了立法權及行政權，自由主義與民主政治大勝利。

自由主義在英國由洛克（John Locke）所提倡，傳播到法國，盧梭（J. J. Rousseau）及孟德斯鳩（C. L. S. Montesquieu）大加宣揚，終於爆發「法國大革命」，專制主義者「太陽王」路易十四（Louis XIV the Sun king）的曾孫路易十六，被革命群眾送上斷頭台（X3表示）。

十七世紀開始，因爲資本主義（自由主義的經濟面）興起，工業發達，資本家爲追求利潤，拚命生產，並剝削勞工階級，造成貧富懸殊，勞工處境非常可憐，引起社會主義者聖西門（St. Simon）、歐文（R. Owen）及傅立葉（F. M. C. Fourier）的同情，提倡社會主義。直到十九世紀中葉，馬克思批判這些社會主義爲不可能成功的「烏托邦社會主義」（Utopian socialism），他自己的才是「科學的社會主義」（scientific socialism），並且付之行動，推動「第一共產國際」（1864年）。然而社會主義的運動，卻遲至列寧（Lenin）在1917年在俄國發動的共產黨革命才有第一個政權。列寧修正馬克思主義「無產階級專政」爲「職業革命家專政」，換言之，是「共產黨專政」，而成爲「共產主義」。

1914-1918年的一次世界大戰，激起義大利和德國的民族激情，墨索里尼（Mussolini）在義大利組法西斯黨（1919年），希特勒（Hitler）在德國取得納粹黨領導權（1921年），從此法西斯主義飆起，並發動了第二次世界大戰（1939-1945），最後在自由主義的英美，聯合共產主義的俄國，東西夾擊之下，才消滅了法西斯狂徒的政權。世界成爲兩大陣營競爭對峙的形勢，直到1985年俄共總書記戈巴契夫（Gorbachev）才推動自由改革，並讓東歐七小國從鐵幕獲得解放。

七、意識型態的控制

意識型態的興起，常以社會「危機」或「張力」（stress）為前提條件，沒有貧富懸殊、階級衝突，就不會有社會主義和共產主義；沒有專制苛政、橫徵暴斂，就不會有自由主義、民主政治或無政府主義；沒有激進改革、流血革命，就不會有保守主義；沒有強國凌弱、眾者暴寡，就不會有民族主義。準此而論，消除張力、解除危機，應該是防止或抑制意識型態的不二法門。

當社會危機爆發，或社會張力超過臨界點，則會激起面臨生存危機的個體或族群，產生危機意識，會激發其求生本能（life instinct），尤其是自我保存本能（instinct of self-preservation）。例如希特勒在第一次世界大戰之後，看到祖國戰敗，賠款天文數字，民族受到空前屈辱，民生塗炭，淒苦無告，才會奮臂而起，散播亞利安種族優越論，激起日耳曼人的民族優越感，從而團結在他的麾下，共同奮鬥，攫取總理職位之後，整軍經武，厚積國力，終於在1939年進犯波蘭，爆發第二次世界大戰，並濫殺猶太人、吉普賽人等所謂「劣等民族」，因為害怕這些人會污染亞利安人的民族血統純粹性，而導致衰敗。其他許多意識型態的興起，也都有不同型態的社會危機及張力「不祥事件」的存在，而意識型態家（ideologist）及其所提倡的主義，也就是「不祥之兆」了。

要消除不祥之兆，只是治標；能消除「不祥事件」，才是治本。因此，一個國家欲避免其國內爆發意識型態進而破壞社會秩序，必須從正本清源著手，例如：

1.發展社會科學：使意識型態家不能冒稱科學、假稱真理，而欺騙千千萬萬的人成為其追隨者，並在一開始即拆穿其奸，使其無法得逞。

2.充分就業：使社會無「新貧階級」，如此將能避免「相對剝奪」（relative deprivation）心理深重的群眾，參加群眾運動。

3.消除文盲，普及教育：文盲率越高，越容易產生群眾為意識型態家所蠱惑的情形。如果教育普及，科學教育成功，野心家即無法售其奸計。

4.消除不公：階級、民族、群體之優劣懸殊，勢所難免，但是不平等如果出於不公（unfair），則自稱追求正義或公道的訴求，就容易吸附群眾，積蓄力量或能量，而爆發意識型態的社會運動。

只要政府及社會各界能努力做到以上數點，則意識型態將只有信仰，沒有力量，容易為社會所控制。

八、意識型態的終結？

一九五〇年代一群社會學家如法國的阿洪（Raymond Aron），美國的貝爾（Daniel Bell）、希爾斯（Edward Shils）與李普賽（S. M. Lipset）將意識型態概念視同「世俗的宗教」，用來判斷「意識型態的終結」（end of ideology），認為在西方工業社會裡，天啓式的信仰（apocalyptic beliefs）將會衰退。

「實則沒有一個社會無認知的、道德的及表現的文化而仍然能夠存在。眞、善、美的標準是人類行動的結構中與生俱來的。……由於每個社會有其文化，每個均有複雜的對人、對社會和對宇宙的取向組合，其中就存有倫理的與形上學的見解、美學的判斷以及科學的知識。這些將形成這個社會的展望和教條。因此，永不可能有展望和教條的『結束』，同樣地，也永不可能有思想或計畫之運動的『終結』」[4]。換言之，要讓意識型態「終結」，實屬不可能。

貝爾的《意識型態的終結》（1960）乙書，以及相同的呼籲，

其實只是斷言意識型態的潛能不必然經常能獲實現，以及一九五〇年代時此種潛能在西方的退潮。人類社會，只要有人想以思想做武器，以改造社會，則新的意識型態仍可能誕生，甚至看似死亡的意識型態（如納粹主義）都有可能再生。

貳、各　論

政治意識型態種類繁多，茲依時間先後述評如下：

一、民族主義

民族主義源於對世界主義（cosmopolitanism）的厭惡，以及對鄰國侵略的反抗。西方民族主義最早可溯源於聖女貞德（Joan of Arc, 1412-31），她鼓舞法國人對英國人的敵愾同讎之心，在她遇害後，法國人終於將英人逐出諾曼第（Normandy）區域。其後，一個民族建立一個「民族國家」（nation-state），便逐漸成為民族意識較強烈者的追求目標，被民族主義者認定是政治組織的理想型式。

民族主義至少須具備以下四個特徵：

1.獨立的民族國家。
2.民族使命。
3.民族進步。
4.對民族國家的最高忠誠[5]。

民族主義是「迄今為止世界上最強而有力的意識型態」[6]，數百年來，因為民族主義社會運動而死亡的生靈，何止上億！

民族是由共同的血統、生活、語言、宗教與風俗習慣等五種力量所形成的[7]。

民族主義的風潮興起於十八世紀末，十九世紀在歐洲大行其道，亞洲和非洲則遲至二十世紀才發生。

如今世界在歷經民族主義運動衝擊之後，古老帝國（如神聖羅馬帝國、東羅馬帝國、土耳其帝國）已覆亡，新帝國（如大英帝國、西班牙與葡萄牙帝國及歐陸其他帝國主義國家）許多屬地也紛紛爭取獨立。全世界已成爲接近兩百個主權國家的世界秩序。

目前常爆發民族主義矛盾的地區，有西班牙巴斯克（Basques）、加拿大魁北克（Québecois）、印度喀什米爾（Kashmir）及錫克教徒（Sikhs）居住區、伊拉克及土耳其的庫德族人（Kurds），常會發生爭取獨立建國的事件，有時且不惜發動恐怖攻擊。

二、帝國主義

帝國主義（imperialism）意指一個支配性民族控制其他住有許多不同國籍或種族的國家[8]。

帝國主義的目標可能是要統治全世界[9]，併吞或侵略鄰國是最基本的做法，海外征服則是爲了建立殖民地。仁慈型的帝國主義（如大英帝國）只以剝削經濟利益爲已足，並能散播政治自由[10]；殘暴型的（如納粹）則純屬破壞性，企圖驅逐或殲滅被征服的國家[11]。

帝國主義的全盛時期，涉及許多個歐洲國家，始於十八世紀晚期，涵蓋整個十九世紀，直到 1914 年第一次世界大戰止，歐洲白人控制了全球 85 %的領土！歐洲的帝國主義國家大體上可以視爲一種經濟體系，其中包含對外投資與對市場、金融資本及原料來源的掌控。

三、自由主義

自由主義之父——洛克在《政府論下篇》(*Second Treatise of Civil Government*, 1690)指出:政府的存在是爲了保障國民的生命、自由與財產等基本人權;而國民服從的義務只限於在政府能夠充分保護國民且未濫用權力時才要繼續下去;爲了確保能得到保護及停止濫權,國民得起而行動[12]。

自由主義是植基於每個人均天賦不可剝奪的權利而沒有任何權力可以侵犯這樣的原理之上,國家的功能是在於保護這些權利,而人們是獨立於國家的,假如國家侵犯到公民的不可剝奪的權利,則它已失去其合法的權威。每個人只服從能自制且其服務能使其他人有平等自由履行其不可剝奪之權利之可能的國家[13]。

自由主義可溯源於英國貴族對抗國王以爭取政治自由的鬥爭史,後來終於迫使約翰王於1215年簽署「大憲章」(Magna Charta)。至於純粹理論的領域,則應歸功於洛克的學說。

洛克繼承前人「天賦人權」說、自然狀態說以及霍布斯(Thomas Hobbes)的「社會契約」(social contract)說,而發展出自由主義的理論。他認爲人類天生都是自由、平等和獨立的,非經其本人的同意,不能將任何人置於自由平等狀態之外,使其受制於另一個人的政治權力之下。任何人放棄其自然自由並受制於公民社會的各種限制的唯一方法,就是與其他人達成協議,共同組成一個共同體,以謀彼此的安全、舒適與和平的生活,以安享財產,並保障防止侵犯[14]。

統治者無論有怎樣正當的資格,如果不以法律而以他的意志爲準則,如果他的命令和行動不以保護人民的財產而以滿足他自己的野心、私憤、貪欲和任何其他不正當的情欲爲目的,那就是「暴政」。法律一停止,暴政就開始了。一個人手持利刃在公路上企圖

搶劫我的錢包，我便可以合法地把他殺死[15]。

自由主義有多個面向（aspect），在經濟方面，它是一種資本主義（capitalism），其本質在於營利企業的貪婪的精神（acquisitive spirit），以企業的自由競爭、追求利潤來進行調整的國民經濟。在政治方面，它是主張民主政治（democracy），強調選民對政府的控制，以及言論及出版的自由。

自由主義在經濟方面實踐的結果，就是「自由放任」（laissez-faire）政策，即政府不應該干涉經濟事務，除非爲了打破壟斷。這種政策由蘇格蘭的經濟學家亞當史密斯（Adam Smith）的《國富論》（*The Wealth of Nations*, 1776）賦予理論辯護。

自由放任政策下，「管得越少的政府越好」，政府是「必要之惡」（necessary evil），其結果造成政府事事不管，成爲「夜警國家」，只在晚上負責維護治安，其他一概不管，這種狀態，造成既得利益的上層階級尤其資本家大大得利。因爲依照自由主義，人人自由，人人的自由權、生命權及財產權神聖，則資本家與工人基於自由意志而訂約，政府即無權管轄。然而工人是經濟上的弱者，無法經得起長期失業，所以只好接受資本家的低薪，被資本家所剝削，社會因而「富者越富，貧者越貧」，財富（土地及貨幣等）集中於少數的資本家，絕大多數工人日益貧窮，這種自由主義政策造成的社會危機，啓社會主義尤其共產主義者以階級鬥爭之機。自由主義缺失嚴重暴露之後，「新自由主義」（neo-liberalism）如格林（Thomas Green）乃修正「古典自由主義」（classic-liberalism）之偏失，主張政府乃「必要之善」（necessary good）而非必要之惡，人民的痛苦有賴政府的干預，財產權也非神聖，可以由政府加以規範，政府可以限制最低薪資、管制壟斷、規定工業安全標準，以保障工人階級，經此修正，自由主義才得以恢復生機，不致壽終正寢。

四、保守主義

在自由主義掀起法國大革命（1789）的時候，英國國會議員柏克（Edmund Burke）頗不以爲然，他認爲革命領導人行動過於草率，也不認同他們對貴族展開血腥屠殺。他的保守主張見於所著《法國大革命的省思》（*Reflections on the Revolution in France*, 1790），此書使他成爲保守主義的奠基人。

保守主義者把社會當成會生長之物，主張「有機的成長」（organic growth），寧願修剪枝葉也不願刨根掘底，因而只贊同改革（reform），反對革命。保守主義者讚美習慣、珍惜傳統，主張「信仰使人團結，理性使人分裂」（faith unit and reason divide），人性是不完美的，人的理性畢竟有限，理解有史以來千頭萬緒人類生命發展的能力也大有問題，因此反對激進的革命，主張溫和的改革。

十九世紀前葉，法國的共和革命政權與拿破崙政府，被全歐洲的保守主義國家圍攻，並在滑鐵盧（Waterloo）戰役，徹底打敗拿破崙，結束法國與歐洲長達二十三年的對抗，並在 1815 年的「維也納會議」（Congress of Vienna），維繫歐洲新秩序達四十年。

二十世紀的「新保守主義」（neo-conservatism）則爲自由經濟辯護，認爲政府機構太大，將會破壞自由經濟，無法實現機會均等。主張限制公民對政府的要求，也反對政府響應群眾的要求。精英統治、新階級統治等均可認爲是新保守主義的趨向，它們誇大資本主義社會的進步，堅持資本主義的實質。

五、社會主義

古典自由主義過分看重財產權，以爲它乃是基本人權之一，以與生命權、自由權並列，認爲政府無權干預，否則就是破壞人權。

這種自由放任政策，造成貧富極度懸殊的現象，富者富可敵國，貧者貧無立錐之地，後者生活淒苦無告，有人道關懷的思想家心生憐憫，遂主張經濟上的平等，例如聖西門、歐文、傅立葉，都有悲天憫人的襟懷，為悲慘階級請命。然而這些人的主張，都被馬克思嘲諷為「烏托邦社會主義」（Utopian socialism），認為是不可能實現的空想。

聖西門指責資本主義社會是充滿罪惡和災難，是「是非顛倒的世界」，渴望建立一個平等又幸福的社會。他主張透過宣傳、教育、科學、道德和宗教的進步來實現理想社會，反對使用暴力。

歐文以積極從事社會改革著稱， 1800 年他在蘇格蘭的紡織廠試行實驗，諸如：縮短工作時間、提高工資、改善工人勞動及居住條件、開辦托兒所、幼稚園和工人子弟學校，因此博得慈善家美名，名聞歐美。他寫書論述消滅私有財產、建立公有制、權利平等，改造資本主義社會。

傅立葉也對資本主義制度進行深刻的批判，他指出資本主義國家所言平等、自由和博愛的虛偽性；他認為資產階級的文明就是奴隸制度的復活。他主張建立社會主義的社會，消費品按勞動、資本及才能的比例原則進行分配，並首次提出婦女解放的程度是衡量人民是否徹底解放的看法。

社會主義種類繁多，馬克思主義（詳後）、共產主義（詳後）、費邊社會主義（Fabian socialism）、孫中山民生主義，以及社會主義的修正主義、新馬克思主義等，都可說是社會主義大家族的成員。

六、馬克思主義

馬克思把社會主義前輩的思想貶抑為空想的社會主義，而自詡自己的主張才是「科學的社會主義」。他從西方的歷史中找尋無數

階級鬥爭的史例（沒有顧及「亞細亞模式」[Asian mode]），以印證自己所言非假，實屬科學。實則，他的理論頗多漏洞，仍屬假科學的意識型態。例如：他主張唯物的歷史辨證法規（dialectical materialism），他認爲歷史演進是循封建主義→資本主義→社會主義→沒階級的社會，即到達共產社會嘎然而止，即顯然與辯證法應不斷辯證下去相違。他主張勞動價值說即剩餘價值說，認爲工廠的利潤皆勞工辛勞所創，資本家未參與勞動而壟斷剩餘價值，實屬剝削吸血；實則當代經濟學家，多以土地、資料、勞動、技術、管理爲生產要素，勞動者的貢獻僅爲其中一部分，工廠賺錢，五大要素的出力者皆有貢獻，奈何主張勞動價值說，按照馬克思的邏輯，工廠如果虧損，都全是勞工的錯，勞工應返家拿錢來賠償！

馬克思代替上帝發言，預言 1940 年左右因資本家崩潰，國家將凋謝，共產主義的社會即將確立，十足是個預言家（prophet）而不是科學家。事實證明如今聯合國會員國已達一百九十餘國，一點皆無衰微的跡象。

七、共產主義

共產主義（communism）主張消滅私有財產和生產資料私有制度，它反對資本主義剝削和壓迫，揭露資本主義的弊病和矛盾，它主張公有制基礎上除階級的對立和各種不平等的現象，以理想的共產主義制度代替資本主義。

共產主義與社會主義有區別，前者一般指通過生產資料公有制的辦法來實現社會平等，而後者則允許財產不平等的存在[16]。在左派的辭彙中，共產主義是高於共產主義的一個階段，社會主義是共產主義必經的一個歷程[17]。

典型的共產主義有列寧主義、史達林主義和毛澤東主義：

(一)列寧主義

特別強調「職業革命家」即共產黨員建行精英主義的治理，國家由部分人統治。

(二)史達林主義

共產黨壟斷一切政治與經濟的權力，無情地消滅現實或假想的有礙於史達林領袖地位的對手。

(三)毛澤東主義

它強調「槍桿子出政權」，要走「群眾路線」，實施列寧式「民主集中制」，集中制比民主制更重要；群眾是散亂的，其意見必須通過「集中處理」。其次，它強調「思想改造」，將國家作爲至高無上的教育者，並以道德標榜和道義誘導作爲政治控制的關鍵手段[18]。

八、法西斯主義

法西斯主義（Fascism）是一種政治運動，它強調國家至高無上的地位和國家榮耀，並主張對國家領袖絕對服從，爲此，將可嚴厲鎮壓異議份子，它歌頌戰爭而詆毀自由民主。

二十世紀法西斯主義興起的原因，部分是中產階級反對不完美的民主制度（多黨內閣制頻頻倒閣），以及伴隨的資本主義經濟體系的故障（如 1929 年經濟大恐慌）[19]，導致中產階級「背叛」民主，擁護強人政治。另一方面，是出於中上階級對崛起中下層階級勢力的恐懼，爲了保護自己的財產與權益，遂主張高壓統治。

法西斯主義反自由主義、反民主政治、反共產主義、反保守主義，它是一種最激進的民族主義，其目標係建立強大的民族主義權

威國家，追求該民族的力量及威望。爲此而組織群眾性黨軍（mass party militia），不吝使用暴力，強調陽剛之氣和男性支配。

1944 年，義大利和德國法西斯政權在戰爭中失敗而瓦解，使法西斯主義被譴責爲全面的政治破壞和歷史的恥辱。

義大利法西斯黨、德國納粹（Nazi）黨、西班牙佛朗哥（F. Franco）和日本法西斯軍閥政權，是四個最有名的法西斯政權。

參、結　語

政治意識型態或主義，影響人類的發展至深且鉅，如果不是有洛克、盧梭、孟德斯鳩的自由主義，如今的世人，怎可能享受到自由、民主、平等、法治以及有人權的生活？如果不是有馬克思、恩格斯的共產主義，怎會有上億人類因共產革命或暴政而死？如果不是有狂徒希特勒的納粹主義，怎麼會有第二次世界大戰及六百萬猶太人被集體屠殺？所以意識型態可以造福人類，也可能爲人類帶來浩劫。

作爲民主國家的公民，對於政治意識型態理應有最起碼的辨識能力，才能分辨良窳優劣，知所取捨，也才能避免誤信煽動家的謊言，成爲政客的馬前卒，爲虎作倀，助紂爲虐。

分辨政治意識型態，有兩個指標，第一個指標是其主張和平的程度，到底是愛好和平，或崇尚暴力、歌頌戰爭。主張和平，或自衛性即良性攻擊的主義，就是好的，如民族主義、自由主義；崇尚暴力，或歌頌戰爭，則是壞的，例如法西斯主義（含納粹主義）、帝國主義和共產主義即是。第二個指標是其理性的程度，理性程度高，鼓勵討論、研究、質疑，如自由主義、民主主義是好的；反之，鼓勵盲從、盲信，反對質疑、討論，如法西斯主義（含納粹主義）及共產主義，則是壞的。兩大指標都是正，則顯然是好的主

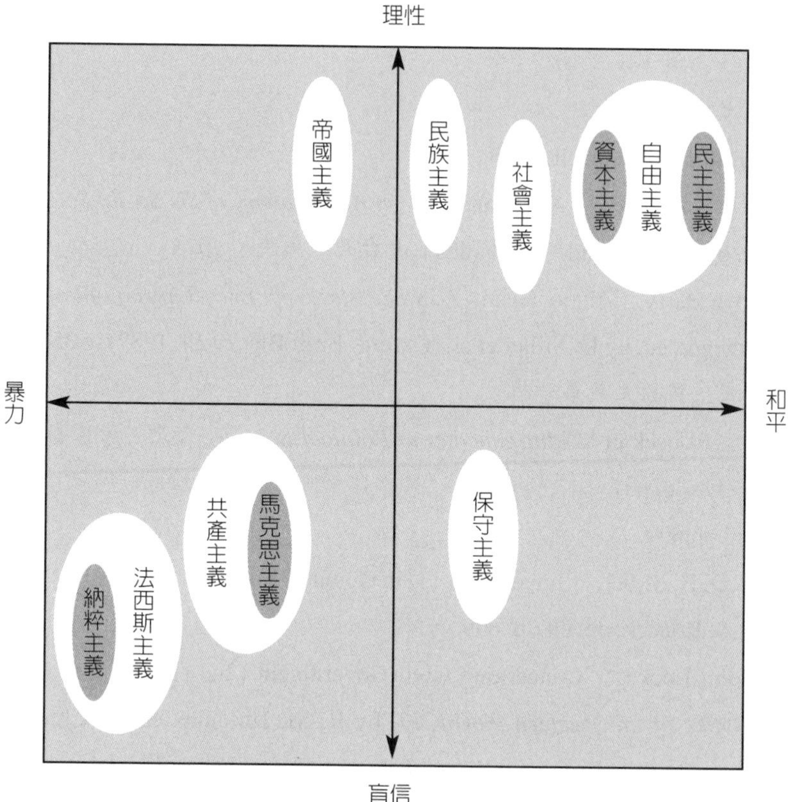

圖 2　政治意識型態理性與和平量表示意圖

資料來源：作者自製。

義；反之，兩大指標都是負，則是壞的，應予提防或唾棄。

註釋

[1]Edward Shils, "Ideology: the Concept and Function of Ideology," in *International Encyclopedia of the Social Science*, ed. by David L. Shills et al. (N.Y.: the MacMillan Co., 1968), Vol.7, p.69.

[2]Alan Angel 著，張明貴譯，《意識型態與現代政治》，台北：桂冠，1981，頁 5-6。

[3]同上註，頁 7-11。

[4]Edward Shils, op. cit., p.75.

[5]C. P. Schleicher, "Nationalism," in *A Dictionary of the Social Sciences*, ed. by J. Gould and W. L. Kolb et al. 台北：馬陵，1975，p.455.

[6]Brian Barry, "Nationalism," in *The Blackwell Encyclopedia of Political Thought*, ed. by D. Miller et al. (Oxford: Basil Blackwell, 1987), p.352.

[7]孫文，民族主義第一講。

[8]J. S. Roucek et al., *Introduction to Political Science*, 台北：豪華書局，1971，p. 607.

[9]Ibid., p.609.

[10]J. D. B. Miller, "Imperialism," in Gould & Kolb, op. cit., p. 318.

[11]J. S. Roucek, op. cit., p. 609.

[12]John Locke, "Concerning Civil Government (2nd essay)," in *Great Books of the Western World*, ed. by R. M. Hutchins et al. (Chicago: Encyclopedia Britannica, Inc., 1987), Vol.35, pp. 53-55, 71-73.

[13]J. S. Roucek et al., op cit., p.103.

[14]John Locke, op. cit., pp.46-53.

[15]Ibid., pp.65-70.

[16]黃丘隆編，《社會主義辭典章》，台北：結構群，1989，頁 234。

[17]Raymond Williams 著，劉建基譯，《關鍵詞：文化與社會的詞彙》，台北：巨流，2003，頁 59。1953 年《大蘇維埃百科全書》共產主義條即謂共產主義乃「取代資本主義的社會最高組合」(the highest formation of society which replaces the capitalist formation)，而它是通過較低的社會主義組合而到達的。

[18]S. SoShram, "Mao Zedong and his thought", in *The Blackwell Encyclopedia of Political Institutions*, ed. by V. Bogdanor et al. (Oxford:

Basil Blackwell Inc., 1987), p. 353.

[19]S. I. K. Neumann, *The Democratic and the Authoritarian State*, p. 251.

問題討論

1.民族主義是「迄今爲止世界上最強而有力的意識型態」，其理由何在？

2.自由主義有何優點與缺失？

參考書目

Baradat L.著，陳坤森等譯，《政治意識型態與近代思潮》，台北：韋伯文化，2004。

民族主義、國家
建構與全球化
——批判與反省
洪泉湖
元智大學社會學系教授

作者簡介 洪泉湖，國立政治大學中山人文社會科學研究所博士，現任元智大學社會學系教授。著有《中華民國立國精神》（合著）、《憲法新論》（合著）、《台灣的多元文化》（合著）及《台灣原住民教育中的教師問題研究》等書，以及有關民族主義、族群關係的論文多篇。

教學目標 本講題主要是在透過對民族主義的了解，以及對當代世界各民族主義運動的分析，來反省我國目前的族群關係與兩岸互動，期望聽者能以此進一步思考台灣未來的國家建構問題。

摘要

1.民族主義的意義
2.民族主義的起源與發展
3.民族主義的類型
4.民族主義的現況
5.全球化下民族國家的建構
6.從民族國家到公民國家
7.從民族主義與全球化看兩岸未來

壹、前　言

自從第二世界大戰以後，一般學者大多以為民族主義的時代已經過去，但是近年來國際政治之發展，卻反而日益凸顯民族主義的重要性。放眼今日國際間的諸多衝突與糾紛，例如巴勒斯坦問題、北愛爾蘭問題、南斯拉夫（Yugoslavia）的分裂問題等等，無一不與民族主義有關。所以，民族主義無疑仍為國際政治上之重要影響因素。

自從一九九〇年代以來，隨著東歐的變天和蘇聯的解體，所謂冷戰時代正式宣告結束。人們原本以為世界和平應已指日可待，怎奈民族問題卻躍上檯面成為國際衝突的焦點。南斯拉夫雖告解體，而科索伏（Kosovo）和馬其頓（Macedon）的戰事卻仍令人矚目；蘇聯也告解體，卻仍發生車臣（Chechen）戰爭與隨後的恐怖活動；加拿大魁北克（Quebéc）的獨立公投，差一點改變聯邦的命運；而東帝汶（East Timor）的獨立運動，更使印尼備受國際指責。這些民族主義運動，勢必仍為二十一世紀國際政治上的重要議題。

不過在另一方面，隨著二十一世紀的來臨，科技和經濟的發展卻也帶動「全球化」（globalization）的風潮，尤其是電腦網路的出現和交通運輸工具的發達，更使得整個國際社會彼此間之互動更趨頻繁而密切，一個所謂「地球村」的時代似乎即將來臨。面對著全球化的趨勢，未來民族主義的發展會不會因受挫而漸趨消沉？民族國家的理念還能不能堅持？如果民族國家將像日本知名政論家大前研一所說的「邁向終結」[1]，那麼，未來的國家型態又可能是什麼呢？這些都是值得吾人省思的議題。

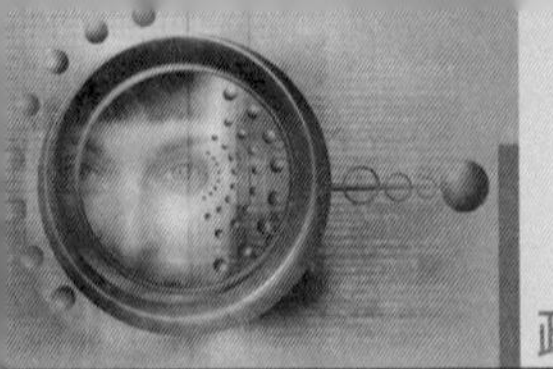

貳、民族主義的意義與發展

一、民族主義的意義

「民族主義」一詞，在不同的時代、不同的國家或地區，呈現著不同的風貌。有時它是一種團結的動力；有時則是分裂的根源。對某個地區而言，它可能被視爲福音；但對另一個國家而言，它亦可能被當作禍水。

美國當代著名的民族主義學者 Louis L. Snyder 在其所編《民族主義百科全書》（*Encyclopedia of Nationalism*）一書中指出，「民族主義是一群生活在明顯的地理區域內，使用共同語言，擁有可表達民族抱負的文學，以及在若干個案中擁有相同宗教的人們，所具有的一種心靈、感情或情操狀態」[2]。另一民族主義學者 Hans Kohn 則指出，民族主義是「一種心靈的狀態……它認爲民族國家是政治組織的理想形式。」他又說：「民族主義爲一政治信條，……它將絕大多數人民至高的忠誠，集中於現存的或期望有的民族國家。這種民族國家，不但被認爲是理想的、自然的、或典型的政治組織形式，而且被認爲是所有社會的、文化的及經濟的活動所不可或缺的體制。」[3]

另一學者 Boyd C. Shafer 也指出：「人們傾向於在他們自己的民族國家內去實現他們可愛的夢想，不管那些夢想是什麼；他們不遺餘力地把他們的國家建設成堅實的堡壘，而且對抗逆境、壓迫、侵略。這種對民族國家的熱愛與奉獻，就叫做民族主義。」[4]James Coleman 是美國研究非洲民族主義很有成就的學者，他認爲：「由於每一個民族的形成過程不同，所以每一個民族的民族主

義都以不同的方式表達，而且隨著時代而改變。不過，民族主義的目標都在團結一個民族、建立一個獨立的民族國家。」他說：「民族主義是對一個民族或部族（nationality）的隸屬意識。在情操和活動中表現欲獲得或維持該團體福祉、繁榮和完整，以及盡量擴大其政治自治權的願望。」[5]

至於研究民族主義聲譽卓著的美國學者 C. J. H. Hayes 則更指出，民族主義一詞，至少有四種意義：第一，它是一種實際的歷史過程——各部族（nationalities）建立政治單位的過程，也即由部落而帝國而建立近代民族國家的過程。第二，它是實際歷史過程中所蘊涵的一種學說、原則或理想，這種意義的民族主義，一方面表示民族意識的加強，另一方面表示民族國家的哲學。第三，它是一個特定政治團體的活動，將歷史過程與學說合而為一，例如「愛爾蘭的民族主義」或「中國的民族主義」。第四，它是一個民族所屬份子的心理狀態，他們對其民族國家的理想或事實之忠心高於一切[6]。

由上可見，所謂民族主義，雖然意義繁雜，但大體上也可歸納為兩個要點：(1)它是指建立民族國家（nation-state）的理論，它強調原則上每一個民族應有屬於自己的國家，這個國家必須是獨立的、與他國平等的、具有獨特文化的；(2)它是指忠於民族國家的心理狀態，亦即強調民族的每一份子，應認同自己的民族、效忠自己的國家，為了保衛和發展民族國家的利益或光榮，必要時甚至奉獻犧牲也在所不惜。

二、民族主義的起源與發展

民族主義起源甚早，浦薛鳳教授認為十五世紀以來的文藝復興、宗教改革、白話文學運動和地理大發現等，均有助於民族意識的覺醒，以及民族國家的建立。而十六世紀馬基維里（N.

Machiavelli, 1469-1526）的《君王論》（*The Prince*）一書，強調王權的提升和國家的強盛，應爲民族主義的早期重要著作。但一般學者大都肯定近代民族主義起源於十八世紀，主要理由有三：(1)盧梭（J. J. Rousseau, 1712-1778）的浪漫主義甚具民族主義情懷，他的「總意志」（general will）也頗能用來解釋民族國家至上的觀念；(2)波蘭三次遭到奧普俄三國瓜分（1772, 1793, 1795），波蘭人第一次感覺到國家對人民的重要，失去國家，人民將似遊魂；(3)法國大革命本爲自由平等博愛的民主革命，但因受到奧普聯軍之干涉，乃激發出「雅各賓式的民族主義」（Jacobin nationalism），舉國上下在一種軍事迷思與愛國精神的氣氛下，共拒強敵。至此，民族主義乃由擁護王權的，轉變爲保衛國土的；由路易十四的「朕即國家」，演變成「祖國是我們的」[7]。

到了十九世紀，民族主義更爲蓬勃發展，且形成兩大流派，一支是邊沁（J. Bentham. 1748-1832）、馬志尼（G. Mazzini, 1805-1872）和密勒（J. S. Mill, 1806-1873）等人所闡揚的「自由民族主義」（liberal nationalism），它體現在義大利的統一上；另一支是黑格爾（G. W. F. Hegel, 1770-1831）等人的理念所演繹出來的「統合民族主義」（integral nationalism），它體現在德意志的建國上。自由民族主義強調各民族應經由和平、自願的方式，建立一個尊重人性、保障自由、依循民主的獨立國家；而統合民族主義則強調國家至上、民族至上，國家是人民理性的最高實現。由於德、義建國的成功，使得十九世紀被稱爲民族主義的世紀[8]。

二十世紀一開始，就發生第一次世界大戰，美國總統威爾遜（W. Wilson, 1856-1924）爲了協約國的勝利，提出「民族自決」（national self-determination）的口號，俄國的列寧（N. Lenin, 1870-1924）和中國的孫中山先生（1866-1925）也先後響應，從此「民族自決」的呼聲便響徹全球。但 1919 年的巴黎和會，協約國並沒有實現「民族自決」的諾言，因此種下世界各地少數民族自求解放

的種籽，英法等列強可謂「贏得了戰爭，失去了和平」。到了第二次世界大戰結束後，英法等國元氣大傷，亞非各弱小民族乃紛起脫離殖民母國，爭取獨立，英法等列強再嚐「贏得了戰爭，失去了帝國」之苦果。此後三、四十年之間，民族主義之發展，仍未嘗終止。但亞洲之民族主義，基本上與歐美民族主義有很大的不同，它是帝國主義、殖民主義侵略剝削下的產物，因此帶有強烈的反帝、反殖民色彩，而且經常是仇外的、暴力的，甚至左傾的。再者，由於種族衝突和宗教糾紛等因素的滲入，使得亞非民族主義更具複雜性[9]。

如果根據 Louis L. Snyder 和 Boyd C. Shafer 等人的說法，則近代民族主義的發展，似乎也可分成下列數階段[10]：

(一)法國大革命時期（1789-1815）

由於恐懼鄰國強權之侵略，而發展出全體同胞共同保衛祖國的民族意識，因為「祖國」是大家的，不再是君王的，因此，保家衛國，人人有責。

(二)民族主義作為一種統一力量時期（1815-1871）

此即指由加富爾（Count Cavour）等所領導的義大利統一運動，和由俾斯麥（Otto von Bismarck）所領導的德意志建國運動，此時期之民族主義，是一種統一的力量。

(三)民族主義作為一種分裂力量時期（1871-1900）

德義的建國鼓舞了奧匈帝國、鄂圖曼土耳其帝國等統治下的少數民族，開始思考「獨立」的問題，而造成波蘭人、匈牙利人等民族要求脫離原屬帝國，因此，這一時期的民族主義，反而是一種分裂的力量。

(四)民族主義作爲一種侵略力量時期（1900-1918）

此時期的民族主義，愈來愈接近帝國主義，若干國家企圖把它們的影響力擴展到被它們認爲是劣等民族的身上，它們自稱懷有「使落後民族同享文明」的神聖使命，因此，它們派兵前往亞非各地，建立殖民地或租借地，而事實上它們的目的當然在掠奪其他民族的資源。

(五)民族自決運動時期（1918-1939）

此時期由於威爾遜總統在巴黎和會提出「十四點原則」（fourteen points），主張以「民族自決」原則重劃歐洲疆界，而激起弱小民族追求獨立的熱潮。雖然民族自決原則在英法列強的利益考量下，並沒有被實現，但如果眞的要依民族自決原則來創造新國家，恐怕也會產生更多的民族糾紛。

(六)第二次世界大戰以後時期（1939-1990s）

此時期可謂亞非民族解放時期，由於歐洲列強的衰落，亞非殖民地乃紛紛爭取獨立，雖然英法荷等國仍試圖控制亞非，而不惜發動局部戰爭（如荷蘭對印尼，法國對越南與阿爾及利亞），但亞非國家最後仍然獲得獨立。至於歐洲，則民族分離運動也開始盛行，如捷克、南斯拉夫、北愛爾蘭、法國、比利時等，均有少數民族分離運動之困擾。雖然歐洲統合運動頗有進展，但有不少國家仍然站在「民族國家」的立場，質疑歐洲的「超國家政府」會不會產生新的支配？例如前英國首相柴契爾夫人（Margaret Thatcher）就曾率直指出「一個中央集權的歐洲政府可能是一場災禍」。

三、民族主義的種類

民族主義的內涵，每隨著時間和空間的變化，而展現不同的風貌，因此其種類相當繁多。學者們若以不同的標準來衡量，往往可以得到不同的分類。

(一)從歐洲近代史發展的角度來分類

歷史學者 C. J. H. Hayes 從歐洲近代史發展的角度，把民族主義區分為下列五種[11]：

1.人道民族主義（humanitarian nationalism）

此種民族主義發源於十六、七世紀的人道主義，它以自然法為根據，主張提高人類理性的地位，強調每一個民族均應擁有自己的民族政府，但對於其他民族之權利絕對尊重，對侵略主義力加排斥。代表人物有盧梭（J. J. Rousseau）、赫德（G. Herder）等。

2.雅各賓民族主義（Jacobin nationalism）

此種民族主義源於十八世紀末葉，由於奧普兩國對法國大革命的干涉，激起法國國民的抵抗，乃在愛國精神的號召下，全民奮起保家衛國。雅各賓民族主義採較激進之立場，主張全國徵兵、經濟控制，它希望能把法國大革命的自由、平等、博愛精神傳遍歐洲。它的特色是採用軍國主義和宗教式的迷思，並製作各種象徵或儀式（如國歌、國旗、誓師典禮之類）來鼓舞民心士氣。它的代表人物有羅伯斯比爾（Maximilien Robespierre）、加諾（Lazare Carnot）和丹頓（Georges Danton）等。

3.傳統民族主義（traditional nationalism）

法國大革命後，歐洲若干貴族階層鑑於暴民政治的恐怖，乃大力提倡恢復傳統，強調民族主義應尊重民族傳統文化與制度（其中當然包括君王貴族制度）。代表人物有柏克（E. Burke）和什列格爾

（F. Schlegel）等。

4.自由民族主義（liberal nationalism）

十九世紀以後，自由主義逐漸蔚爲潮流，因此，民族主義的主流思想又回復到人道主義的精神，而與自由主義摻合。自由主義強調個人的自覺與自由，人與人之間必須相互尊重彼此的自由權利；且自由民族主義化「小我」爲「大我」，強調民族的自覺與自由，認爲民族與民族之間也應該像個人與個人之間一樣，尊重彼此的自由與獨立。此種民族主義之代表人物有邊沁（J. Bentham）、馬志尼（G. Mazzini）、密勒（J. S. Mill）等。

5.統合民族主義（integral nationalism）

自由民族主義固然是最合人性的主張，同時也是民主政治之基石，但國家若處於逆境或動亂之際，可能就較難應付。因此，另一部分人就提倡統合民族主義，認爲國家是有機體，個人是有機體上的細胞，細胞必須依附於有機體上，方有生存的空間與意義，有時爲了有機體的生存，犧牲若干細胞也是必然的。因此，他們提出「國家至上，民族自由」，但此種觀念很容易走入極權主義或帝國主義之路。代表人物有孔德（A. Comte）、滕因（H. A. Taine）、巴栗士（M. Barres）和摩拉士（C. Maurras）等。

此外，Hayes 尚提出一種經濟民族主義（economic nationalism），它主張關稅保護、國家干預經濟生活等。

(二)依民族主義本身性質的發展來分類

政治學者 Mostafa Rejai 則依民族主義本身性質的發展，將民族主義區分爲三類[12]：

1.原型的或肇端的民族主義（formative nationalism）

此種民族主義發生在一個被壓迫、被殖民的地區，它要求取消歧視或隔離政策，要求廢除虐政，要求獲得文化上的自主與政治上的自治，如果可能，則更進一步要求獨立。由於這一階段的民族主

義，是以自由、尊嚴、自治、平等、獨立等人類基本價值爲訴求，故頗具「正當性」，因而容易受到廣泛之同情甚至支持。

2.揚威的民族主義（prestige nationalism）

一個民族在獲得獨立後，它的民族主義並不必然終止，相反地，它可能繼續發展。這個新興的獨立國家可能要求與其他國家（尤其是先進國家）平起平坐，並追求富國強兵之道。

3.擴張的民族主義（expansive nationalism）

如果上述民族主義再繼續發展，則亦可能主張向外侵略或殖民，把本國的勢力延伸到異民族的土地上，這就變成帝國主義了。

(三)Max Sylvius Handman 的分類

另一政治學者 Max Sylvius Handman 則提出下列的分類[13]：

1.壓制性的民族主義（oppression nationalism）

此種民族主義表現在統治民族對被統治民族的壓制，以及被統治民族的強力反抗上。例如在北愛爾蘭（Northern Ireland），英國人對愛爾蘭人的壓制，與愛爾蘭人的反抗；在德國和俄國，當局對猶太人和波蘭人的壓制，以及波蘭人的反抗等。

2.恢復性的民族主義（irredentist nationalism）

此即被壓迫被統治民族要求從其他支配民族獲得解放以恢復獨立自由之民族主義，例如中國要求列強廢除不平等條約，印度要求英國退出印度，羅馬尼亞人（Rumanians）和保加利亞人（Bulgars）要求從土耳其帝國解放等。

3.警戒性的民族主義（precaution nationalism）

兩個民族國家由於國家安全和商業發展等因素，可能產生激烈之競爭，因而引發各自提倡群體光榮、謹防對方獲勝之情緒。

4.揚威性的民族主義（prestige nationalism）

此種民族主義強調民族過去的光榮歷史，要求獲得更多的尊重。

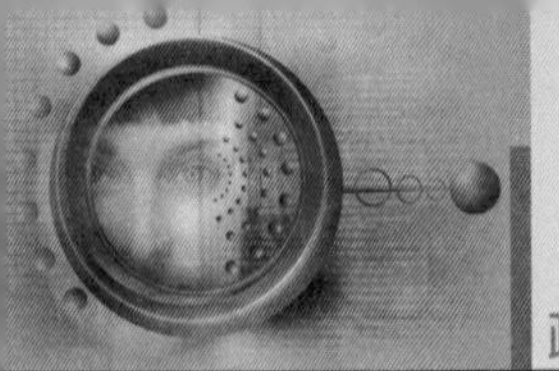

(四)從可否意識的標準來分類

心理學家 Gustav Ichheiser 則從可否意識的標準，將民族主義區分為如下兩類[14]：

1.意識性的民族主義（conscious nationalism）

民族的成員刻意提出其歷史傳統、文化價值，並加以美化、頌揚；或有意識地、有計畫地推動民族目標之實現。

2.潛意識或無意識的民族主義（sub-conscious or unconscious nationalism）

民族的成員，在不知不覺之中還是會被其民族的價值或偏見所影響，以本民族的觀點去看待或判斷事事物物。

(五)從社會條件和團體權力鬥爭的標準來分類

社會學家 Louis Wirth 則從社會條件和團體權力鬥爭的標準，將民族主義區分為如下四類[15]：

1.霸權性民族主義（hegemony nationalism）

一種民族團體透過國家的統一和國力的擴張，而追求更多的民族利益。

2.分離性民族主義（particularistic nationalism）

一部分分離主義者要求民族自治甚或獨立，也可能與其他地區的本民族團體合組新國家。前者如西班牙的 Basques 要求自治，後者如前南斯拉夫的 Slovenes 、 Croats 和 Bosnians 要求獨立，以及加拿大的 Quebecios 要求獨立，至於要求分離而另組新國家者，以北愛爾蘭的 Irish 最典型。

3.邊緣性民族主義（marginal nationalism）

在兩個國家的邊界地區，經常存在著混合文化的人們，但這些人們又各自信守他本民族的傳統，這有時候就難免產生文化認同之失調與文化衝突。

4.少數民族的民族特性（nationalities in the minorities）

少數民族經常會為了維護、認知自己的傳統民族性而奮鬥，也企圖在其他民族的統治下維持自己的文化，因此會產生民族尋根、反對同化、堅持使用母語與信奉民族傳統宗教等。

(六)從民族主義運動所欲達成的目標以及它所採行之手段來分類

本文擬從民族主義運動所欲達成的目標以及它所採行之手段，來將民族主義加以分類。就民族主義運動所欲達成的目標而言，可將民族主義分為兩類，一是追求統合的民族主義，例如越南民族主義所追求的是南北越的統一，德國民族主義所追求的是東西德的統一。另一是追求分離的民族主義，例如：斯洛瓦尼亞（Slovenia）和克羅琪亞（Croatia）想脫離南斯拉夫而獨立，北愛爾蘭的愛裔份子想脫離聯合王國而獨立，斯洛伐克人（Slovaks）想脫離捷克（Czech）而獨立等等。

再者，從民族主義運動所採用的手段而言，又可將民族主義區分為兩類，一是暴力型的民族主義，例如北愛共和軍（IRA）、車臣游擊隊和巴勒斯坦解放組織（PLO）等，均曾使用暴力或恐怖活動來追求獨立，而英國、俄國和以色列也曾使用武力加以鎮壓，以維持統一。另一是和平型的民族主義，例如捷克斯洛伐克以談判和協議達成「和平分手」，而東西德則以交流、互助實現統一。

如果把這兩種分類方式配合起來，則可以將民族主義分成四種類型，即：暴力－分離型、暴力－統合型、和平－分離型與和平－統合型。就後冷戰時期比較令世人矚目的民族主義運動而言，以南斯拉夫、北愛爾蘭、俄國車臣、捷克斯洛伐克、德國、加拿大魁北克、巴勒斯坦、印尼東帝汶和斯里蘭卡的坦米爾（Tamils）等案例比較有名。這些案例可歸類如**表 1**[16]：

表1　民族主義的類型

		民族主義運動所追求的目標	
		分離	統合
民族主義運動所採用的手段	暴　力	·前南斯拉夫的斯洛瓦尼亞等 ·聯合王國的北愛爾蘭 ·俄羅斯的車臣 ·中東的巴勒斯坦 ·印尼的東帝汶 ·斯里蘭卡的坦米爾	·南斯拉夫（塞爾維亞） ·聯合王國（英國） ·俄羅斯 —— ·印尼 ·斯里蘭卡
	和　平	·斯洛伐克 —— ·加拿大的魁北克	捷克 ·德國 ·加拿大

資料來源：本文作者自製。

參、民族主義的現況

自一九九〇年代初葉起共產政權逐一崩毀後，世界各地的民族主義運動再次勃興，本文擬就暴力－分離型、暴力－統合型、和平－分離型與和平－統合型四種類型，各舉一例簡單說明之。

一、暴力－分離型：以南斯拉夫為例

前南斯拉夫（Yugoslavia）位於東歐，它的面積不到二十六萬平方公里，人口也只有兩千三百萬人左右，但其文化、宗教、語言與各族群之間的歷史恩怨，卻極爲複雜。前南斯拉夫強人狄托（Tito，本名 Josip Broz）曾形容南斯拉夫是：一個國家、兩種字

母、三種官方語言、四種主要宗教、五大民族、六個共和國和七個鄰邦。

在狄托統治時期，南斯拉夫境內各邦即有歷史的、語文的、宗教的、政治的和經濟的種種矛盾，例如北方的斯洛瓦尼亞（Slovenia）工業發達，克羅琪亞（Croatia）觀光業發達，人民生活比較富裕；相對的，南方的黑山公國（Montenegro，一譯門的內哥羅）和馬其頓（Macedon）等則爲農業邦，經濟相對落後。因此南北發展失衡，彼此屢生齟齬。而斯、克和波士尼亞（Bosnia-Herzegovina）等國則屢屢抱怨塞爾維亞（Serbia）壟斷聯邦黨政軍大權。不過，由於狄托深受人民愛戴，所以尙能控制大局。當狄托過世（1980）後，各邦就開始進行分離運動了！

1989 年 9 月，斯洛瓦尼亞議會通過自決案，使得南斯拉夫國內情勢頓形緊張。於是聯邦國會馬上發難加以抨擊，塞爾維亞等邦也舉行大規模示威來表示抗議，但斯洛瓦尼亞仍於 1991 年透過公投宣布獨立。克羅琪亞也老早不滿塞爾維亞人之壟斷統治權，故於國會之大選中，即由民族分離主義者獲勝，而它與塞爾維亞之關係，也進一步惡化，終於爆發內戰，而克羅琪亞也接著宣告獨立。不久之後，波士尼亞和馬其頓相繼宣告獨立，塞爾維亞乃一一與之宣戰，終使南國烽火不斷，形成人間慘劇。後來，斯、克、波三國的獨立運動獲得歐體之承認，聯合國也對塞國進行制裁，終使得這三國獲得獨立。

目前，南斯拉夫只剩下塞爾維亞和黑山公國兩國，由於在文化、語言方面較爲接近，乃再度結盟爲新的「南斯拉夫聯盟共和國」。因此，我們可以說原有的南斯拉夫已經解體了[17]。

二、暴力－統合型：以俄羅斯為例

俄羅斯境內的車臣自治共和國，是由車臣人（Chechens）所建

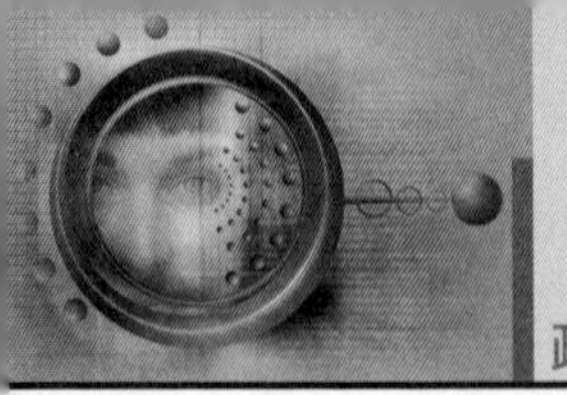

立的國家，位於俄國西南部高加索山區北側，面積約一萬九千平方公里，人口只有一百三十萬人，大都信奉回教，與俄國人之信奉東正教不同。

在歷史上，俄國於十九世紀開始向高加索山區擴張時，曾遭到當地土著民族的激烈反抗，尤以車臣人為甚。到了史達林時代，車臣人甚至被以通敵之罪名，集體流放至中亞哈薩克，使車臣人反俄情緒始終不減。

當 1991 年底蘇聯解體時，各自治共和國也紛紛追求獨立，車臣在退役將領杜達耶夫（D. Dudaev）的領導下，也宣布獨立。俄羅斯總統葉爾欽立即宣布杜氏政權為非法政權，並派兵討伐。可是由於這項措施並未得到最高蘇維埃的批准，葉爾欽只得自車臣撤軍，俄、車關係陷入緊張狀態。

1992 年，車臣議會通過共和國憲法，拒絕簽署俄羅斯聯邦條約，次年並拒絕參加俄國聯邦國會的選舉和新憲法的公民投票，俄國政府策動反杜達耶夫活動，但並未成功，雙方關係更陷入低潮。1994 年底，俄政府再度派兵進攻車臣，雖然逐漸擊潰杜氏政權，但車臣人卻決心以游擊隊的恐怖活動來反擊俄國。近年來俄國總統普丁（曾為總理）仍屢以強硬手段鎮壓車臣的反抗活動，並於 1999 年再度進攻車臣，使得俄國政府也受到國內外的指責。

車臣所處地理位置重要，素有「連結外高加索的生命線」之稱，它本身產油，地下鋪設有重要輸油管道，包括格洛茲尼—巴庫（Grozny-Baku）的輸油管；格洛茲尼且是俄羅斯通向外高加索鐵路、公路線上的必經之地，俄羅斯自然不容許其脫離聯邦而去。然俄羅斯軍隊自侵入車臣以來，雖能獲得軍事勝利，但伴隨軍事行動而來的併發症（如寡婦團自殺式恐怖活動），卻令俄羅斯當局頭痛萬分[18]。

三、和平－分離型：以捷克斯洛伐克為例

捷克和斯洛伐克原爲奧匈帝國統治下的兩個地區，捷克人和斯洛伐克人同屬斯拉夫族，語言文化比較接近，歷史上有著共同的坎坷遭遇，長期受外族統治。十世紀初捷克成爲獨立的公國，後爲王國，但受日耳曼人和天主教會控制，斯洛伐克則由匈牙利人統治。

1918 年秋，捷克與斯洛伐克雙方的領導人決定建立獨立的捷克斯洛伐克共和國，斯洛伐克人享有民族自決權，可以成立自己的議會和行政機構。由於奧匈帝國是一次大戰的戰敗國，對於此項獨立運動也只有加以承認。

共和國成立不久，捷、斯兩個民族即開始產生矛盾，奧匈帝國崩潰後，原在斯洛伐克地區的匈牙利官吏和軍警，懾於群眾的壓力，紛紛逃回匈牙利，捷克政府乃從布拉格派員到斯洛伐克接管行政權力、治安和防務，形成了捷克人取代匈牙利人統治斯洛伐克的局面。飽經戰亂的斯洛伐克人生活艱難，不滿情緒嚴重，示威抗議活動頻繁，捷克政府竟從境外調派兵團前去進行鎮壓，實行戒嚴。

雖然共和國憲法保障民族平等，但捷克當局對斯洛伐克人所採取的卻是歧視性政策，不但壟斷政治資源，而且剝削經濟利益，使斯洛伐克人深覺有「二等公民」之感。

1989 年東歐變天，次年，捷克的反對派領袖哈維爾（V. Havel）當選爲聯邦總統，開始推行自由化和民主化政策，於是兩個民族的矛盾日益公開化。捷克執政當局提議將聯邦的經濟管理權下放，而斯洛伐克則急於凸顯自己在聯邦中的自主地位，甚至宣稱自己是「主權國家」。

1992 年，捷克與斯洛伐克就聯邦解體問題進行了多次的會議，終於達成「和平分手」的協議，雙方用三十多項合作協議，把捷克斯洛伐克正式分裂爲兩個主權國家，於 1993 年元旦正式生效

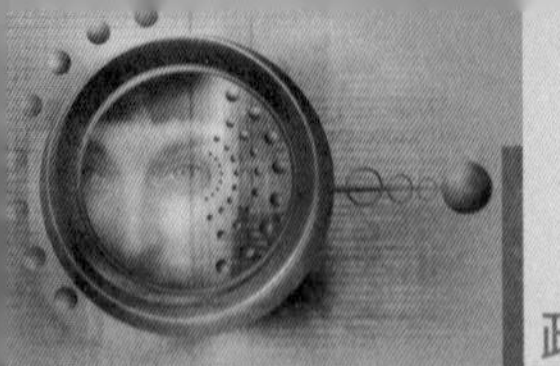

[19]。

四、和平－統合型：以德國為例

由於德國在希特勒的領導之下，發動第二次世界大戰，造成人類重大的浩劫，因此同盟國於攻克柏林後，乃將德國瓜分，分別由美、英、法、蘇佔領。1949 年西方盟國有鑑於冷戰升高，乃決定將美英法三國占領區率先成立德意志聯邦共和國（西德），蘇聯不甘示弱也成立了德意志民主共和國（東德），德國從此正式一分爲二，出現兩個主權國家。

分裂只是民主國家和共產國家兩極對抗下不得已的安排，德國人自始至終是期盼民族再統一的。所以西德在基本法中指出「全體德國人民將持續以自決方式完成德國統一及自由目標之挑戰」。1954 年四強會議在柏林舉行，正式提出德國統一方案，艾德諾（K. Adenauer）政府乃開始推動「一個德國」的政策，認爲只有經由民主選舉而產生，並且在人口土地上都較大的西德政府，才有代表全德在國際上發言的權利。

1961 年，東德政府沿著東西柏林邊界築起一道柏林圍牆，以阻絕不斷湧入西德謀生的東德人民所造成的嚴重人才外流問題。但是，就在此時，客觀的國內外情勢已開始改變，先是東西德人民經歷多年的隔離，開始有強烈接觸的慾望，西方國家面對日漸升高的冷戰，希望與蘇聯及中共和解的興趣反而轉濃，而西德與其他共產國家接觸的意願亦告增強。這些因素終於促使西德政府在 1969 年對東德及其他東歐共黨國家的態度上產生根本的改變，這就是布蘭德（W. Brandt）的東進政策。

布蘭德上任後，爲了要維持國家的團結，並達成再統一的目標，他認爲西德必須調整那僵化的「西德代表整個德國」的主張。1970 年西德與蘇聯簽訂了條約，雙方承諾追求和解的政策。這項

條約堪稱是西德政府的東進政策中最重要的文件。次年，東西德簽訂「關係基礎條約」，西德放棄他以前所堅持的一個德國政策，東西德的管轄權各限於其所屬領土，彼此尊重對方的獨立及自主權；雙方同時進入聯合國；東德以往只為東歐共黨國家及少數第三世界國家所承認，現在也因此而能發展與世界各國的關係。

兩德間的條約打開了東西德間日益增多的協議之門，也導致雙方在其後將近二十年之間增加多面性的交流，例如人民的互訪、旅行、貿易、電訊往來等，西德政府更給予東德大批的信用貸款以及財政援助，甚至購買政治犯等。

1989 年，柏林圍牆終於倒塌。1990 年 8 月，兩德政府簽訂了恢復德國統一條約。於是，蘇聯在西德的協助下開始從東德撤軍，德國復歸統一[20]。

如果從**表 1** 所列的民族主義案例來看，後冷戰時期的民族主義，似仍以暴力－分離型居多，暴力－統合型次之，至於和平－分離型與和平－統合型則較少。不過，北愛爾蘭的問題已於 1998 年透過英、愛「和平協定」（The Agreement）而告解決，東帝汶（East Timor）問題也在印尼的同意下於 1999 年經由聯合國所監督的公民投票而告宣布獨立；加拿大的魁北克（Quebéc）雖未獲得獨立，但它與聯邦之間，都以公投、釋憲修憲等和平手段來處理分離問題。所以，透過和平方式來追求民族的分離或國家的統合，已愈來愈見其可能。

肆、全球化與民族國家

一、民族國家的建構

無論是分離型的民族主義，或是統合型的民族主義，它的目的都在建立一個屬於它民族成員的「民族國家」。

所謂民族國家，是指民族團體因為在一個地區長久生活的文化、歷史、血緣、語言、互動往來等共享因素而共同建立的一個國家。這裡所說的民族團體，可能是一個或多個，如果由單一個民族團體建立一個國家，就稱為「單一民族國家」（mono-national state），這種國家很少，全世界只有日本、韓國、以色列等二、三十個國家，其餘則全為由多個民族團體所共同組成的國家，稱為「複合民族國家」（multi-national state）。

民族國家的建立，固然很可能要經過「拋頭顱、灑熱血」的革命過程，代價不可謂不高，但民族國家建立之後，要如何加以鞏固，才能保持內聚力和安定繁榮？恐怕更是一項艱鉅的工程，這牽涉到「族國建設」（nation-state building）的問題。

所謂「族國建設」，可以分兩個層面來說。在民族建設（nation-building）方面，至少要進行下列各項工程：(1)國內民族歧視的消除；(2)國內民族仇恨的化解；(3)國內民族平等的追求；(4)國內民族團結的加強；(5)國內民族的混合、通婚、同化、融合；(6)民族自尊心自信心的建立；(7)民族文化的尋根與重建；(8)民族新文化的創造；(9)民族品質的提升等等。

至於在「國家建設」（state-building）方面，則可能包括下列工程：(1)國家主權與領土完整之維護；(2)國家認同（national identity）

之追求；(3)民主政體之建立；(4)政治整合（political integration）之進行；(5)政治、經濟、社會、教育、文化之邁向現代化（modernization）等等[21]。

當然，由於歷史文化背景之不同，世界各國的族國建設，其重點、過程也均有不同。在歐洲，各民族的「民族建設」重點，可能比較著重民族歧視的消除、民族仇恨的化解，和民族的同化、融合等，而其「國家建設」的重點，也可能比較著重政治整合之進行，與政治、經濟、社會、文教之繼續現代化。但在亞洲，各民族的「民族建設」重點，即可能比較著重國內民族團結的加強，國內民族的混居、同化和融合，民族自尊自信的建立，民族文化的尋根和重建，以及民族品質的提升等。在歐洲和亞洲，大部分的國家都是先有「民族」，然後去建造一個「民族國家」（nation-state）；但在非洲，大部分的國家在獨立之前都沒有自己的「民族」，所以它是用「國家」去建造一個「國家的民族」（state-nation）。

就一個民族國家而言，它最強調的是：(1)國家主權的神聖性和絕對性，它是不可侵犯且不能讓渡的；(2)領土的完整性，它也是不容侵犯的；(3)國家民族的尊嚴和光榮，這可能要靠國防軍備來維護；(4)國民的歸屬感和認同感，尤其是效忠國家、犧牲奉獻的情操。可是這些訴求，如果經由野心政客或威權政府的操弄，很可能會造成「國家至上，民族至上」的統合民族主義，政府往往藉口國家安全、國家利益而戕害個人自由與權益，如此則完全違反了現代民族國家的基本精神——自由民族主義。

二、全球化下的民族國家

所謂「全球化」，J. N. Pieterse 認為是指「通過源自西方的技術、商業與文化的同時擴散，使得世界逐漸地趨於一致與標準化，而與現代性聯繫在一起的觀念」[22]。A. Giddens 則從文化層面說

明全球化是「以全世界爲範圍的社會關係的增強，它連接相距遙遠的異地，在此情況下，地方上所發生的事件會被遠方所發生的事件所制約，反之亦然[23]」。而 A. Appadurai 更從人口的流動、跨國公司、國際貿易與金融流通、大眾傳媒的傳播，以及思想的流傳等面向，描繪全球化的內容[24]。

全球化對民族國家最大的衝擊，是把民族國家原有的「疆界」毀壞了，也即它愈來愈難以在種族的純淨上、在政治經濟文化事務上，固守其疆界，各種跨國勢力的興起，使得它原有的權威與實力相對減弱，而且當經濟、文化、病毒、犯罪乃至生態破壞等事件都已跨國地進行時，民族國家不但無力規範，甚且要承擔其後果。因此，民族國家相對式微了，它必須與跨國公司、跨國非政府組織等力量共同擁有世界舞台，與它們分享權力與資源[25]。

不過，跨國公司並不希望民族國家解體，由於各個民族國家間必然有經濟、社會、環保等條件上或制度上的差別，而這種差別正是跨國公司可以操作以賺取利潤的空間，處於弱勢的民族國家之存在，正可以對跨國公司提供相當的服務。此外，由於民族國家的組成，畢竟以某種程度的歸屬感與認同感爲基礎，因此，各民族國家之成員也不會輕易放棄其「民族國家理想」的堅持。歐盟至今雖已擴充至二十五個國家，形成一龐大的跨國經濟體，但仍有不少成員國只願有條件地加入，主要原因就是擔心自己的民族國家在主權上、在經濟利益上有所損害。

三、從民族國家到公民國家

由於民族國家可能存在著前述的若干危險，例如藉口國家安全與利益而戕害個人自由權利等，因此有許多學者乃趁著全球化來臨，全球都大倡政治民主化、經濟自由化、社會多元化之際，提倡以「公民國家」代替「民族國家」，以彰顯個人自由權利之主體

性。

所謂「公民國家」，至少包括以下各項概念：(1)這種國家是由「公民」所組成，這些公民具備有自主性、積極參與、民主寬容、理性溝通、自治自律的素養；(2)它是由下而上所組成的，亦即由個人而社團或社區，由社團或社區而社會，由社會而國家，因此這種國家深具民主性，跟傳統的專制或威權國家完全不同；(3)它強調對人權和人民福祉的保障，因爲個人是目標價值，國家只不過是保障人民自由安全的手段；(4)它尊重人民的自由選擇，公民對國家或政府的認同或效忠，不再依據歷史的、民族的、血緣的、文化的身分關係，而強調公民應依「何種社會體制或生活方式較能照顧大多數人民」爲標準而選擇其認同、效忠之對象；(5)在這種國家中當然也有各種矛盾和衝突，但解決之方法是靠透過一定的程序，以公開討論、理性溝通和折衷妥協來尋求共識，而非訴諸權威、民族立場或歷史恩怨；(6)這種國家不強調主權的神聖性和絕對性，只要符合公平對等原則，符合全民利益，主權是可以受限的；(7)這種國家的疆界空間流動大，它允許國內外各種移民、資訊、金融、大眾傳播等等的自由流通[26]。

由此可見，公民國家更符合自由化、民主化、多元化的潮流，也符合全球化的趨勢，但又不致導致「國家」的崩解，因此它比民族國家更具現代性。

伍、民族主義與兩岸關係

一、兩岸分裂分治下中華民國的處境

1945 年 8 月第二次世界大戰結束，日本戰敗，是年 10 月台灣

光復，由中華民國政府派員接收，台灣回歸中華民國版圖。次年11月，台灣也選出制憲國大代表，參與了中華民國憲法之制定。1949年底，中國大陸局勢逆轉，國民黨執政的中央政府播遷來台，從此台灣海峽兩岸進入了「分裂分治」的時代。

從一九五〇年代至今，在長達五十多年的歷史歲月裡，在台灣的中華民國歷經了幾個重要的階段：

(一)兩蔣時代

中華民國政府仍被世界各國承認爲代表中國之唯一合法政府，與美國也維持著極爲友好的邦交。此一階段的主要處境是中共的威脅，以及如何反攻大陸的問題，也即「中國統一」的訴求。但1971年10月我國退出聯合國後，很快地各友邦相繼與我斷交，致使我邦交國由原來的八、九十國驟減至二、三十國，我國的國際地位大受打擊。1979年初的中（台）美斷交，更對我造成嚴重的打擊，使我幾乎淪爲國際孤兒。此時，兩岸政治雖在口頭上都不承認「兩個中國」，但事實上已是如此了。

(二)李登輝時代

由於中華民國政府代表中國的合法性已被國際社會所否認，而形同國際孤兒，國際社會甚至一一承認（或稱認知、瞭解、尊重）「台灣只是中國的一部分」，因此許多國人爲了救台灣，乃開始主張放棄對大陸的主權，甚至大力提倡「台灣獨立」。於是，中華民國面臨了內外困境：對外方面，中共固然不承認中華民國爲一個「國家」，而且國際社會也大多不承認。對內方面，一部分國人也不願承認中華民國，而寧願改用「台灣共和國」或其他稱號，只是這種主張也得不到國際社會的支持。李登輝接任總統後，由於他本人的長成背景與意識形態較具本土意識，因此他在任上即大量開放讓主張台獨的海外流亡者回台，並提出「中華民國在台灣」這樣的主

張，試圖爲中華民國重新找到定位。此時，兩岸政府口頭上還是各自表述自己的「一個中國」原則，但台灣方面，已由「口頭上的兩個中國」，逐漸往「一個中國，一個台灣」的方向邁進！換句話說，台灣民族主義已露出檯面了！

(三)陳水扁時代

2000 年 5 月，陳水扁以民進黨候選人身分當選並就職爲中華民國總統。由於陳水扁所屬的民進黨一向主張（至少是贊成）「台灣獨立」，因此陳水扁上台以後，更致力於「一中一台」、「一邊一國」的主張。不過，此時中華民國更面臨了以下的處境：

1.國號問題

民進黨、台聯黨等主張把國號更改爲「台灣共和國」，但國民黨、親民黨等則認爲那樣就得終結「中華民國」，因而反對；中共更是嚴厲譴責此爲「分裂祖國」之行爲，美國也認爲那將「改變台海現狀」而不表支持（甚至反對）。「中華民國」的國號，雖然易與「中國」相混淆，或被誤解爲「中華人民共和國」，但它畢竟是目前各方均較能接受的最大公約數。

2.主權領土問題

中華民國的主權涵蓋哪些領土範圍？還包括中國大陸嗎？或是只涵蓋台澎金馬？關於這一點，國內各政黨倒比較沒有歧見，都認爲中華民國的領土當然只涵蓋台澎金馬，只是如果公開宣示，又要引起中共之反對與美國之疑慮。中共認爲，中華民國政府若宣示其領土只包括台澎金馬，那就表示與中國分離，就是「搞台獨」。當然，這其實是很荒謬的，難不成中共反而允許中華民國的主權、領土可以「及於」中國大陸嗎？

3.國旗、國歌問題

民進黨、台聯黨及其支持者大多不喜歡青天白日滿地紅國旗，認爲那是「外來政權」的象徵，且與國民黨的黨旗太相像，因此在

公開場合一向不願插此國旗，只願拿綠色黨旗。可是國親黨人及其支持者當然要捍衛這面「法定的」國旗，除非透過「修憲程序」把它改掉。但修憲換掉國旗，就中共而言，又是台獨，就美國而言，就是改變台海現狀，所以仍不允許發生。至於國歌，則因爲確係國民黨黨歌，且此一國歌係當年由國民政府所公布，並未入憲，因此不涉及修憲問題，將來若眞要修改，可能爭議比較少。

4.外交困境問題

由於陳水扁較之李登輝更不掩飾其台獨意圖，因此近年來兩岸關係屢現緊張，扁政府爲了鞏固台灣安全，乃以軍事採購等手段拉攏美國，並作爲增加對抗大陸之籌碼，且以各種手段進行外交「突破」，但這些作爲已引起中共的反制，結果也使我國在國際社會上屢遭挫折。中華民國若要以「台灣」之名「走出去」，看來也不是那麼容易！

二、從省籍情結到統獨意識

台灣何以會產生「本省人」、「外省人」之間的省籍情結？事實上，從台灣在歷史上一直處於中國的邊陲，甚至被中國視爲「化外之地」的情境可見一斑。不過，眞正誘發省籍情結的，恐怕以下列三項因素爲主：

(一)台灣割日所造成的差異

甲午戰後，清廷把台灣割讓給日本，日本在台灣進行了五十年的殖民統治，這對台灣社會經濟乃至文化教育方面的影響，當然是很大的。例如在台灣光復初期，台灣已是一個逐漸邁向近代化的社會，而中國大陸則由於飽受戰爭摧殘，加上政治經濟不上軌道，致使兩岸人民產生隔閡。隨著台灣光復及政府播遷，大批的「外省人」也隨之來台，於是「本省人」和「外省人」展開了面對面的對比。

「外省人」看不起「本省人」的日本遺風，而本省人則看不慣「外省人」的用人不公、耍特權和不守法等惡習，於是磨擦衝突就無法避免了！

(二)二二八事件所造成的傷痕

台灣的「省籍情結」固然在光復後就出現了，可是眞正的促因卻是民國36年2月28日所發生的「二二八事件」。二二八事件的導火線是專賣局的查緝私煙，但單純的查煙卻引爆了民眾對政府的不滿、本省人對外省人的不滿。後來，政府在面對民眾日益提高的改革要求中，卻反應過度，派兵鎮壓甚至殘殺這些所謂的「暴民」，結果這些本省人只好找外省人洩忿，而造成省籍之間進一步的相互仇視。

(三)文化教育因素的影響

台灣受到日本殖民統治五十年，所以在光復初期它的許多文化表現形式，當然會與中國大陸不同，其中最明顯的例子，便是語言。在當時，本省人除了會講台語（及客語）外，大約有70％左右的人能說日語。而且，當時的台灣民眾，大多數人對日本政府的廉潔有效率印象良好。因此，當對日抗戰八年的外省人到了台灣，看到台灣人說日本語、唱日本歌、稱讚日本政府，自是無法接受，認爲這是「亡國奴心態」。此外，在國民黨政府的教育政策方面，開始推行「國語文政策」，要求全體民眾學習國語文。這本來是一件好事，對於民族國家的整合是有幫助的，但由於執行上的偏差，教師經常禁止學生講台（客）語，否則要受罰。如此一來，本省人就會覺得說台（客）語是犯罪、是可恥的，而產生自卑感。相對地，外省學生在這方面幾乎佔盡優勢，於是也產生一種優越感，那麼，雙方當然就會產生不愉快了[27]！

經過台灣社會數十年的發展，所謂「本省人」（包括閩南人和

客家人）和「外省人」之間的省籍情結，已因爲混居、通婚、教育等等因素而日趨淡化。不過，每當重要選舉來臨時，某些政治人物往往又把它端出來，再次加以催化，以激化支持者情緒，而達到收割選票之目的，因此，省籍情結至今仍爲台灣社會之陰影。

省籍情結對統獨意識當然有重大之影響。在一九五〇至一九六〇年代，由於兩岸分隔未久，中共恫嚇要血洗台灣，台灣也誓言要反攻大陸，雙方雖以暴力相向，但顯然彼此都認爲自己與對方都是中國的一部分，都要統一的。加上國民黨在台灣提倡大中國主義，實施愛國教育，幾乎使全台的人民大多贊成統一，極少數膽敢反對統一甚至主張獨立者，則被視爲叛國份子。

不過，到了一九七〇至一九八〇年代，情勢慢慢演變，尤其是中華民國退出聯合國，以及後來的中（台）美斷交，使得國人感到國家局勢危急，要救亡圖存則必須破釜沉舟，一方面對內厲行民主政治，一方面對外試圖重返國際社會。此時，有一部分人主張放棄中華民國國號以斷絕與中國大陸之瓜葛，以台灣之名爭取重返國際，因此贊成台獨的人士也逐漸增加，大約從百分之五、六，增加到百分之十二、十三，可謂成長了一倍以上。不過，由於政府仍然提倡統一，因此大多數的台灣人還是傾向統一的，至少是不反對統一，而外省人因原鄉在大陸，在心理上、在文化上更是傾向統一，所以當時贊成統一的人，仍高居六、七成以上。

到了一九九〇年代以後，由於中共長期對台灣進行打壓、封鎖，引起台灣人的反感。因此愈來愈多的人開始反統（雖然不一定要獨），而外省也感到兩岸差異甚大，返鄉的意願也愈來愈低，因此也開始鬆動統一的要求，只是對台獨仍有情感上的排斥而已。加上自李登輝擔任總統以來，政府也開始大力提倡台灣意識，因此，這一階段贊成統一者降至 5 ％上下，贊成獨立者升至 30 ％左右，而六、七成以上民眾則贊成維持現狀，其中有很多外省人開始調整立場而贊成維持現狀，甚至也有一部分外省人贊成獨立！

三、台灣「獨立建國」的思考

從早期的台獨份子，到後來的黨外人士，乃至今天的民進黨及台聯黨等，一向主張台灣獨立建國。就台灣本身而言，中共自建政以來未曾一天統治過它，只是不斷地以文攻武嚇、國際打壓相對待，如果台灣因而主張獨立於中國之外，應屬言之成理，至少是可以理解的。不過，如果從「中華民國」的立場出發，則台灣要宣布獨立，究竟是向中華民國宣布獨立呢？還是向中華人民共和國宣布獨立？如果是前者，那麼中華民國是否因此就「亡國」了？（因爲二者之主權、領土、人民、政府完全重疊）那一向認同中華民國的那一半國人怎麼辦？他們能同意嗎？

如果是後者，那麼中共又從來不曾統治過台灣，台灣何必向它宣布獨立呢？如果硬是要宣布，那就不過是「更改國號」而已！但陳水扁在擔任台北市長時，施明德在擔任民進黨主席時，曾先後公開表示：「台灣早已獨立，它目前的國號叫中華民國，因此不必再宣布獨立。」民進黨的「台灣前途決議文」也如是說。那麼，民進黨和台聯黨最近又爲什麼老是要搞「正名」、「制憲」這類新國家運動呢？

其次，台灣要如何才能獨立？這是主張台獨者需要明白告訴國人的。台獨如果要「終結中華民國」，首先會有一半以上的國人反對；若對外宣布「台灣」獨立，不僅將遭致中共最強烈的反應，而且由於此舉破壞了國際政治現狀，將讓美國陷入困境，屆時美國是否願意爲了台灣而與中共開戰？若以國際政治經濟的現實環境來看，恐甚不樂觀。在這種內憂外患的情況下，吾人將如何阻擋中共的侵犯？更進一步說，台獨是一種「革命」，革命絕不是請客吃飯，是要拋頭顱、灑熱血的！而我們準備好了嗎？

再者，有人謂中共目前正致力於經濟發展，且其二代兵力也要

到2010年左右才佈署完成，尤其它將於2008年主辦奧運，並於2010年主辦世界博覽會，因此，它必不敢在這之前甘冒天下之大不韙攻打台灣。這種算計固然有其精妙之處，但若把國家前途、人民安危作爲賭注，未免賭性太高、太危險了些。況且，這些說詞恐怕係對中國不夠瞭解所做的推論。因爲中國近百年來備受列強帝國主義侵凌，中國人內心深處一直潛藏著一股雪恥圖強的心理，所以用民族主義極易打動其人心。經濟發展、奧運世博等固然是其利益之所在，但若與分裂國土、喪權辱國相比，則又輕重立判，任何中共政治領袖的決策選擇，將是很清楚的，這一點我方絕不能誤判形勢。何況，孫子兵法有云：「勿恃敵之不來，恃我有以待之」，此點應値得吾人深思。

然則，如果台灣還是要推動獨立建國，難道眞的不可能嗎？又不盡然。方法之一是目前暫時擱置主權領土爭議，老老實實承認中華民國之合法性，把「台灣共和國」當作未來之可能願景，而當前則致力於「族國建設」之工作，例如化解族群對立、禁止族群歧視、鼓勵各族群從事文化尋根與創新、提升民族素質、建立合理體制規則、追求公平正義……這才能團結國人，凝聚國力，然後待機而動可也！

陸、結論：從民族主義與全球化看兩岸未來

近十餘年來，台灣民族主義氣勢頗爲高漲，相對的，中國民族主義也大幅興起，如果以台灣民族主義對抗中國民族主義，兩岸的前景恐不樂觀，兩岸人民也必會造成雙輸的局面。

就台灣而言，追求脫離中國（中共）而成立一個新的國家，也許是可欲的目標，但衡諸國內外現勢，恐非短期內可以實現。爲今之計，恐應致力於族國建設，而非以「非我族類」之心態來打擊異

己，造成社會的撕裂。至於對待中共方面，亦應著眼於建構兩岸之和平與穩定，而非屢以無謂之言詞、動作相互刺激、挑釁。吾人觀察國際上民族衝突與妥協之案例，無論是捷克與斯洛伐克之和平分手、北愛爾蘭之和平協議，均多有值得吾人借鏡之處[28]。

另一方面，若從全球化的觀點來看，由於電腦網路的發達、資訊的流通、交通運輸的方便，以及國際貿易金融流通的頻繁，已使得民族國家疆界遭到破壞，民族國家主權的絕對性也日益降低，因此今天與其傾全民之力，去建構一個以族群身分、歷史文化爲準據的民族國家，不如以公民資格、公民認同去締造一個尊重選擇、自由開放的公民國家。

如果可以接受這樣的觀點，那麼，對內方面我們就不需要、也不可以再去檢測甚至批判、譴責個人的族群認同，這或許就可以降低族群衝突；對外方面我們也可以暫時擱下統獨爭議，嘗試與大陸恢復對話，展開交流，乃至邁向合作。畢竟以區域合作代替兩岸對抗，才是符合全球化趨勢的策略！

註釋

[1]大前研一（著），李宛蓉（譯）(1996)。《民族國家的終結》。台北：立緒文化事業公司，頁20-24。

[2]L. L. Snyder (1990). *Encyclopedia of nationalism*. New York: Paragon House, pp.224-247.

[3]H. Kohn (1955). *Nationalism: Its meaning and history*. New Jersey: D. Van Nostrand Company, p.10.

[4]邵宗海、楊逢泰、洪泉湖(1995)。《族群問題與族群關係》。台北：幼獅文化事業公司，頁5。

[5]J. S. Coleman (1963). *Nigeria: Background to nationalism*. Berkeley: University of California Press, p.425.

[6]C. J. H. Hayes (1955). *The historical evolution of modern nationalism*. New York: The Macmillan Company, p.37.

[7]楊逢泰（1976）。《民族自決的理論和實際》。台北：正中書局，頁27-77。

[8]同前註。

[9]洪泉湖（1979）。《國父民族自決理論之研究》。台北：中央文物供應社，頁40-72。

[10]L. L. Snyder, *op. cit.* pp.242-244.

[11] C. J. H. Hayes (1955). *op. cit.*

[12]A. Engel（著），張明貴（譯）（1981）。《意識形態與現代政治》。台北：桂冠圖書公司，頁33-63。

[13]L. L. Snyder (1976). *Varieties of nationalism: A Comparative study*. New York: Holt, Rinehart and Winston, pp.26-37.

[14]Idem.

[15]Idem.

[16]洪泉湖（2001）。〈後冷戰時期的民族主義運動〉。內蒙古呼和浩特：21世紀的世界民族問題與民族主義學術研討會論文。

[17]任遠（1995）。〈前南斯拉夫各民族的歷史仇怨〉。《歷史月刊》6月號，頁102-113。

[18]李玉珍（1995）。〈車臣事件與俄羅斯聯邦的民族問題〉。《問題與研究》，卷34，期8，頁35-46。趙龍庚（1996）。〈俄羅斯獨立後的族際關係〉。《世界民族》，期3，頁12-18。

[19]萬世榮（1993）。〈捷克和斯洛伐克聯邦共和國解體的緣由和影響〉。《國際問題研究季刊》，期2，頁32-37。洪泉湖（2001）。前揭文。

[20]李國雄（2000）。《比較政府》。台北：空中大學附專。

[21]楊逢泰等編著（1993）。《民族主義論文集》。台北：黎明文化事業公司，頁37。

[22]J. N. Pieterse (1995). "Globalization as hybridization," in Featherstone (eds.), *Global modernities*. London: Sage, p.45.

[23]A. Giddens (1990). *The Consequences of modernity*. Cambridge: Polity Press, p.64.

[24]莊明哲（2003）。〈全球化與民族認同：以台灣爲對象〉。台北：全球化下的中國文化獨特性兩岸學術研討會論文。

[25]孫治本（2001）。《全球化與民族國家：挑戰與回應》。台北：巨流圖書公司，頁 25-28 。

[26]參閱陳其南（1992）。《公民國家意識與台灣政治發展》。台北：允晨文化事業公司，頁 29-31 。陳其南（1988）。《關鍵年代的台灣》。台北：允晨文化事業公司，頁 11-33 。

[27]洪泉湖（2000）。〈台灣的族群意識與族群關係〉。台北：百年來海峽兩岸民族主義的發展與反省學術研討會論文。

[28]捷克與斯洛伐克的分離，是由雙方政府以談判的方式，簽訂了三十多項協議，而和平分手；北愛爾蘭則是英國、愛爾蘭和北愛的親英、親愛等四方共同協議，在相互尊重和北愛未來自決的前提下，達成和平協定。

問題討論

1.中國民族主義和台灣民族主義，究竟哪一個才是虛擬的意識形態？爲什麼？

2.以台灣民族主義對抗中國民族主義，可能會產生哪幾種後果？吾人又應如何看待這種情勢？

3.在全球化之下，可以用公民國家的觀念取代民族國家嗎？爲什麼？

參考書目

Engel, A.（著），張明貴（譯）（1981）。《意識形態與現代政治》。台北：桂冠圖書公司。

大前研一（著），李宛蓉（譯）（1996）。《民族國家的終結》。台北：立緒文化事業公司。

任遠（1995）。〈前南斯拉夫各民族的歷史仇怨〉。《歷史月刊》，6月號。

李玉珍（1995）。〈車臣事件與俄羅斯聯邦的民族問題〉。《問題與研究》，卷34，期8。

李國雄（2000）。《比較政府》。台北：空中大學附專。

邵宗海、楊逢泰、洪泉湖（1995）。《族群問題與族群關係》。台北：幼獅文化事業公司。

洪泉湖（1979）。《國父民族自決論之研究》。台北：中央文物供應社。

洪泉湖（2000）。〈台灣的族群意識與族群關係〉。台北：百年來海峽兩岸民族主義的發展與反省學術研討會論文。

洪泉湖（2001）。〈後冷戰時期的民族主義運動〉。內蒙古呼和浩特：21世紀的世界民族問題與民族主義學術研討會論文。

孫治本（2001）。《全球化與民族國家：挑戰與回應》。台北：巨流圖書公司。

莊明哲（2003）。〈全球化與民族認同：以台灣爲對象〉。台北：全球化下的中國文化獨特性兩岸學術研討會論文。

陳其南（1988）。《關鍵年代的台灣》。台北：允晨文化事業公司。

陳其南（1992）。《公民國家意識與台灣政治發展》。台北：允晨文化事業公司。

楊逢泰（1976）。《民族自決的理論和實際》。台北：正中書局。

楊逢泰、邵宗海、洪泉湖等（1993）。《民族主義論文集》。台北：黎明文化事業公司。

萬世榮（1993）。〈捷克和斯洛伐克聯邦共和國解體的緣由和影響〉。《國際問題研究季刊》，期2。

趙龍庚（1996）。〈俄羅斯獨立後的族際關係〉。《世界民族》，期3。

衛靈（2003）。〈全球化與當代民族主義〉。台北：全球化下的中國文化

獨特性兩岸學術研討會論文。

Breuilly, J. (1994). *Nationalism and the state*. Chicago: The University of Chicago Press.

Coleman, J. S. (1963). *Nigeria: Background to nationalism*. Berkeley: University of California Press.

Diamond, L. & Plattner, M. F. (eds.) (1994). *Nationalism, ethnic conflict and democracy*. Baltimore: The John Hopkins University Press.

Giddens, A. (1990). *The Consequences of modernity*. Cambridge: Polity Press.

Hayes, C. J. H. (1955). *The historical evolution of modern nationalism*. New York: The Macmillan Company.

Hutchinson, J. & Smith, A. D. (eds.) (1994). *Nationalism*. Oxford: Oxford University Press.

Kohn, H. (1955). *Nationalism: Its meaning and history*. New Jersey: D. Van Nostrand Company.

Pieterse, J. N. (1995). "Globalization as hybridization," in Featherstone (eds.), *Global modernities*. London: Sage.

Snyder, L. L. (1976). *Varieties of nationalism: A comparative study*. New York: Holt, Rinehart and Winston.

Snyder, L. L. (1990). *Encyclopedia of nationalism*. New York: Paragon House.

課前閱讀資料

余建華（1999）。《民族主義：歷史遺產與時代風雲的交匯》。上海：學林出版社。

邵宗海、楊逢泰、洪泉湖（1995）。《族群問題與族群關係》。台北：幼獅。

洪鎌德（2003）。《民族主義》。台北：一橋出版社。

孫治本（2001）。《全球化與民族國家：挑戰與回應》。台北：巨流。

陳其南（1988）。《關鍵年代的台灣》。台北：允晨文化。

進階閱讀資料

Gellner, E.（著），李金梅、黃俊龍（譯）（2001）。《國族與國族主義》。台北：聯經。

Tomlinson, J.（著），鄭棨元、陳慧慈（譯）（2003）。《文化全球化》。台北：韋伯文化。

Waters, M.（著），徐偉傑（譯）（2000）。《全球化》。台北：弘智文化。

江宜樺（1998）。《自由主義、民族主義與國家認同》。台北：揚智文化。

李英明（2001）。《全球化時代下的台灣和兩岸關係》。台北：生智。

洪泉湖、謝政諭（編著）（2002）。《百年來兩岸民族主義的發展與反省》。台北：東大圖書。

郭洪紀（1997）。《文化民族主義》。台北：揚智文化。

全球化下風險社
會之政治實踐
周桂田
台灣大學國家發展研究所專任教授

作者簡介

周桂田，任教於國立台灣大學國家發展研究所，專任教授，專長領域為環境社會學、科技社會學、資訊社會學、文化社會學。目前主要研究範疇為風險相關研究，如：全球化、全球在地化、基因改造食品、科技政策等。

教學目標

全球化科技、資本的激烈競爭與綿密的人員流動，已使得世界各國的政治經濟發展產生新的挑戰。這些逾越傳統問題領域、疆界領土的演變，延伸了各種不同新興的環境、健康、倫理、社會風險，已遠超過傳統民族國家可以處理的能力，因此包括跨國的合作解決機制、政治衝突與民主治理，已成為當代政治學所必須要處理的對象。因此，本課程在於使同學能夠掌握當今全球化政治、社會、經濟、科技風險的基本結構，以及相關的治理議題。

摘要

本文主要探討在全球化高科技競爭與資本主義發展下，所蘊涵的科技工業與社會動態發展邏輯與治理之道，包括其所造成的全球健康、生態、食品、社會安全、社會階級、貧富差距的風險問題與民主治理。同時，在風險社會結構的問題脈絡下，作者集中於討論個人的行動，在當代全球化的政治經濟變動下所具有可能的實踐與出路，來面對這些侵入性的、全球性的、在地性的、個人性的風險威脅。並在風險政治的當代思維下，提出當代市民社會之政治實踐與民主意義。

壹、前 言

當代市民社會的本質有莫大的改變，基本上必須架構在全球化風險社會的形式下重新思考，因此，我們將從全球化風險社會的角度，來瞭解討論當代市民社會的政治實踐問題。風險社會——作爲當代市民社會的現實面，挑戰既有工業社會的認知、發展基礎與典範，並企圖從此種舊社會現代化過程中所衍生的災難風險、自危及性（self-danger）建構社會自我翻轉、變遷的動能。當代工業社會除了帶來了人類發展的進步便利性，但也同時產生了對人類健康、生態、環境、倫理、社會、性別、弱勢族群等生存威脅的風險，亦即，其所產生「自作自受的不安全性」（self-made uncertainty）風險，令今日市民社會中存在巨大的生活、政治疑慮；然而，這樣的自作自受的生存威脅，在現實上也逐漸逼迫市民社會的公民（社會或個人）進行自我改造、修正。在政治學的意義上，反身性行動（reflexivity）（Beck & Beck-Gernsheim, 1994; Beck, 1996a）[1]爲當代市民社會政治實踐的出發點，其涵蓋個人、社會與國家三者之政治內涵。

本文將從這個角度，闢析當代風險社會紀元（Risikoepoche）政治實踐的意義，首先討論風險社會政治實踐的理論意涵；其次，回歸並借用社會學傳統下「結構」與「行動」架構，特別是引用紀登斯（Giddens, 1979）「結構化歷程」觀點，分析風險結構與風險（政治）行動互爲辯證、影響的發展，而形成「風險結構化歷程」的實踐建構（周桂田， 1998b）。在這個前提下，我們必須探討當代風險結構的主要面向，之後方才討論，反身性行動如何透過其「行動」意涵，尤其指涉到個人、社會與國家三個層面在風險社會下政治角色、地位及政治運動的變更，來進行其存在於、捲入於、

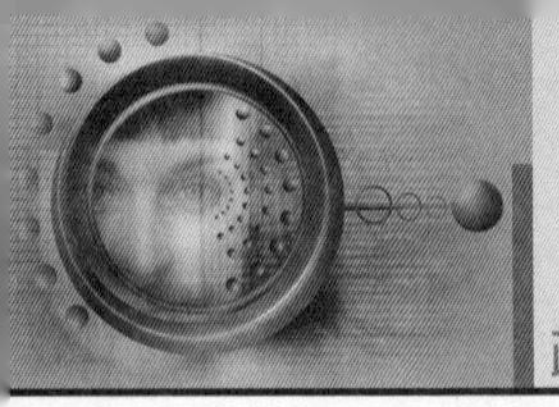

實踐於與撼動風險結構的另一波文明化（civilization）歷程，而風險文明化（Riskozivilisation）（Beck, 1993a）則正是從「第一現代」（工業現代）推移到「第二現代」（反身性現代）的發展樣態。

貳、風險社會之政治實踐

風險社會的政治秩序觀基本上脫離了傳統的、工業社會的政治秩序範疇及社會連帶關係。傳統政治秩序之理念型態大抵不脫離社會契約論的內涵，從盧梭的總意志（general will）到霍布斯的巨靈論（Levithan），皆強調個人意志自律，並將管理統治眾人的權利讓渡給國家；而洛克的契約說更強調財產權與政治秩序公平正義的重要關係。此種強調人類理性（rationality）、進步（progress）及政治代議（political representative）之啓蒙運動社會、政治秩序觀，在工業－技術（革命）的文明化中卻一再地被狹隘化約，以致在近代現代化過程中呈現一味盲目追求進步發展，而罔視環境、生態、人文破壞的「工業國家」、專家代議權力高漲或壟斷之科技官僚「全能國家」、以及喪失民主參與精神的「資產階級」社會（Beck, 1993c; Latour, 1995）。貝克指出，它們所形成的基本上是潛藏式的「資本主義進步信仰」（Kapitalistische Fortschrittsglauben），**其政治精神或共識往往將科技進步等同於社會進步、而人文生態負面效果或災難則當爲科技變遷必然的社會結果**，此等政治精神不但鑲嵌在現代國家政治決策機制中，更成爲社會發展的秩序常態[2]。

另一方面，隨著社會分工複雜的分化，涂爾幹有機連帶的觀點也可以被解說於此種侵略式的資本主義社會中，參與資本主義的勞動，變成現代人社會分工與社會整合的連帶要件。但事實上，資本主義的排他性也涵蓋勞動機制的分配，就業（嵌入）（Inklusion）和失業（排除）（Exklusion）卻變爲現代人加入或整合入社會認同

與連帶的重要基礎（Leisering, 1997），換句話說，工業資本主義的政治秩序隱含有強大的排他性格，失業者、老人、弱勢者（女人或原住民）及外國人經常是政治秩序整合排除的對象，也是政治秩序的動亂之源。涂爾幹有機連帶的個人理性意志原則，在此被分解爲嵌入／排除的命運，也呈現了當代工業社會秩序排他與侵略的不可反逆演化。

而當工業災難和高科技風險撼動平穩假象的工業資本主義社會秩序，原本工業國家、大有爲政府、政治冷漠的資產階級社會及其社會連帶整合之納入／排他機制等秩序基礎，皆面臨崩潰。尤其災難和風險常逾越原先政治、經濟、社會或科技系統的邊界（Systemgrenz），風險的責任變得無限擴大，科技衍生的生態災難往往源自於政治決策，也與經濟系統介入脫離不了關係，而最後承受的社會系統卻未發揮民主參與監督權利，變成結構共犯的受害者。風險的責任歸屬一旦模糊化並無法在現行政治機制與秩序獲得回應，用貝克（Beck, 1986）的話說，簡單的工業現代化（Einfache industrielle Modernisierung）之政治、社會機制並無法因應風險的衝擊，則將產生「**政治內爆**」（Politische Explosion）：一切政治皆須重整。換個角度來看，由於風險的範圍與責任歸屬過大，不但巨觀的資本主義、民主代議體制、環境制度、勞動體制，就連微觀的個人認同、生存抉擇或人際網路，皆涉足風險而成爲必須重新建立新秩序的對象。當代（現代性）所面臨的風險是無所不在的並侵入政治、社會、經濟、文化、環境、宗教、族群等領域，這些由原先「線性理性」（Lineare Rationalität）思維所發展出的工業現代化問題，本身卻無法由「工業現代」（Industrielle Moderne）的機制來解決。更弔詭的是，工業現代社會中在理念上強加區分政治系統、經濟系統、科學系統、資產階級式的（市民）社會系統，或過分強調系統理性（Systemrationalität）的「自我再製」（Autopoesis）（Luhmann, 1986）功能，卻往往無視或忽略現實上問題本身的關聯

密度，並由於系統間的交疊區域（Zone）過大，使區分系統變得毫無意義[3]，以新興宗教爲例，其不單僅涉及宗教系統事務，而新興宗教（如飛碟會）經常是對政治、經濟變遷、環境、治安或兩岸軍事對峙等問題或風險而衍生出的社會行動；而對高科技風險的恐慌不僅涉及生態系統的自我再製，同時，其關聯到科學認知、文化心理、政治決策控制能力、控制信心、經濟介入操縱、失業恐慌、認同恐慌等，事實上是各系統相互滲透、侵入他者的再製（other-poesis），系統彷彿變爲空殼子，無單一的內涵。因此，前述貝克之政治內爆的觀點，在筆者上述的思考演繹下可以延伸爲「系統內爆」（Systemexplosion），政治內爆的勁力衝潰工業現代的系統邊界及內涵，肇致系統內部秩序動盪，系統也因內爆而一片血肉模糊，成爲幽魂無所不在的系統。

以上述的角度來解讀將風險社會當爲是政治化的社會，則異常有趣。在這一點上貝克繼受蓋倫（Gehlen, 1990）之日常生活公共政治實踐（vita activa）的觀點，從災難風險的立場強調對現行政治的再政治化（Politik des Politischen），應揚棄工業主義的現代而進入到實踐無所不在的「政治現代」（Politische Moderne），這也是其一九九三書標題所主打的「政治的再發明」（Erfindung des Politischen）（Beck, 1993a; 1993b）意義，一切政治在風險社會下皆需重新洗牌、再創造、再發明。而其中的行動者及行動方式則不假他人，從微細的、多元的日常生活領域到社會的、分歧的公眾事務，皆由風險承受者（其實已經是每個公民、團體、社會）「反身的」參與、決定、永續發展，一切皆是政治，政治變成個體或團體自我直接對峙、解決風險的過程，打破了傳統政治國家、菁英、科技官僚統治與操弄的疆界，也越過了龐大官僚化制度的冷冰精神。風險社會蘊生的因此是「反身的政治」（Reflixive Politik）（Beck, 1993c）之實踐過程。

參、全球化下風險社會之結構

如果我們歸納綜合風險社會幾個關鍵性的結構因素，大概可以以**高科技社會與生態破壞、個人主義化**（Individualisierung）及全球化危機等三個面向來彰顯問題的嚴重性。這三個風險結構並非各自獨立、偶連性（Kontingent）發生的，而是在工業資本主義與現代化的過程中，傾向進步開發主義、擴張主義、個體主義及市場自由主義等的發展結果。因此，結構的動能即源自於工業－科技－市場優先的思維，決定了風險的結構（風險來自於「決定」[Entscheidung]）（Beck, 1986; Luhmann, 1990），也爲風險結構相互辯證、依存的屬性推向難以反逆的文明化路向，除非，政治內爆成功的鬆動其基本的發展思維主軸。

一、高科技風險

高科技發展的本質原先就是使知識/社會的分化愈趨複雜性。知識的分工愈來愈細密，致使專業的藩籬愈來愈高，更不利於知識間的整合；而科技帶動社會分化的領域與速度也日益龐雜迅速，往往無奈地打破人們（性別、族群）社會分工認知的基礎和行動的認同範疇。這些知識/社會分化、分工/認同迷失的例子，用盧曼的話來說，就是衍生「風險意識」（Risikobewußtsein）的基礎（Luhmann, 1990）。因爲，當社會系統自我分化的複雜性，如脫韁野馬般的不斷發展，不但使得人們無法透視社會的整體，掌握社會秩序的意義，更往往超出人類的負荷，而形成社會演化的危機（Halfmann, 1996 ；周桂田， 1998a）。

更甚的是，當此種演化乃以工業－科技主義爲優先（a pri-

ori），整個演化所遞生的風險結構便成了專家暴力統治意義下的複雜性危機，在專業複雜性與社會功能複雜分化背後，明顯的隱藏有著「老大哥」統治的機制，從「知識就是權力」到「權力就是知識」（Latour 語），老大哥挾著工業進步、經濟發展的威力睥睨於世，而將工業－科技進步強行等同於社會進步或純化爲現代文明的開展，事實上是將社會推向演化死亡的路向。

同時，工業－科技主義支配主軸的高科技社會，也扭曲科技與社會的關係，科技成爲工具理性思考下的產物，去中性化的科技與科學思維明顯的加深了與社會溝通的鴻溝。科學知識與科技應用成了「專家」的禁臠，專家成了「門外漢」（layman）的指導者、訓育者與規劃者，專業知識爲唯一決定的標竿，而專家與門外漢的落差被視爲無須民主的正當性過程。以當前炙手可熱的生物科技爲例，當基因工程知識及其應用（如無性生殖、基因改造活生物體、基因改造動植物[GMO]）仍具高度風險爭議性，其卻往往在「進步」的假設及商業邏輯力下，毫無設防的推廣到社會應用領域，而專業的科學家面對社會批判質疑之聲，卻經常以權威者姿態來訓育他人，儼然是生命權力（Biopower）的規劃主宰者（Foucault, 1976）。

基因科技也和核能科技同時並列爲高科技對生態造成破壞風險的例子，以前述基因改造微生物體或農作物爲例，其在未通過數年嚴格的田間實驗及管制時，若任意釋放入自然界，所造成的生態災難是目前科學所無法估量和補救。換句話說，高科技風險已逾越了傳統科技的控制範疇，有其不可計算性、不可控制性和損害無法復原補償性的內涵（Beck, 1986; 1993a）。特別是，以目前全球政經發展的趨勢，高科技所涉及的生態風險不再是侷限於地域的、主權國家內的，而是透過自由貿易、買賣、境外移轉、生態擴散（也諸如高科技工業廢料（如汞污染、核廢料、臭氧層等），對生態的威脅也已成爲全球化的風險（Giddens, 1990）。

在上述全球生態風險結構的面向下，高科技知識與應用的本質，就值得再檢討，尤其風險涉及決定，高科技的發展勢必衡估社會民主的面向，以民主決策爲最後風險承受與轉轍的根據[4]。

二、當代市民之風險個人化

風險結構的另一個面向爲貝克所提出「個人化風險」，其一方面包括前述生態的風險直接威脅個人的生存，也就是當代人類所面臨的社會不平等，不再僅是如馬克思所指出的財富分配邏輯上的不平等，而是在全球生態災難下的風險分配邏輯的不平等（Beck, 1986），其涉及的不但是跨國的、亦是區域的不平等，例如富有國家將高污染、高危險性工業輸出到落後貧窮國家，致使其人民必須承受高度的災難風險。

另一方面，風險個人化涉及了社會認同及結構性失業。在知識與社會快速複雜分化所陡生的風險意識，特別是如社群主義者瓦齊爾（Michael Walzer）所提出的四個流動範疇下（即職業流動、教育流動、空間流動及離婚率提高），常造成社會行動者脫離原先的社群或連帶的團體，也弱化了其行動的自明性（Beck, 1986），因此在失去傳統社群網絡與行動基礎的狀況下，個人的社會認同往往受到挑戰，以紀登斯的話來說，就是個人失去原先社會基礎的「信賴」（trust），而在「嵌入」社會的過程，尤其是嵌入高度複雜的高科技社會中產生了危機。

在現實上，挾全球化擴散之能的工業－科技資本主義所肇致的全球結構性失業，正是風險個人化之新社會不平等的最佳寫照（Beck, 1997）。傳統上，失去勞動位置就失去人在社會中獲得他人肯認（Anerkennung）的能力（Taylor, 1994），而在目前的社會安全制度上，卻因爲無法加入勞動市場而同時意謂著無法加入勞動保險，而等於被社會所排除（Exklusion）。結構性失業之風險常波及

於個人的地方，是因爲「奔向無工作之資本主義」（Kapitalismus ohne Arbeit）愈演愈烈，在德國有 10 %的人長期成爲失業者，有 15 %的人隨著皆可能成爲下一個勞動失業者（Beck, 1997），而這個趨勢也正發生於其他工業國家。

綜合來說，認同風險分別與生態風險個人化及失業風險個人化有關。對高科技的不信任與陌生恐慌，以及直接相關個人生存命運的失業影響著人們行動和認同的熟悉性和基礎。

三、全球化風險之動態結構

全球化風險是一個綜合命題，全球生態風險與全球性失業結構並非個別的單因，其和工業－科技資本主義之經濟全球化面向有密切的關聯。貝克將此定義爲以新自由主義意識形態爲基礎的「全球主義」（Globalismus），其在全球化的動態過程中，雖瓦解了主權國家的舊有權限和能力，但卻促成了在人類的文明史上之生態、勞動、社會安全與民主體制的重大危機（Beck, 1996a; 1997）。生態問題不但分爲窮國、富國，也在新自由資本貿易主義推波助瀾下從地域發展到全球，前述基因科技爲一例。而在「世界性的風險社會」（world risk society）中，窮國所遭致的災難污染由於其制度及監督的不健全，往往要到問題相當嚴重並擴散出去才被發覺（Beck, 1996a），這皆是拜資本主義之賜，因爲當地政府乃一味追求單一方式的經濟成長模型。

資本外移、自由流通乃體現自由貿易主義的精髓，但隨著資本家外移投資，尋求勞動、土地、環境成本低管制國家，對主權國家形成嚴重挑戰：一方面國家喪失企業對國內的回饋或稅收的支持，侵蝕著社會國安全制度的支柱，另一方面結構性失業又促使社會福利成本的提高，也威脅著社會整體的安全秩序，也就造成了「資本主義、社會安全和民主聯盟的歷史性斷裂」（Beck, 1997）。

在這樣的批判觀點下，以下我嘗試分析所提出的三個全球化風險動態面向：

在當代全球資本主義的現實操作上，資本的流動基本上集中於全世界三個主要地區，即北美、西歐與以日本爲首的東亞等國家（Castells, 1996: 113），我們可以看到在這些地區無論是自由競爭所發展出的資本累積與流通、工業與商業佈局發展，或由國家所主導的發展策略，基本上相當重視知識／科學（技）的應用、創新與研發（記住前述柯司特主張獲利力與競爭力乃當前企業推動知識／科學（技）創新應用與擴張全球市場的現實），並企圖透過生產技術與科技層級的區隔，將其發展之優勢擴散於全球市場，雖然國家與自由企業在地理疆域的佈局策略不同，甚至相互矛盾[5]，但其發展的屬性通常鼓勵了大型的資本累積，鼓勵技術、市場的發展與擴張以提升競爭的優勢，而連帶的也促使企業爲了維持其全球的競爭能力，或降低生產成本，或以生產點擴張其海外市場，在一定階段「出走」其資本或生產系統。

上述的背景無論是全球高科技資本主義或國家高科技資本主義的發展趨向，皆在一定程度上帶來了全球競爭市場支配、全球社會結構性失業與社會安全體制的問題、最後也是最棘手的是在資本與高科技結合下所形成的全球生態風險或災難（包括環境生態與人文生態上的侵入與工具化過程），亦即，這些面向的風險是隨著資本、科技、市場在全球各地盤繞的程度而動態性的糾結[entangled]）在一起，並相互關聯，其呈現的雖可能是地區問題，但也可能迅速擴及到全球。

讓我們從**圖 1** 的最後面看起，精確的說，全球高科技資本主義所構成的全球化風險包括了：

1.原本因生產科技或技術的區隔導致的全球垂直分工效應，因知識／科學的研發應用競爭、海外生產點與市場拓增壓力，

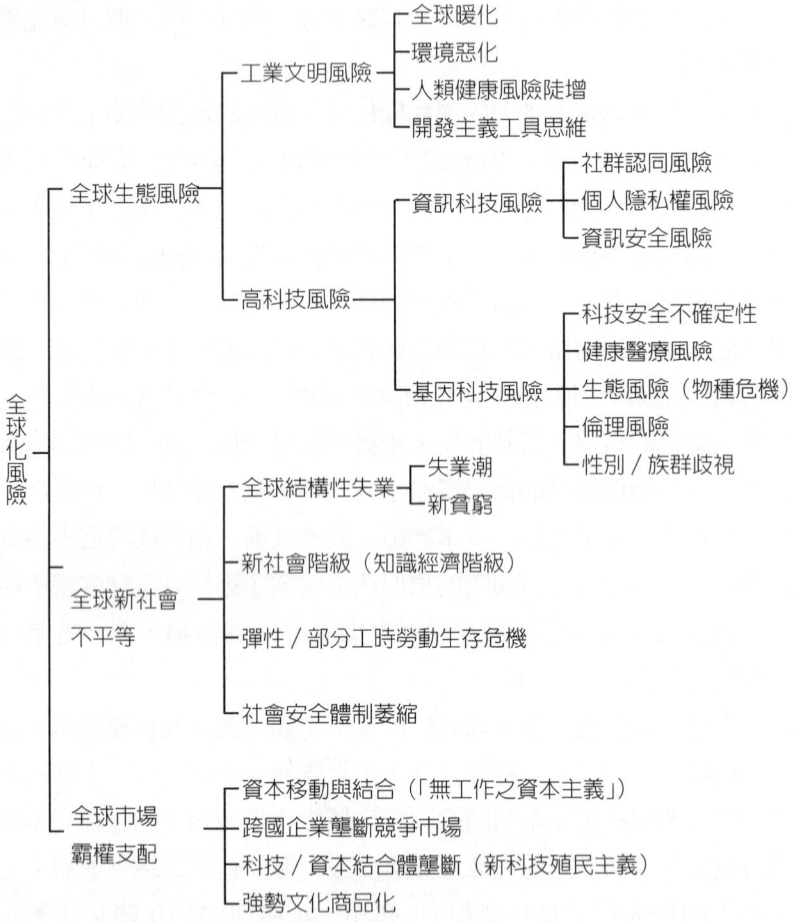

- 全球化風險
  - 全球生態風險
    - 工業文明風險
      - 全球暖化
      - 環境惡化
      - 人類健康風險陡增
      - 開發主義工具思維
    - 高科技風險
      - 資訊科技風險
        - 社群認同風險
        - 個人隱私權風險
        - 資訊安全風險
      - 基因科技風險
        - 科技安全不確定性
        - 健康醫療風險
        - 生態風險（物種危機）
        - 倫理風險
        - 性別／族群歧視
  - 全球新社會不平等
    - 全球結構性失業
      - 失業潮
      - 新貧窮
    - 新社會階級（知識經濟階級）
    - 彈性／部分工時勞動生存危機
    - 社會安全體制萎縮
  - 全球市場霸權支配
    - 資本移動與結合（「無工作之資本主義」）
    - 跨國企業壟斷競爭市場
    - 科技／資本結合體壟斷（新科技殖民主義）
    - 強勢文化商品化

圖 1

資料來源：作者自製。

使得垂直分工的地區流動性（包括國內或國外）速度增加，企業者通常考慮生產成本或市場營運成本，而遷移其生產據點，而造成全球結構性失業問題。一開始是由先進工業國內部，逐而拓展至發展中國家，生產點的進駐與遷移往往不是考慮當地社會的需求，大部分皆以市場與利潤爲依據。這種

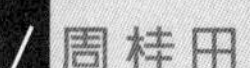
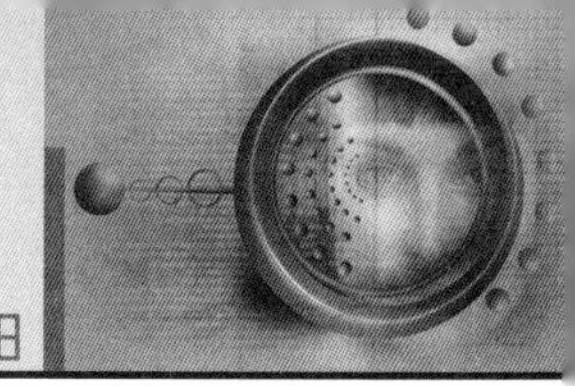

投資資本的移動與控制，大都仍存在於前述三大區域，因而造成了「無工作之資本主義」現象（Beck & Sopp, 1997）。

2.趨於激烈化的高科技資本主義，無論由企業或各國政府推動，主要目標爲佔領全球市場優勢，但由於以知識／科學（技）爲基礎的經濟生產與競爭的本質，在於最大資本的累積運用、最優先的技術突破（只有第一名而沒有第二名），以致唯一的在某個期限內全球市場佔有（如威而剛），因此，容易形成跨國企業因資本與技術研發（在全球某些跨國企業每年投資在商品技術之創新研發應用上之資本，還勝於某些國家一年所計畫補助的研究發展經費[6]）、全球市場通路的相對優勢，而實質上壟斷全球某些商品市場。

3.這樣的發展一方面導出了新科技殖民主義的幽靈，再次的拉大全球原本不平等的區域或國家間的發展，使得已發展工業國與發展中工業國進入了高科技資本主義更加劇烈的落差和不平等，傳統上南北衝突的問題勢必更形嚴重。

4.另一方面可預見的是在各領域的商品，因優勢科技的落差，夾雜「先進」意識形態，而形成強勢性商品或文化的侵入，如資訊傳播技術的發展優勢對全球電影工業好萊塢化的推波助瀾。這些發展現象與因素推向結構性的全球化風險，一步一步的逼近了全球市場由主要科技國、跨國企業所支配。

全球高科技資本主義的侵入與發展，一方面拉大了國家與國家之間發展的差距，同時也在各國內部形成新的社會不平等風險，亦即，無論是已開發國家或發展中國家，由於新興的知識／科技／資本組合體的全球競爭、生產之流動屬性，造成無論是白領或勞動階級的結構性失業，而帶來各國目前嚴重的失業潮危機，甚至某些地區企業員工爲求自保與互助，寧願降低每週工時與薪資，調整勞動力與企業勞動成本，以保障彼此的基本工作機會，而不會被排除於

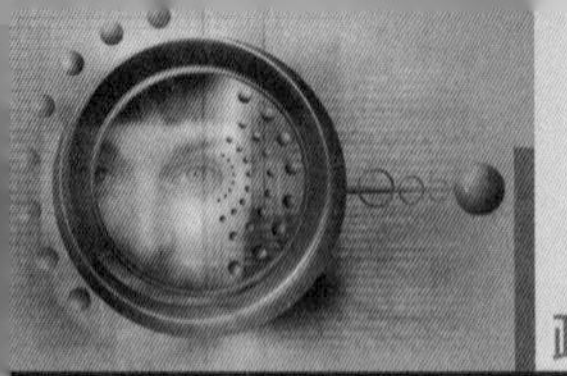

社會之外（例如德國的 Volkswagen 員工自 1990 年末，即自行契約縮短爲每日半天工作時間，以因應失業潮的危機）；而無論是縮短部分工時或失業人口，皆引發了新一波的貧窮或相對貧窮的威脅。同時，全球性的失業潮或新貧窮也帶來了各國社會整合與安全上的問題（例如台灣學童因家長失業無法付出營養午餐費用，甚至影響到教育的延續性）[7]。而愈來愈多的失業人口，使得社會秩序、治安更形複雜，國家亦因企業的外移而短收稅收，面臨更多失業給付的數額而顯得捉襟見肘。**亦即，高科技資本主義所蘊涵的工具化思維、動態的發展邏輯，侵入了全球性的、在地性的、個人性的社會不平等發展，造成個別個人的生存、整體國家、或甚至全球的社會安全體制威脅**，而社會安全體制的存續與穩定正是當代資本主義與工業社會重要的基石或副產品，一旦無法正常運作，則將危及民主社會體制與社會認同（Beck & Sopp, 1997）。另一個可能發展的，爲高科技資本主義下所產生的階級新貴，所謂的知識經濟階級或科技新貴，添加了貧富差距、社會階級屬性不平等的基本問題。

構成圖 1 全球化風險最上方之全球生態風險，涵蓋了兩組討論，其一爲工業文明風險，其二爲高科技風險，二者在這邊必須以全球化發展的層次來理解。前者爲對工業社會破壞自然生態之延續批判，但在這個地方則強調當代對知識 / 科學（技）的深化應用，更朝工具理性 / 開發主義的思維與實踐方向發展，透過利潤與競爭策略所達到擴張全球生產點與全球市場佈局等之高科技資本主義的推波助瀾，知識 / 科學（技）優勢支配的工業發展進一步的極化了具全球動態意義的環境、生態危機，亦即，其風險的擴散範圍已超越既有國土疆界、局部地域，發展出全球性質的問題，如全球暖化、全球氣候變遷異常、生物多樣性危機、全球水資源污染危機、全球疫病（人與動物）傳染危機（包括口蹄疫或狂牛症之全球擴散）等。這些問題並非一蹴可幾，但由舊工業社會延續性的發展到今日高科技工業社會，一再的激化進而擴散其全球效應，因此，我們應

可視之為新一波全球化過程所產生的工業文明風險。

另一面向所提出的高科技風險，主要在凸顯高科技與資本主義動態的纏繞結合，如何侵入了人類之社會與自然（生態）領域，這裡暫且以資訊科技和基因科技為例檢討。資訊科技雖帶來全球資訊化經濟、生產、組織、運輸與傳播溝通的進步，但在工具化思維下，有導致解構社會認同、侵入個人隱私與資訊安全等問題，而如後者一旦與全球商業競爭利潤導向結合，則後果難以估計，例如個人醫療資訊因商業競爭利益而不當的被侵入，甚至加以應用（如大藥廠對個別基因資訊的應用研發，以發展藥品市場或目前我國健保IC 卡對隱私權的侵犯爭議[8]。而基因科技所引發全球化的風險，則顯見在主要國家的高科技發展之競爭過程，除了國家與企業資本不斷大量的投入，全球市場的競爭機制也逼迫各國對此種仍處高度爭議（科技安全、生態安全、健康安全、倫理與社會爭議）之基因工程，包括基因改造動植物、基因醫療、基因製藥等，做出鬆綁管制的措施，以佔取全球生物科技經濟之競爭優勢。此種發展趨勢表面上雖然呈現人類對科技主義發展兩難的反省，但實際上卻在國際政治經濟競爭與喊價中（如牽涉基因改造活體越境安全的「生物安全議定書」[Catagena Protocol on Biosafety]，在國際的政治經濟角力上，到目前無法真正履行），將全球帶向相當高度的發展風險，涵蓋了生態、健康、倫理、社會階層與族群等衝擊，而其之間的風險不但是全球性的，更在全球化過程中（經濟、運輸、市場交易等），相互地關聯與影響。

上述三個全球化風險的發生，並非當代突發現象，其基本上與人類歷史上生產政治與生產技術的演變有關，而此種驅動人類文明演變的最大關鍵則來自於工業革命後的延續發展，至當代演繹成以知識／科學（技）為基礎的高科技－工業－資本主義的結合體，並且，這些風險不斷地依循此種發展、工具性的邏輯，動態的、反覆的、互相影響的被建構於全球各國、各地或各民族之中。重要的

是，它們除了不停的呈現全球風險的再製，也在全球化發展的過程，和在地社會相互糾結、辯證地形成全球化與在地化的結果。簡單的說，全世界各地不斷複製、發展的工具理性思維，不斷的翻騰全球在地化更延伸、更棘手的風險問題。

四、全球化風險類型

以下筆者將試圖發揮世界風險社會理論之意涵，區分幾個全球化風險類型加以討論，其中將定位在經濟、勞動、科技、生態、政治、文化等六項全球資源分配不均與發展所帶來對當代具富挑戰性的問題。由於無法就特定在地社會的特殊性進行經驗性的關係與脈絡分析，在此僅集中從普遍的全球化風險類型加以探討，然而，正如第貳節所提出批判性的方法觀，這些普遍風險內涵，事實上是發生於全球與在地、普遍與特殊交盪的關係中，這也是我們觀察全球化風險時必要的反省與理解。

(一)國家經濟到全球經濟風險

國家經濟（Volkswirtschaft）通常指經濟面向的生產、消費、勞動、流通的範圍集中於民族國家的疆界之內，自亞當斯密思（Adam Smith）的「國富論」論述以來，經濟學爲首的社會科學所觀察經濟秩序和社會秩序的變動，也是以上述民族國家內的範疇爲基本單位。事實上，國家經濟的宣稱在現實上也不斷受到質疑，所謂純粹的國家經濟觀早就受到批評重商主義、帝國主義、跨國企業人士的攻擊，甚至在社會科學上，馬克思（Karl Marx）洞察資本主義、市場機制對世界市場的壟斷張力，招致全球勞動者集體被剝削的處境；華勒斯坦（Wallerstein）舉出世界體系理論下核心國家、半邊陲國家、邊陲國家之間的國際分工矛盾，皆隱約地透露全球經濟的生產邏輯逾越了民族國家的想像。

全球化經濟在當代之所以受到高度重視，是因爲**循著市場自由主義邏輯之資本主義的擴張和對社會的衝擊面遠遠超過過去**，舉凡金融、電訊、資訊網絡、生產形式、消費形式、生態、社群和文化認同、社會安全體系所受到的變動和影響，複雜性與不確定性相當高，皆非單一主義國家所能自行運作和解決，也就是現實上運作之全球化市場經濟的衝擊面向逾越了民族國家的疆界，全世界各地區被捲入此種網絡的連結，而變成其中之一的節點（node）[9]，然而，每個節點皆是相對的脆弱，因爲在全球網絡中變動的因素相當不可掌握，其產生的效應往往則超過預期的控制想像（全球網絡脆弱性）。

以 1997 年末起產生之全球金融風暴爲例，其因單一的偶然因素卻迅速演變爲滾雪球效應[10]，擊破了全球相互綿密的金融資本市場網絡，而造成了數個國家重大的貨幣貶值及經濟危機。索羅斯（Soros, 1998）在分析這一事件時，也直接對準了市場自由主義的謬誤：

> 全球資本主義體系所基於的信念就是放任金融市場，聽任其自生自滅，它自然就會趨於均衡狀態。金融市場被視為一個鐘擺（pendulum），可能因外力干預而失靈，這種外力稱為外來震波（exogenous shocks），但它們終於要回歸均衡狀態。這種信念是錯誤的。金融市場可以走到極端，假如一連串的大起大落超過了某一點，它們就永遠不會回到原來的位置。金融市場最近真的不像一個鐘擺，反而像拆房子的大吊錘，接二連三地擊破各經濟體。
>
> 現在有不少人奢談實行市場紀律，但假如實行市場紀律等於引進不穩定。社會能夠承受多少不穩定呢？（XIV）

但這個（全球資本主義體系）有嚴重的缺陷。只要資本主義掛

> 帥一天，對金錢的追求就凌駕其他社會考量，經濟和政治的安排就產生偏差。……我對全球資本主義體系的指控主要有兩大類，其中一個有關市場機制的缺陷，我這裡講的主要是關於全球金融市場的不穩定。另一個有關非市場部門的缺陷，我的意思主要是國家層次和國際層次上政治的失敗。（106）

當然，當各政治、社會體制皆（強迫）遵奉市場自由主義管理的意識形態，更無法積極監督全球經濟市場之放任（不負責任）、壟斷、掠奪資源的惡行，何況這些問題更超越了民族國家經濟管制的範疇，反而足以主導並影響單一國家的經濟。此種市場放任的意識形態並不單只造成全球金融運作的風險，也被設定在目前急速發展的「全球經濟自由化」過程中。

全球市場經濟當下的表現正是世界貿易組織（WTO）的擴張運作，在以美國爲主導下之「國際新秩序」的資本主義（市場自由主義）全球化，儼然如新重商帝國主義的再現。在西雅圖世界經濟論壇會議集合了全球一千大企業的老闆，這些企業產值佔全球產值的五分之四，外加三十三國的領袖，其所企圖建構的全球經濟——跨國企業和無障礙（關稅、文化）貿易機制，保障的卻是全球不到20％的富裕人口。甘乃迪（Paul Kennedy）（1999）在其〈全球化經濟未來的隱憂〉一文開宗明義即指出，全球化經濟在世界人口版圖中呈現弱肉強食的不正義，並質疑其是否能吸收佔地球人口60％開發中國家的求職者勞動問題，以及其隨之而來的全球生態環境承受成長的破壞壓力，而這事實上是人類未來的關鍵[11]。

同時，我們不斷看到全球各地企業透過合併、聯盟的方式，目標在於藉由鉅額的資本能力，結合原有各自佔有的市場，企圖由策略競爭成本的手段，進程目標爲保障自己所屬的市場營運範圍，遠程則在於掌控全球的市場，甚至達到壟斷全球市場的能力。換句話說，跨國企業經由合併、策略聯盟的競爭愈趨激烈，其結果表面上是全球商品競價，但實際上卻因競爭過程，企業不斷裁員犧牲勞動

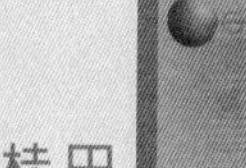

權，或藉由外移投資到廉價工資地區，取得成本競爭上的優勢。而這一連串的發展不但牽涉了社會失業率的升高，也形成剝削成本的跨國移動，導致了社會、環境問題更形嚴重。

(二)全球結構性失業風險

宣稱全球化之市場自由經濟實際上呈現高度弔詭的難題，即一方面，毫無管制的資本流動自由地在全世界市場流動或投機，另一方面，資本流動造成本國生產與勞動的危機，在地生產組織的結束意謂剝削勞動（成本）的移動（到更便宜的地區），以及群體性的失業，而此種現象每日正在全世界各地上演。面對全球資本流動與其所造成之結構性失業的問題， Beck（1996b）批判地指出，資本家刻意地利用資本流動和資本外移的手段，逃避母國勞動、環境成本及稅收的監督，將資本流向低管制、低勞動環境成本的國家，造致了大量結構性的失業，並進一步破壞了各國社會安全體制的保障基礎。

換句話說，資本流通無祖國的發展，造成資本家何處有利益即外移產業於何處，完全無庸受到原有社會責任的限制，全球市場經濟因此導致「無工作的資本主義」（capitalism without work）時代的來臨（Beck, 1996b）。這個批判是相當嚴厲的，亦即，以 WTO 爲藍圖的全球經濟規範，無疆界市場代表資本、勞動和商品的迅速、任意流通。資本流向低度管制國家進行生產，毫無設限地將商品輸向開放的各國市場，資本家卻不須負擔生產地的社會、環境成本，因而，自由貿易和流通轉個詞卻等同於各地勞動空洞化的危機，今日在甲國的剝削用盡、明日就遷往乙國繼續耗用各種社會、環境資源，陡升的失業人口和生態惡化意謂著全球化經濟的高度不正義[12]。我們可以從西雅圖以來屢次大規模的反全球化示威中，解讀到人們這股不安的訊息和在地化反抗資本主義全球化霸權的精神。

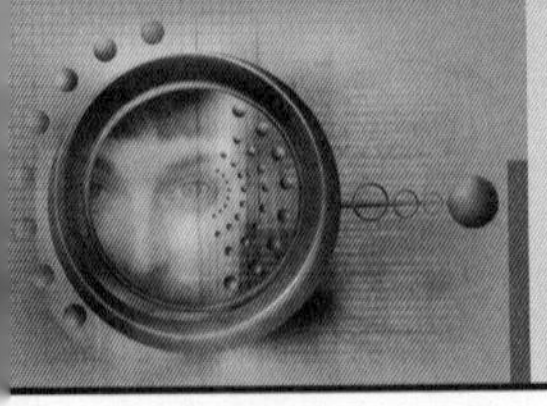

這種全球化經濟現象，進一步說，將導致全球資本主義更可能的腐蝕其和平民主社會（勞動、民主[人權]、環境、社會國理念）所共同建造的歷史聯盟（1997: 107; 1999: 84），試想，當資本從某地大量無限制的外移，從社會的層次來說，社會陷入結構性失業危機，公民在工作中所賴以寄託之現代勞動社會認同將無法屢現，眾多的失業者將形成對民主體制信任的危機與挑戰；從國家的層次來說，國家一方面喪失財政上的來源，另一方面面對節節升高的社會安全（失業）或日益惡化的（跨國性）環境污染，在財務上卻捉襟見肘，隨時因此有可能陷入統治正當性的危機，或透過政府高度舉債，形成對未來世代的不正義（unjust of future generation）。

在微觀層面上，其也形成個人高風險時代的來臨。原本在勞動、經濟、社會、環境與文化（認同）上的問題，也因全球化的發展，削弱了國家或社會中介緩衝的機制，直接由個人來承擔風險，亦即，經濟、社會與環境的不正義，隨著全球市場經濟的擴張，若未能設計出全世界共同規範的措施，將直接的衝擊個別公民的命運，弔詭的是這種個別的命運卻又是集體的、所有人一致的命運，因爲每個人所要面對的難題和抉擇都是相近的[13]。以失業危機或生態危機爲例，任何人皆必須準備承受這些風險的來臨，它對任何人都是「公平的」，無所遁逃的。

(三)科技發展與全球風險

全球網絡化的關鍵除了價值、制度和經濟的因素外，莫過於科技的進展，科技的發展和競爭形成全球網絡的互動狀態，使得全球問題進入了新的階段。以最受到重視的通訊、傳播技術、生物科技及環境工程科技爲例，分別衍生新的全球問題視野。

一般說來，科技的進展似乎爲人類提供積極、正面的功能，在科技樂觀決定論者的眼光中，科技是驅動全球人類文明進步和解決問題的核心，科技萬能，科技乃人類主體理性克服一切自然客體的

體現；但從批判的角度而言，科技進展不但未等同於人類文明的進步，反而隨工業社會工具理性的操弄，以狹隘的科學理性自居，忽略了其對環境和社會帶來新的衝擊，因此，科技的發展，尤其其影響層面足以擴及全世界，而帶來相當重大的風險。從風險社會理論的角度，科技卻變成「風險文明化」的主角（Beck, 1986），因爲科技雖帶來人類活動的便捷，但其所產生對全球生態的侵略性、社會的複雜性與不平等風險，皆難以控制駕馭而形成棘手的問題和危機。我們可以將之區分爲下述幾個風險面向：科技工業霸權、科技傳播文化帝國、科技安全不確定性所衍生的社會、倫理、生態風險。

以通訊、傳播技術而言，其應用在人類經濟、社會活動上產生相當便捷的功能，金融與資本流通、華爾街股市和全球股市的共振現象、全球傳播網絡的建立（如 CNN 、 NBC）、網際網路的興起等皆是科技帶動人類活動全球網絡化的例子，但金融與資本快速流通之不可控制的變數和複雜度因此陡增，現在的事實是當某地的變動因素增加，迅速造成全球經濟、金融活動連帶受到影響，甚至可能產生無法預測的結果。

相對的，從文化帝國主義的角度批判， CNN 或 NBC 爲代表的傳播帝國主義現象，充斥美英主流價值的主導和支配，侵蝕全球各地傳統文化和價值內涵，進而蘊生社會認同和青少年不當次文化的問題，此種內含式的風險絕非傳播、通訊技術所可釐清，但事實上全球化文化霸權的事實已成爲風險文明時代的結構，任其批判無法撼動。

而在科技工業霸權風險的面向上，以新興的資訊工業爲例，目前宣稱全球化表徵的網際網路，如 Kennedy 所指出的，明顯的呈現人口地圖和科技差距的現象，根據統計，全球只有 2.4 %的人口連結網際網路，而東南亞兩百人中僅有一人上網，阿拉伯國家是五百人有一人，非洲則一千人才有一人（Kennedy, 1999）。考慮這個現

象，我們可以理解的科技支配，尤其在快速發展的知識經濟時代中，將對目前已呈現貧富不均的地球人口版圖形成更嚴重的成長落差，加大了科技－富有國家和落後－貧窮國家間的鴻溝。諷刺的是，目前全球所強調的「新經濟」概念，正是以知識、資訊技術爲支配其他國家主要工具。

同時，科技霸權支配不僅僅造成國際間的不平等，也形成了各國內部新的社會不平等。即當以資訊、科技、知識經濟爲新的生產形式來臨之際，有相當比例的全球傳統工人將成爲首當其衝的犧牲者，當資本家高唱新經濟、科技產業競爭，連帶透過日益風潮的合併／競爭策略，「誰」都可能變成被淘汰的弱勢者，因而，在社會內部形成新知識（經濟）階級、新科技（經濟）階級，進而發展出更大的社會落差與社會新貧窮問題，而這也是科技驅動全球化所產生之新社會不平等課題。

特別是科技發展本身安全上的不確定性，進一步引發了倫理、社會、生態上的全球危機，更是當代人類面臨科技風險最大的難題，亦即，科技風險不再僅僅侷限於科技的問題範疇，其衍生了更大的、科技本身所無法解決、決定的問題內涵。以人工智慧（artificial intelligence）和基因科技爲例，皆碰觸了社會倫理的難題和科技操縱人類的未來風險。此種涉及未來問題之科技若未正視與評估社會風險的解決途徑，將是相當的盲目。

(四)生態風險的全球化

科技之全球網絡化也形成另一種弔詭狀態，科技應用到全球各地，在唯工具理性式的工業經濟體制下，科技被視爲發展的工具，然而，長期以來，卻累積性地造成生態環境的威脅與破壞，舉例而言，一直到一九九〇年代，最引人關注的全球暖化（溫室效應）和臭氧層破洞危機，皆是濫用科技而過度發展的惡果。有趣的是，這種生態風險的全球化現象又往往須借助於科技（如環境工程技

術），致使人類文明形成重複循環的弔詭後果。

1992 年於里約地球高峰會議所發表的「永續發展」共同宣言，正是全球生態惡化的警鐘，同時，永續發展意義下生態風險全球化也涵蓋了二組意義，即解決環境問題一方面必須經由國際間協調機制不斷的努力（官方，如京都二氧化碳公約），因爲全球生態風險已逾越了任何單一國家的疆界和能力，但事實上卻貫穿式的侵蝕每一國家、地區人民的健康、生存基礎；另一方面，全世界層出不窮的環境災害卻愈來愈需要仰賴屬於非營利部門／非政府組織（NPO/NGO）的生態、環境、消費者運動團體共同的把關和監督，尤其是面對世界性風險的議題，藉由全球串連的趨勢，企圖打擊共通的敵人，而這種運動結盟的方式也顯現對抗在地化風險的行動精神。

同時，生態風險全球化隨著科技的進展也日益棘手，人類面對的是規模更大、影響更廣泛、問題愈形複雜的全球生態、生存處境的威脅，尤其是繼核能爭議與全球的核武威脅之後，最大的科技風險莫過於基因科技所產生的震懾效應。

基因科技所產生的風險效應不但是跨國界的，同時是跨文明的[14]、跨越各個在地社會的倫理、生態與社會秩序安排，一方面它涉及改造人類主體本身，影響人類行動的社會階層（級）、性別、族群與意義或信仰之依據，另一方面它衝擊了全球物種的生存安全，透過基因改造的程序，全球的生態鍊（包括人類）將造成徹底的改變。然而，基因科技風險的力道，不只是這些預估得到的高度不確定性恐慌，更嚴重的是，一旦其涉入了商業邏輯或全球複雜的民族軍事對峙競賽，則問題恐怕非一時能善了[15]。

尤其是研發基因科技的跨國公司，大量的挹注資本於基因醫藥、食品或衛生的研究，當然盡可能的企圖透過全球市場經濟，來壟斷式的掌控全球市場，以求投資報酬率的提高；更令人憂心的是，基因科技若非理性的被運用爲全球生物武器之軍事對峙工具或

威嚇手段，其散佈與影響效果將非傳統生物武器所能比擬，而一旦進入這個階段，則人類面對的物種絕滅風險威脅，已無法估量。事實上，這種之前看似危言聳聽之言，在這次紐約世貿大樓被炸後，美國與回教激進組織之軍事對峙事實，充分的展現了全球人類的危機，一旦後者善用此號稱「窮人的核子彈」之生物武器，擴散與爆發的後遺症將是一場文明的浩劫[16]。

可喜的是，基因科技所帶來全球生態、安全的高度不確定性，在各國環境運動部門的結盟、抗辯行動的努力下，終於引起世人的高度重視，2000 年 1 月於蒙特婁召開的「生物安全議定書」大會中，以美國爲首的基因作物生產大國即被迫讓步，同意基因改造的動物、植物、微生物及其相關製品的進出口，擬具相關的規範[17]。而「生物安全議定書」也是全球第一部採取風險預防性原則（precautious principle）的國際公約，足見全球化生態風險的議題已進入制度化努力。可惜的是，反基因科技之全球在地化運動在台灣並未興起，值得我們進一步的反省。

(五)文化全球化風險

若以舊有的生產、消費及社會模式而言，一般宣稱爲普遍化、標準化、同質性或類似性的社會行動範疇似乎佔宰制的論述位置（Rubin & Kaivo-oja, 1999: 349-51），尤其又隱含有帝國主義支配味道的政治意識形態，經常夾雜在「現代」的文化論述之中，以東歐共產國家解體後，西方市場經濟宣稱之歷史終結的勝利，可以看出端倪。

但新的生產、消費、社會模式發展了不同的趨勢，同時，全球的「文化經驗」所鑲嵌於在地的社會關係脈絡和意義，基本上也逐漸戳破統一、普遍式的社會行動解釋。這兩個面向的挑戰，解構了舊有社會秩序內涵，並在重構（整合）的個人和社會關係上產生了新的風險，前者代表全球化文化經驗上各地所「共同」的發展趨勢

及風險；後者則涉及在全球新的、共同的生產、消費基礎上，在地社會之多元與分殊性所產生的特殊機制（制度、權力關係或意識形態），可能衍生更變異性的風險。

無論是後福特主義或資訊經濟生產體系的發展，皆造成了全球經濟、生產、消費與社會網絡的變遷，其凸顯了個別化、特殊化、分散化與多樣化的社會發展模式，逐漸遠離了過去標準化、普通化與同質化的型態，而在文化面向上，其更帶動了個人網絡、自我（認同）為主的個人主義化（individualization）社會的來臨（Beck, 1986; 周桂田， 1998a）。個人主義化的行動模式不僅反映在生產勞動面向上，也同時呈現在以個人為主的消費、生活網絡等地方（如 Michel Walzer 指標的現代個人的四大流動，包括職業流動、空間流動、婚姻流動及認同流動等），皆是工業社會的產物，而帶來整合的危機；如 Castells（1996）分析資訊與通訊科技進一步帶動全球化經濟與網絡社會的崛起，最重要的就是引發了一個以「自我」（self）為主之新型態生產、消費、認同時代的變遷；而其危機在於「網絡不僅僅意謂全球社會、地理上之經濟（生產）空間的連結更加綿密，更代表著個別（個人或族群）被「嵌入」或「排除」於新社會的網絡中。

由工業社會邁向資訊社會的演進，彈性化、分殊化、個別化的發展雖帶來個體精神的彰顯，但此種社會的鉅變也對個人產生了巨大的風險。總體的說，個人正面臨舊有秩序解組、其社會行動所依恃的社群與認知基礎不斷變動，以及個人在新的社會整合中受到挑戰（Beck & Sopp, 1997），舉例而言，在現代勞動社會中，個體必須面對因職業、教育、空間或婚姻流動所造成的個人主義化效果，就是個體喪失傳統社群支柱，必須另起爐灶來建立自我的網絡；然而，這裡牽涉到兩個問題，其一是個人必須確保其在勞動網絡中的位置，否則一旦失去個人認同所賴的勞動位置，則將暫時或長久的被排除於勞動社會網絡中，形成生存或認同上的危機，而此種趨勢

特別是在資訊經濟以來的生產關係特別明顯，爲數甚多的人在一波波「知識經濟」的發展起伏中被排除於社會網絡中。這些被社會網絡排除的弱勢者，包括部分的白領階級、中年失業者、性別、原住民甚至外來移民，一方面被視爲社會的犧牲者，另一方面又被認同爲社會不安定的來源，因此，具有歧視性的「敵對圖像」（Feindbild）就在現代社會中產生，而此種資本主義社會所形構的文化樣態，就發展爲「納入」（inclusive）對立於「排除」（exclusive）、「朋友」對立於「敵人」的關係，在全球各地發酵（Beck, 1995）[18]。

第二個問題是，資訊網絡社會後的自我認同關係衝擊更大，除了上述的排除者，一般人所面臨的是個人網絡的種種難題。你必須去找出或建立個人的交往網絡，而其可能仍是流動相對於傳統較快的互動網絡，無法長久作爲社會行動安定的基礎；同時，爲避免被社會主流網絡排除，個人無論在生活表現或消費上，將盡可能的模仿或接近其所屬主要網絡的行爲模式，表面上呈現著個體特殊性和多樣性之自由精神，卻潛在著新一波標準化、水平化的社會控制（Beck, 1986; 周桂田， 1998a）。以全球消費模式而言，分眾的消費流行、分眾的媒體流行，骨子裡是追趕、模仿的標準化行徑，而這裡又似乎有著全球資本主義的影子存在。

上述的討論，基本上是從生產關係的變動消解了普遍化或標準化之舊有社會行動模式觀點，因而也暗示性的檢討了舊式帝國主義的支配意識形態，即以西方「先進」國家之社會發展模式爲優先性之想像已成爲過去，隨著此種帝國殖民歷史結構的演進，在全球化經濟、環境、文化（媒體）的發展中，新的殖民者已不再是以國家或某些社會爲單位，因爲它們（以及其社會中的人民）也都是受到波及的承載者；**新的殖民者，即全球資本主義，在全球化的滲透過程中，弱化了民族國家的認同、動搖了社會安全界限與族群圖像、鼓吹了自我爲主的網絡社會，形成更爲彈性化、特殊化與多樣化的**

社會行動模式，但同時製造了更多「強勢」對立於「弱勢」的敵對圖像，並且，在消費上相當極端的發展為「唯商品化」的文化工業型態。

此種文化商品全球化現象及其產生的風險問題，普及於全世界各地，包括西方與非西方社會。而其文化經驗值因在地文化而變異，例如美國在地的速食主流文化或台灣在地麥當勞式的 Hello Kitty 文化，二者皆包含著個人享有消費的行動邏輯，代表個人佔有／不佔有、個體消費／排除於消費社會等對立的意義。

當然，我們不能抽象的同意全球資本主義爲新興的帝國主義批判對象，具體的經驗分析應掌握長期以來的世界殖民結構及分工體系，在這一波全球化變動中所產生的支配性變化，尤其工業先進社會所坐擁的科技和經濟優勢，往往必須是首先要注意的目標，然而，無論是先進或後進、發展中國家，皆同時承受全球資本主義市場經濟的折磨，而產生不同的在地風險型態。

從全球在地化的角度強調，去標準化、去普遍化的社會發展趨勢明白的揭露世界由霸權國所支配統治的謊言，全球在地的文化經驗原本就具有歧異和多樣性，在這個層次上任何社會無法單獨宣稱其擁有普遍性特質而凌駕他人。然而，更糟糕的是，新興的全球市場經濟帶動的個人主義化風險，在不同的在地社會發酵，而導致嚴重程度不一的變異：對不同西方或先進國家人民而言，全球化經濟只是進一步加深了消費主義、擴增了社會安全體系的漏洞，各國雖隨其問題輕重而風險程度不一，基本上仍然可依其既有生產、技術體系進行垂直分工的調整，而與其他社會進行區隔，畢竟，其乃源生於西方社會的市場模式，與工業社會的生產發展相互呼應。而相對的，對於許多非西方國家或後進社會而言，問題複雜的程度往往難以一時解開。

對於許多經受帝國殖民之苦的國家，無論在政治、經濟科技或文化上仍受西方國家深度的影響，而面對全球政經網絡更加的綿密

化、文化發展爲商品化、科技又成了下一波主宰世界霸權的競爭化，都是高度的挑戰。在文化的意義上則是直接產生不同變異的風險，其可以歸納爲下述幾個面向討論：

其一，全球新的帝國殖民已從傳統範疇的國家，逐漸轉向以資本爲主的商品化與市場化，前者假全球文化交融之名，在商品化的消費過程逐步侵蝕在地社會的文化精神認知和傳統意識，「流行」（fashion）變成「最佳」的社會生活認同，相對的，在地的歷史和社會傳統所賦予的意義解釋，在現代生活中愈來愈稀薄。以麥當勞文化、品牌服飾、從哈美轉向哈韓或哈日的現象可以探窺得到。

其二，在這些社會中，現代工業社會所造成的個人主義化現象和其在地傳統社群文化產生了更複雜的叢結。對某些以傳統家庭、社群爲重要支柱的社會，個人主義化的趨勢雖不完全衝垮傳統的支柱精神，家庭仍可以提供個人部分認同的網絡功能，但也產生出程度不一的風險。就社會認同而言，社會愈趨向市場經濟之商品化，個人生活風格和計畫的凸顯，愈來愈和家庭價值產生矛盾，例如追求個人式消費與享受的生活習性（habitus），一般而言很難繼續承攜家庭傳承的價值，而變成遺忘家庭歷史、儀式或意義的一代[19]，換句話說，社會整合明顯的有斷裂的現象，更何況在消費社會所建構的生活意義，經常無意義的接受了某些與傳統家庭不對稱的價值。

其三，另一方面，失業的個人（主義）化風險在這些社會雖然部分由家庭支柱或非正式經濟部門吸收，但在現實的市場經濟社會中，卻喪失了勞動（失業）階級凝聚社會認同與批判力量，對抗不合理的勞動機會剝奪，尤其在勞動體制不完備的社會，這樣的結果卻導致國家不用給付太多的社會安全成本，或任資方予取予求。

其四，在全球高科技工業的競爭下，許多後進國家也加速引進或發展技術，規劃式的企圖將該國轉化爲 high-tech 社會。然而，一味單面向的強調經濟理性的發展，對於高科技工業所引發的環境

與生態風險，代表國家的科技官僚不是罔顧就是視而不見，更重要的是該社會無能蘊生批判科技風險的論述，以致令人民又處於新一波科技殖民的風險，尤其基因科技引發的風險經常直接衝擊到個人健康、醫療、倫理等面向，因此產生相對大的個人化風險。核心的原因，可能在於後進社會長期以來並未具備有先進科技國的社會基礎，即科技的生成及發展決策，是根據該社會的利益論述、專業競爭、科學安全自律（通常是由科學團體內部形成）以及公民社會團體的溝通批判或對立競爭論述的過程，換句話說，這些機制左右著科技的政治決策，成爲科技社會的重要基礎。對於急速追趕高科技發展的後進國，缺乏上述的基礎則僅企圖工業性的複製科技工業，雖然仍能依循該社會組織邏輯發展一定的規模，但顯然體質相對不健全[20]。値得深思的是，此類型的科技文化風險相當程度的鑲嵌在該社會的制度和權力關係，亦即，從歷史結構面貌，後進社會通常仍處於威權政治體制，此種從殖民關係移植過來的政治權力關係，社會經常仍受到國家高度的支配，因此，尙無法在短期內建立民主模型式的公民社會，或公民社會（團體）體質薄弱，無法和國家或科技利益組織對抗。換一個角度想，在此威權文化之下，科學或科技被視爲獨裁式的專業領域，很難企求科學內部的安全自律。

更長遠的風險是，此種受支配型的科技社會，相當不利於創新文化或思維的產生，導致在全球化（競爭）過程中可能居於劣勢。創新思維依恃於該社會專業團體、利益組織及公民團體之間的競爭，尤其容許民主程序式的批判、溝通，而形成社會整體科技認知的提升[21]。亦即，唯有社會對科技風險及利益的認識水平到達一定程度，方足以激發出更具主導性的創新思維，清楚的洞悉科技對社會的利益所在，並掌握與權衡風險。

綜合而言，科技殖民一旦成了另一帝國主義事實，則全球化文化風險益形複雜。

(六)全球化之政治風險

隨著東歐共產集團崩解，西方資本主義政治樂觀的宣告市場自由經濟理念獲得了最後的勝利，全球化同時開展，歷史並將終結於此種意識形態爭鬥最後的結果。換句話說，鑲嵌於市場經濟的民主與自由理念，似乎將毫無抵禦地隨全球化過程發散到各地。事實上，這樣的論調，在一連串全球各地的政治或軍事衝突現象中，僅展現了西方霸權主義的餘孽，毫未洞悉在全球普遍的現實多元性中，涵蓋著應予肯認與尊重的特殊性價值。

針對西方霸權暫時的勝利，或說經濟全球化的擴散（Beck, 1995: 165-71）諷刺式的指稱西方國家或政治變為「失去敵人的民主」（Feindlose Demokratie）狀態，即以西方政治作為全球的首腦，失去了長期以來對抗意識形態的敵人——共產主義。事實上，這種夾雜政經霸權、長期以來以各種形式殖民全球的西方國家，其民主政治內涵在現實上乃高度依恃資本主義，或結合資本主義與軍事強權來支配所謂的現代世界，因此，以征服者心態之西方強權國家所統治全球的現象，乃僅具「軍事的半個現代」之意義，而如今，共產集團垮了，軍事的半個現代也應不復存在了，僅有的是，國際社會仍處於支配與被支配的不平等關係。

亦即，在全球化後，雖然舊有的全球政治抗衡形勢垮了，但既存國際的不平等關係仍在，並將依科技、工業資本主義的機制再度深化全球的政治支配關係，新的全球政治隨全球化後燃起新的風險。

事實上，依照帝國支配關係，即使共產主義國家的瓦解，以西方為主的強權國家仍不斷的會透過其資本、經濟的力量，甚至結合高科技的優勢能力，企圖繼續維持其所「定義」的全球秩序，因此，其必然在市場經濟全球化的過程尋求新的「敵人圖像」（map of enemy），以推開阻礙在路上的石頭。

而新的敵人圖像涉及的對象相當複雜，包括反全球化者、市場經濟秩序下的弱勢犧牲者、相對的貧窮落後國家，以及不同文明價值的民族國家。亦即，全球新的政治支配關係與風險，明顯的呈現普遍主義的宣稱者抑制相對於其（包含制度、意識形態）的「他者」，而有著不平等的關係。換句話說，全球資本主義式的市場與民主結合體，滲透到全世界各個地區與領域，其所衍生的政治支配涉及到個人、族群與國家等不同層次，而文明之間的衝突僅是較顯眼的一例。

杭亭頓（2000）在其《文明的衝突》一書中，否定了世界歷史將演進爲一個單一的全球化系統，並指出不同的文化集團將繼續共存，彼此競爭，而造成新的全球衝突導火線。這種洞察事實上戳破了長期以來西方國家挾其優勢，對其他地區政治價值、國家制度的干涉與指揮的正當性。然而，此種國族層次的對立衝突顯而易見，充分展現了不同文明對「先進」、「特殊」的資本主義民主體制殖民的對抗[22]。

困難的是，在全球政治運作現實上，市場經濟民主與外交的支配性與複雜性難於一時解套，許多問題經常犧牲於全球政治與市場霸權風險中，可以以下面幾個面向討論：以生態領域爲例，全球環境惡化與生態風險，在國際政治運作中難以取得平衡，許多國家以自身經濟利益，拒絕履行全球保護公約；在社會安全面向上，資本主義國家所遂行的自由市場經濟，在全球化擴張中拉大貧富差距，並弱化勞動者的生存與認同安全；在國際關係上，科技強國擴大其全球網絡勢力，除了在經濟上取得支配性的地位，導致不同國家競爭落差擴大，也在對等和平基礎上，依恃強權武力能力，規制出某種符合不同霸權國家利益的區域秩序（如 Kosov 科素沃戰爭即由美、德、法、英、俄等不同軍事霸權國家依其利益進行干涉）。

換句話說，現實上的全球政治（Cosmopolitic）仍受到強烈的批判，因爲它不斷地塑造新的社會、族群、國際間的敵對圖像，而

未具有能負擔起解決全球問題的正當性角色。

針對目前許多世界性的經濟、環境及社會問題，政治、社會學者們紛紛呼籲應建構新的「全球倫理」，以多元、特殊和包含尊重的價值態度來形成全球政治的內涵，進而取代舊有世界權力政治（其有多元屬性的全球政黨來自各個在地社會，它顛覆了傳統國際權力政治上的軍事人道主義與干預內政之疑，爲全球共有的食物、能源、科技、生態及氣候等風險尋求出路），發展「全球責任」（Beck, 1997）共同理念的國際機制，以解決各種世界性的災難或不平等風險。

肆、當代市民社會（風險社會）之政治實踐

在全球化面向下之高科技風險與生態危機、結構性失業、社會安全制度危機及社會認同等風險個人化問題，譜成出的風險結構內涵，遠遠地逾越工業社會政治系統所能承受的範圍。一方面工業社會政治系統是經濟系統的代理人，遵奉經濟成長優先的信條，更篤信科技萬能的神話；另一方面開發主義的貫徹卻是以主權國家大有爲政府（Vorsorgestaat）爲實踐主體。而這些卻無法在全球化的風險社會中繼續執行下去，政治內爆的衝力不但從災難風險崩潰了工業現代化的價值，也解構了國家、社會和個人的關係。

從全球化的角度，主權國家的能力是被削弱了（Albrow, 1996），而事實上在世界風險社會中，主權國家不只是能力被削弱的問題，而更重要的是國家的性質被迫（反身的）改變，國家不再是霍布斯式巨靈的角色，在風險社會中國家被迫和社會及個人的關係重組，社會、個人被迫（反身的）承擔、參與、決定政治，以通過風險時代來臨之考驗。進一步說，這是政治哲學的革命，也意謂著風險社會必須展開和工業社會時代迴然不同的政治契約說，社會

契約中部分社會或個人的權力勢必要拿回來。

面對國家、社會和個人政治關係的重構，涉及的必然是權力和行動的問題，特別在德國批判理論的傳統下，溝通與社會建構是一體的兩面，將風險當為是開放性的溝通建構過程或溝通的政治過程，則相當重要（顧忠華， 1999）。溝通論述另一方面是權力和行動的展現，誰能參與論述、論述的範圍、位置（立場）皆代表溝通權力的內涵（Foucault, 1976），因此，風險社會下國家、社會、個人皆面臨權力和行動取向的溝通建構問題（Hajer, 1995）。

一、風險管理政府

國家（State），在風險社會時代並擴及全球化過程之危機中，已無法再扮演預防性（Vorsorge; providient）的角色（Beck & Beck-Gernsheim, 1994）。全能國家的萎縮反映在（全球）重大環境災難、科技高度風險威脅、結構性失業及鬆解中的社會安全制度危機等風險結構中，代表主權國家實質內涵的科技官僚、專家政治宣告失能（impotent），其傳統政治或專業上對社會或災變的預測、控制、復原能力及手段已回天乏術。這也代表中央集權式的國家面臨瓦解，國家在面對那些高度爭議的社會風險或發展，很少能再一意孤行，因為隨著風險界限模糊與風險責任無限大的高度危機，它之所有政治責任為不可承受之重，不僅要面對社會內的挑戰，也必須衡估國際間的壓力。

因此，國家最佳的策略為扮演風險管理者的角色，亦即，在反身性政治意義中國家無能概括承受所有全球化的風險責任，因而分散風險責任，將風險的決定取諸於社會或國際之間；主權／獨裁式的科技官僚統治不但造成政府決策機制處理風險的恣意危險，也違反民主原則。

風險管理是指國家採取開放性的溝通態度，降低政府機器的權

力位置爲經營管理、協調者角色，重視社會不同利益、團體的聲音，尤其當代社會職能分工相當細密，國家除重大政治原則與方向外，應充分尊重社會內多元的、不同立場團體的意見，特別是政策決定應建立長期溝通協調的機制，化解爭議獲取最大的共議（Konsens）。而風險責任的分散化，也建築在國家尊重公民社會論述的權力和行動基礎上，以高科技風險爲例，國家應擺脫恣意的成長政策與集權領導方式，透過協調的機制將風險問題開放給社會領域並形成公共論壇，由公民社會中的團體代表共同參與與決定政策（Beck, 1993a），一方面使人們在公共領域的討論過程，更清楚的掌握問題的風險本質，另一方面善用公民社會資源，將決策的基礎擴散到社會共識的過程，以社會理性能接受風險的程度爲政策依據，降低風險（複雜性）對社會的衝擊，否則不輕率通過高度爭議的事務。

尤其，在全球化風險的時代，任何問題動輒牽涉國際間的關係，重視風險管理的政府不但能考慮到國際組織間的協調機制，更能善用公民社會所聯繫全球的NPO/NGO網絡力量，使得決策機制納入更廣的民主基礎，更能釐清風險問題目前世界各國接受的程度，以他山之石可以攻錯的比較態度來形成政策的內涵，同時亦可藉此民主基礎抗壓大國對主權國家政府的無理要求。

而對經濟全球化造成的結構性失業危機，國家則應更重視公民社會（如工會、福利團體）的意見，以社會的民主基礎來協調、解決資本外移的問題，以降低社會安全的風險。

二、由下往上之政治（Subpolitik）

風險社會中政治內爆除了國家喪失其統合的能力，另外就是個人被迫覺醒（reflexiv）進行自力救濟，由個人行動團結形成公民社會力量，對抗全球化風險結構：生態、失業、社群認同危機。政治

內爆炸碎了全能政府的藩籬，暴露了個體在世存有（Dasein）之「本體上的不安全感」（Giddens, 1990），愈來愈多人（主婦、消費者、生態運動者、工人、學生等）加入政治進行自我權利、命運的保衛。Beck 描述此種直接面對危機起而行動的反身性政治，爲揚棄傳統制度僵化、權力操弄政治的好時機，爲政治進行再創造、再發行的理想過程，而此他稱爲「次政治」（Subpolitik）（Beck, 1993a）。

次政治爲直接政治（Direkte Politik）——由下往上（Von Unten nach oben）的政治實踐，工業國家時代家長式的政府經營在一波波全球災難風險中宣告失能，而個人意識覺醒，面對風險後之自我行動、自我組織（Selbstorganisation）的政治過程則成爲現行政治的主軸，自我政治（Selbstpolitik）所意涵的是人們進行自身對風險問題的認識、參與和決策，並團結爲公民社會團體（Beck, 1997）。因此，次政治不僅僅再指涉工業社會中的傳統公民運動團體，而更包括了直接承受風險命運的「個人」（Individuen），由更廣的、更直接的全球個人行動（全球次政治，Globale Subpolitik）（Beck, 1996a）來撼動風險結構的轉形。

事實上，次政治的理念推演著當代公民社會力量與基礎的擴張，個人已不滿傳統資產階級市民社會（Bürgerliche Gesellschaft）的型態，社會不只是消費、生產的領域，相對的，社會乃是政府之外最重要的公共、政治領域（Forst, 1994）。而此充滿政治性格的公民社會，在風險的年代最具意義的是和個人行動銜接起來，以個人的參與、溝通來實踐哈伯瑪斯式論述的公民社會（Habermas, 1992）。

也就是說，風險是開放溝通建構的結果，個人經由學習論述權力的實踐，在社會內凝聚共同的論述經驗和內涵，形成開放的、修正的、實踐倫理式的「風險理性」（Risikorationalität），而此種批判式的、溝通（理性）倫理式的風險理性，正是揚棄工業時代線性目

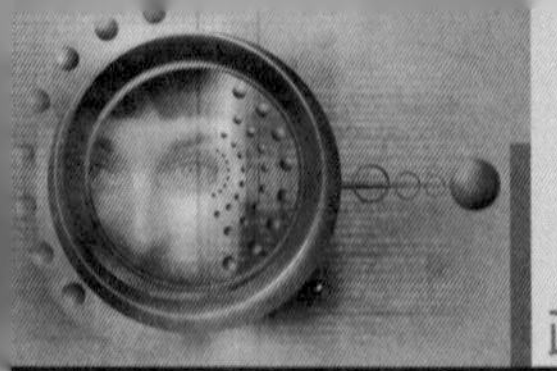

的理性的最佳政治，由個人實踐到社會實踐，論述權力和行動的建構，也成爲個人行動之最佳利器。

風險文明化事實上呈現著國家、社會和個人政治解組和再造的過程，而其中的現實是個人在歷史上雖不是第一次成爲風險的承受者，但在當代全球生態、失業、認同等危機下卻第一次成爲風險個人化之直接承受和行動者，以個人的政治實踐來轉轍風險結構化的可能。

註釋

[1]有關風險社會之現象學上人類生存的描述，如「自作自受的不安全性」意義，涉及了當代人類「永續」的生存如何可能的思考，特別是其理論上顛覆現行工業社會秩序，企圖另外蘊生新的社會秩序，並且是以「風險社會秩序如何可能的命題」來進行發問。請參考周桂田1998b。

[2]延伸啓蒙運動以來的工業社會秩序不再是「如何可能」的問題，而是已經成爲「宰制性的秩序」，對立於此，例外思考風險社會秩序如何可能也具有相當的挑戰性，Wehling就批評Beck所謂的「反身性現代化」觀，仍含有以人類理性爲中心的啓蒙運動陰影，請參考Wehling 1992。

[3]Beck對Luhmann社會系統觀所形成的風險責任認定問題經常是持批判的態度，Beck認爲系統之說將使得問題僅歸諸於系統的生產出了差錯，而個人則「自由自在」，毫無個人行動責任可言。以環境問題爲例，當台北市民拒用（不習慣）市府即將執行的垃圾袋政策，到底是（政治）系統出了問題，或是市政府／個人行動的規範／自我規範出了問題？以系統論而言，當台北市民皆「決定」拒絕配合此政策時，到底誰是Luhmann定義下的「風險」或「危險」的承擔者。可參考Beck 1986; 1993b。

[4]尤其高科技風險影響的層面相當大，從民主建制的觀點來看，高科技政策決定應符合「科技公民權」理念，以透明機制來緩衝社會風險。請參考 Frankenfeld 1992。

[5]國家乃鼓勵國內外企業的資本與生產投資，以帶動國內經濟發展的永續性，因此，對企業與經濟資本的自由移動，通常會加以設限，然而，經濟資本自由移動的特性乃以利益爲導向，管制的成效基本上相當有限，也因此，資本的全球移動，對各國政府產生了不小的政治與社會安全壓力。

[6]參閱周桂田（2000）有關全球生物科技工業發展的討論。

[7]《聯合報》2002/09/07〈七億元優先補助營養午餐〉，第九版。

[8]《中華日報》2002/11/08〈健保局：IC 卡資料不可能外洩，立委質疑國人隱私可能遭大陸竊取〉，第五版。

[9]Castells 在此指稱的「節點」，乃形容全球網絡中相互貫穿、動態的聯繫單位，在金融網絡上，它們是全球股票市場、銀行，在政治上，是議會、行政單位、國際組織、社運團體，在媒介上，是電視系統、攝影團隊、娛樂設備，他們構成全球活動的網絡，而互相影響（Castells 1996: 470）。而本文強調依此網絡互爲聯絡的節點，全球化深化了網絡彼此的依賴性，但也因此無法掌握節點內節點之間的複雜性，而衍生高度的發展風險。

[10]1997 年倫敦外派新加坡之金融操作員的不當投機，原爲一單純的金融事件，卻意外造成該長達百年的母公司周轉不靈而倒閉，更引發了連鎖效應，衝擊原本脆弱的全球金融結構，骨牌式地造成全球金融風暴。

[11]雖然如此，不乏有替全球化辯護之聲而形成的弔詭爭論，福山・法蘭西斯認爲全球化是這些地區現代化的抬轎者，跨國公司對當地外資的投入和建廠，不僅創造就業機會，並威脅面對競爭的地方資本家，同時其勞動條件和環保條件皆優於當地國內企業的無效率和充滿親族主義的貪污腐化、政治掛鉤。福山所點出的全球化經濟優點

事實上無法完全否認，就國際勞工和環保標準談判中拒絕採高標準規範者往往是第三世界窮國，這也是其所樂意佐證的；但面對此種全球化經濟的弔詭，我們不應忽略了前述強國支配、制定規範的霸權事實。

[12]從社會福利的觀點，全球化市場經濟也相對的帶來大量的福利國危機，特別是其被認爲所改變的生產形式所造成的福利缺口，亦即由福特主義發展爲後福特主義的生產形式造成的結構性失業問題，迄今仍面臨難題。社會福利學者因此指稱全球市場的「社會鑲嵌性」仍未配置妥當，而支持全球資本主義體制的繼續運作。參見林志鴻／呂建德 2001 ；李碧涵 2000 。

[13]關於「風險個人化」（risk individualization）理論的討論，可參考周桂田（1998a, b）著重在工作社會認同與環境危機的分析。在本土實例上可參考天下雜誌 1999 年 1 月號專題：「個人高風險時代的來臨」，分析台灣勞動社會所將面臨因產業轉型之失業潮問題。

[14]法蘭西斯・福山則樂觀的宣稱「生物科技會提供我們工具，使我們可以完成過去的社會工程師所無法完成的工作。屆時，我們一定會終結人類歷史，因爲我們所稱的人類將不復存在，那時，一個後人類的新歷史將會展開。」(《中國時報》88/7/7)。事實上，福山仍然誇張式的畫一個美式（科技）文明的大餅，認爲人類將成功地藉由科技統治世界，包括人類自身的殖民。

[15]事實上，對以基因科技爲基礎的全球生物武器擴散風險，許多自認爲「爲人類造福祉」的科學家往往嗤之以鼻，認爲過度誇大，但自美國歷經九一一恐怖攻擊以來，連串的 anthrax 事件，無論在軍事防衛上、公共衛生安全上、社會心理層面上，都說明了人們無法控制的後果。特別是，當生物武器使用者在 anthrax 細菌上進行加入抗生素基因改造，其後果更無法設想，可參見台大獸醫系教授賴秀穗 2001/10/16 ，《中國時報》。

[16]有關時勢的討論亦可參照台灣省家畜衛生試驗所所長劉培柏所發表

的〈生化戰——毀滅性的恐怖攻擊〉一文，《中國時報》90/9/27。

[17]事實上，直至目前，美國政府並未簽署該項公約，對該國與全球相對應的進出口國則因此未有履行的效力，實際上仍處於無法約束管制的結果。

[18]貝克援用了德國前總理 Karl Schmidt 之「非敵即友」理論，指出由軍事與工業複合而成的現代社會，一方面將其他民族國家視爲潛在敵人，另一方面將無法納入工業社會勞動的社會弱勢或邊緣族群，視爲破壞社會秩序的敵人，影響社會計畫的發展。在全球結構性失業問題上，更引發了新一波社會排擠的不平等問題。

[19]例如愈年輕的世代，愈來愈無法熟悉和承襲傳統禮拜的儀式和意義內涵，也漸漸遺忘了前世代所經歷的歷史事件和意義，這雖直至目前未有相關經驗研究，但從對台灣一般大學生的教學經驗中，經常發現相當嚴重的世代歷史落差，如目前大學生普遍對八〇年代台灣社會激烈的政治、社會歷史事件之認知相當貧乏，此種「去歷史化」的世代，將難以生產出豐厚的社會思考與關懷。

[20]相關經驗觀察可參見周桂田（2000）所強調之〈遲滯型高科技風險社會〉一文。

[21]有關創新、制度、社會網絡之關係分析可參見王振寰（1999）。在此將創新和社會民主、風險批判做推論上的並列，主要是從公共機制的角度進行思考。

[22]九一一恐怖攻擊事件可以凸顯不同文明對現代的詮釋與發展衝突，一方面是不同文明所發展出多元現代的激烈碰撞，顯現了國際強權（西方文明）的霸權問題，另一方面也激盪出非西方社會傳統與文化的困境。換句話說，全球未來的風險，將不因單一或固定因素而爆發，任一地區因任一問題結構性的延宕或不正義的宰制，將引爆毫無預警的事件，尤其在全球化更加深化之後，影響全世界將更爲劇烈。

問題討論

1.我們將從全球化風險的角度，來瞭解討論當代市民社會的政治實踐問題。

2.討論風險社會政治實踐的理論意涵。

3.個人、社會與國家三個層面在風險社會下政治角色、地位及政治活動的變更。

參考書目

王振寰，1999，〈全球化，在地化與學習型區域：理論反省與重建〉。《台灣社會研究季刊》，34：69-112。

李碧涵，2000，〈市場、國家與制度安排：福利國家社會管制方式變遷〉，《「全球化的社會學想像：國家、經濟與社會」學術研討會論文集》，台灣社會學年會，台北。

周桂田，1998a，〈「風險社會」中結構與行動的轉撤〉，《台大社會學刊》。

周桂田，1998b，〈現代性與風險社會〉，《台灣社會學刊》。

周桂田，2000，〈生物科技產業與社會風險——遲滯型高科技風險社會〉，《台灣社會研究季刊》，39：75-119。

林志鴻、呂建德，2001，〈全球化與社會福利〉(頁193-242)，收錄於顧忠華主編，《第二現代——風險社會的出路？》，台北：巨流。

顧忠華，1999，〈風險、社會與倫理〉，《國立政治大學哲學學報》。

Albrow, Martin. 1996, *The Global Age*, Polity.

Beck, Ulrich. 1986, *Risikogesellschaft. Auf dem Weg in einen andere Moderne*, Suhrkamp.

Beck, Ulrich. 1988, *Gegengifte — Die organisierte Unverantwortlichkeit*, Suhrkamp.

Beck, Ulrich. 1991, *Politik in der Risikogesellschaft*, Suhrkamp.

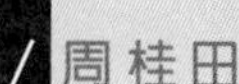

Beck, Ulrich. 1993a, *Die Erfindung des Politischen: Zu einer Theorie reflexiver Modernisierung*. Suhrkamp.

Beck, Ulrich. 1993b, "Risikogesellschaft und Vorsorgestaat — Zwischenbilanz einer Diskussion," in: F Ewald, 1993, *Der Vorsorgestaat*, Suhrkamp, S.535-58.

Beck, Ulrich. 1993c, "Politische Wissenstheorie der Risikogesellschaft," in: Bechmann, G (Hg.), 1993, *Risiko und Gesellschaft*, Westdeutscher Verlag.

Beck, Ulrich. 1995, *Die feindlose Demokratie*, Reclam.

Beck, Ulrich. 1996a, "Weltsrisikogesellschaft und Weltbürgergesellschaft," *Manuskript erscheint im Sonderheft der KZfSS "Umweltsoziologie."*

Beck, Ulrich. 1996b, "Kapitalismus ohne Arbeit," in: *Der Spiegel*, Nr.20/1996. S. 140-146.

Beck, Ulrich. 1997, *Was ist Globalisierung*, Suhrkamp.

Beck, Ulrich. 1999, *World Risk Society*, Polity Press.

Beck, U. & Beck-Gernsheim, E. (Hg.), 1994, *Riskante Freiheiten*, Suhrkamp.

Beck, U. & Sopp, P. (Hg.). 1997, *Individualisierung und Integration — Neue Konfliktilinien und neuer Integrationsmodus?* Leske+Budrich Verlag, Opladen.

Castells, Manuel. 1996, *The Rise of the Network Society*, Blackwell Publishers.（夏鑄九等譯，1998，《網路社會之崛起》，台北：唐山。）

Durkheim, Emile. 1984, *The Division of Labour in Society*, tr. by Halls, London: Macmillan.

Forst, Rainer. 1994, "Zivilgesellschaft und deliberative Demokratie," in ders: *Kontext der Gerechtigkeit — Politische Philosophie jenseits von Liberalismus und Kommunitarismus*, Suhrkamp.

Foucault, Michel. 1976, *Mikrophysik der Macht*, Merve Verlag, Berlin.

Foucault, Michel. 1991, *Die Ordnung des Diskurses*, Fischer Wissenschaft.

Frankenfeld, Philip J. 1992, "Technological Citizenship: A Normative Framework for Risk Studies," *Science, Technology and Human Values*, Vol. 17, No. 4, pp. 459-84.

Gehlen, Arnold. 1990, "Technik als Organersatz, Organentlastung, Organuberbietung," in Bekes, Peter (Hrsg.), *Mensch und Technik*, Reclam.

Giddens, Anthony. 1979, "Central Problems in Social Theory — Action, Structure and Contradiction" in *Social Analysis*, The Macmillan Press Ltd. London.

Giddens, Anthony. 1990, *The Consequences of Modernity*, Stanford Cal.

Habermas, Jürgen. 1992, "Drei normative Modelle der Demokratie: Zum Begriff deliberativer Politik," in: Münkler, H. (Hg.), *Die Chancen der Freiheit. Grundprobleme der Demokratie*, München: Piper Verlag, S.11-24.

Hajer, Maarten A. 1995, *The Politics of Environmental Discourse: Ecological Modernization and the Policy Process*, Clarendon Press, Oxford.

Halfmann, Jost. 1996, *Die gesellschaftliche "Natur" der Technik — Eine Einführung in die soziologische Theorie der Technik*, Leske + Budrich, Opladen 1996.

Kennedy, Paul. 1999,〈「全球化經濟」未來的隱憂〉，《中國時報》，1999/2/12。

Latour, Bruno. 1995, *Wir sind nie modern gewesen — Versuch einer symmetrischen Anthropologie*, Akademie Verlag, Berlin.

Leisering, Lutz. 1997, "Individualisierung und 'sekundäre Institutionen' — der Sozialstaat als Voraussetzung des modernen Individuums," in: Beck, U. & Sopp, P. (Hg.), 1997, *Individualisierung und Integration —*

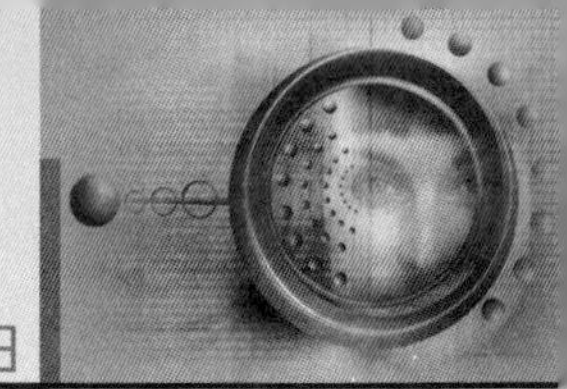

Neue Konfliktilinien und neuer Integrationsmodus?

Luhmann, Niklas. 1984, *Soziale Systeme — Grundrißeiner allgemeinen Theorie*, Suhrkamp.

Luhmann, Niklas. 1990, "Risiko und Gefahr," in: ders,. *Soziologische Aufklärung 5*, Opladen.

Rubin, Anita and Kaivo-oja, Jari. 1999, "Toward a Futures-oriented Sociology," *International Review of Sociology*, 9(3): 349-371.

Soros, George. 1998, *The Crisis of Global Capitalism*.（聯合報編譯組譯，1998，《全球資本主義危機》，台北：聯經。）

Taylor, Charles. 1994, *Quellen des Selbst. Die Entstehung der neuzeitlichen Identität*, Suhrkamp.

Wehling, P. 1992, *Die Moderne als Sozialmythos, Suhrkamp*.

國家圖書館出版品預行編目資料

政治學與現代社會= Politics and modern society / 李炳南主編. -- 初版. -- 臺北縣深坑鄉：威仕曼文化, 2009.06

面；　公分（通識叢書；3）

ISBN 978-986-82142-0-0 (平裝)

1.政治社會學－論文, 講詞等

570.1507　　95004775

通識叢書 3

政治學與現代社會

主　　編／李炳南
作　　者／高永光等
出 版 者／威仕曼文化事業股份有限公司
發 行 人／葉忠賢
總 編 輯／閻富萍
地　　址／台北縣深坑鄉北深路三段 260 號 8 樓
電　　話／(02)8662-6826
傳　　真／(02)2664-7633
網　　址／http://www.ycrc.com.tw
E-mail ／service@ycrc.com.tw
印　　刷／鼎易印刷事業股份有限公司
ISBN ／978-986-82142-0-0
初版一刷／2009 年 6 月
定　　價／新台幣 450 元